房地产业转型、升级与创新研究

住房和城乡建设部政策研究中心
平安银行地产金融事业部 编 著

中国建筑工业出版社

图书在版编目（CIP）数据

房地产业转型、升级与创新研究/住房和城乡建设部政策研究中心，平安银行地产金融事业部编著.—北京：中国建筑工业出版社，2019.4
ISBN 978-7-112-23500-1

Ⅰ.①房… Ⅱ.①住…②平… Ⅲ.①房地产企业—企业管理—研究—中国 Ⅳ.①F299.233.3

中国版本图书馆CIP数据核字（2019）第050678号

责任编辑：宋　凯　毕凤鸣　张智芊
责任校对：姜小莲

房地产业转型、升级与创新研究
住房和城乡建设部政策研究中心
平 安 银 行 地 产 金 融 事 业 部　编　著
*
中国建筑工业出版社出版、发行（北京海淀三里河路9号）
各地新华书店、建筑书店经销
北京点击世代文化传媒有限公司制版
北京建筑工业印刷厂印刷
*
开本：787×960毫米　1/16　印张：20¾　字数：327千字
2019年4月第一版　2019年4月第一次印刷
定价：50.00元
ISBN 978-7-112-23500-1
（33795）

版权所有　翻印必究
如有印装质量问题，可寄本社退换
（邮政编码 100037）

编委会

顾　问：

谢永林　秦　虹　胡跃飞　杨志群

主　编：

秦　虹　刘潜棠

副主编：

周　江　邱　杰　李丽红　罗华标　朱　嵬

编　委：

浦　湛　张有坤　谢海生　王艳飞　刘美芝
刘　波　钟庭军　袁利平　刘　勇　贾　蕾
刘　罡　秦　蕾　房利松

序 一

房地产业是关系国计民生的重点行业,不仅与数十个相关行业密切关联,也是民生工程的重要组成部分。

二十年前,国务院发布《关于进一步深化城镇住房制度改革加快住房建设的通知》,实行住房分配货币化,房地产业驶上发展快车道。历经二十年的发展,中国房地产行业在推进城镇化进程、改变城市面貌、改善人民居住环境等方面都做出了重要贡献。

二十年后,中国特色社会主义进入新时代,城镇化发展也已经显现新格局:以人为本、重视生态、强调传承。同时,随着人民群众收入水平持续提升,我国经济已进入消费需求持续增长、消费结构加快升级、消费拉动经济作用明显增强的重要阶段,人民群众对享受优质居住服务和美好生活体验有了更高的要求。

在新的时代发展要求下,不同人群、不同区域对房地产市场的需求也呈现出多元化的特征,总体来说呈现出三个方面的趋势。

一是品质化。随着城镇居民生活水平的提高和消费观念升级,人民群众不仅要有房住,更要住好房,人们对于好房子和优质物业服务的需求不断提升。

二是多元化。随着人口结构中中老年人口比重快速上升,养老需求增长推动养老地产发展。随着产业结构优化升级,创新型产业蓬勃发展,企业对于产业地产和办公物业的需求发生重要变化。

三是租赁化。大城市人才吸引力强,长租公寓日渐成为满足年轻人居住需求的重要途径,随着租赁市场政策的不断完善,市场主体的不断成熟,房地产租赁市场大有可为。

围绕三大趋势,房地产行业主体之一房地产企业的发展思路也不断升级创新,积极践行供给侧结构性改革,从追求规模向追求品质转变。

一方面，房地产企业不断拓展和延长房地产价值链。房地产企业角色定位正在从"开发商"向"运营商"、"服务商"转变，更强调综合服务的提供能力。龙头房企率先走出舒适区，积极探索新的地产领域，布局长租公寓、养老地产、城市更新、特色小镇等，企业的运营模式正在由"开发—销售"为主导，转向"开发—持有—运营"与"开发—销售"并重。

另一方面，房地产企业不断加大创新力度，升级产品和服务。在聚焦美好生活的号召下，房地产企业发挥精工细作的工匠精神，将科技、人文更多运用在建筑中，不断提升居住体验，同时也不断提升品牌优势，获得增值收益。

伴随着房地产行业的不断创新升级，平安银行也一直依托综合金融平台，以金融产品和服务为抓手，助力房企转型升级，创新发展模式，提升服务水平。

我们发挥综合金融优势，联合集团内各个专业公司，为房地产企业提供开发贷款、结构化融资、资产证券化、并购融资、股权投资基金、旧改基金、并购贷款等综合金融服务，助力行业供给侧结构性改革的快速推进。

我们发挥生态圈优势，通过构建房产服务生态圈，撮合产业链上下游直接发生联系，撮合B端与C端直接发生联系，推动更多创新模式诞生，不断丰富产业链内涵、提升产业链价值。

我们发挥科技优势，利用平安集团在人工智能、云科技、大数据等领域的领先成果，结合房地产行业各参与方的诉求，提供更多智能化的系统平台，用科技赋能行业发展。包括为政府提供房产信息全景视图，为开发商提供房地产供应链平台，为消费者提供租房购房的全流程赋能。

基于长期的思考和实践，平安银行联合住房和城乡建设部政策研究中心联合撰写了《房地产业转型、升级与创新研究》，充分研究借鉴发达国家和地区房地产业发展模式和演进规律，并结合我国国情和房地产发展阶段，归纳出房地产业价值链重构的四个方向，分别从升级产品和服务、优化运营模式、创新融资方式几个维度入手，阐明了房地产业升级创新的途径，希望为房地产企业、金融机构、政府部门等提供房地产业转型发展、升级创新的参考。

在新的历史时期，转型创新成为房地产业的必然选择，平安银行也将一如既往发挥综合金融以及科技优势，携手开发企业、政府和金融机构，积极支持行业的转型创新,并以此为切入点,创新模式,将金融服务覆盖延伸至产业链上下游更多民营企业、中小企业,为服务实体经济做出贡献,为不断满足人民群众对美好生活的追求做出贡献。

谢永林

平安银行董事长

2019 年 1 月

序 二

看准趋势，把握精髓，谋划锤炼，布局未来

　　房地产业转型的话题说易行难，今年选择这个题目研究对我们来讲无疑是一个巨大的挑战。因为当前土地已处于价格高位，使房地产业转型的成本增大，风险溢价空间减少；也因为今年房地产企业再次感受到资金压力，新金融支持转型的力度仍然不足；还因为前期转型到新领域的部分企业遇到经营上的困难，盈利模式仍未建立。

　　但，房地产业转型又是必须要研究的重要课题。首先，从宏观经济背景来看，随着我国社会主要矛盾的变化，我国已进入追求高质量发展的新阶段，住房发展新定位已经明确，过去房地产业高速度、同质化、粗放式发展的格局已难持续，房地产业转型势在必行；其次，我国产业结构和消费结构升级的趋势没有改变，人们追求美好生活的向往尤其强烈，对房地产业态的需求更加丰富多样，现代信息技术也为房地产业组织、运营和管理模式的不断优化提供支持，房地产业转型前景可期；最后，从房地产行业来讲，经过几十年的发展和积淀，房地产企业在打造品质、拓展服务、经营资产、多元化发展等方面已有积极的探索，经历了不少教训，也储备了不少经验，房地产行业正在走向成熟，就房地产企业想取得或保持领先地位而言，转型已是必然选择。

　　房地产是城市中必需的生产资料和生活资料，它是城市发展和运行的载体。所谓房地产业的转型，无非就是如何拓展、优化、更新这个载体的开发、经营和管理。我们看到，相对传统"一卖了之"的住宅开发，房地产业转型的核心是如何以"人"的生活需求和生产活动需求为中心，提供更广、更多、更好的服务，提升更高的物业价值，从而获取新的赢利空间。任何转型都不会一帆风

顺，房地产业转型同样如此，我们认为，成功的转型需要看准趋势、把握精髓、谋划锤炼、布局未来。

看准趋势。就是要解决房地产业转型向什么方向转、如何转的问题。在分析了宏观大势、国际经验和项目案例之后，我们认为房地产业的转型应考虑三个方向：一是细分市场方向。对中国这样一个人口和市场规模巨大的国家，任何一个细分市场的需求都不容小觑，在房地产业高速增长，房地产企业高杠杆、高周转的发展格局下，细分市场发展很不充分。但是，通过细分市场，创新供给，提供针对性强、丰富度高、差异性大的产品，满足多元化、个性化的需求，一定是未来拓展市场的潜力所在。二是补短板的方向。2017年全国房地产开发投资额达11万亿元，销售额达13万亿元，这是全国最大的交易市场，也是全球最大的房地产市场。但我国房地产业仍不成熟。在11万亿元的开发额和13万亿元的销售额中，仅住宅就分别占到70%和80%，针对养老、旅游、物流等业态的需求，缺乏真正有效、有品质的供给，面对这些可预见的未来需求，对比国外成熟的市场，我国房地产供给的短板十分明显。三是整合资源的方向。在信息发达的现代社会，高频率交往、多业态混合、各层次互动、好氛围营造等需求旺盛，单纯的居住、单纯的商业、单纯的办公、单纯的厂房已无法满足需求，工作、生活、休闲娱乐融合已是现代人的需要。所以，可以看到，房地产多业态的有机组合产生了1+1>2的效果，业态之间产生的协同和互相促进作用，最大限度地满足了人的愿望。因此，多元、复合、共享、混合、跨界、社群等成为房地产业转型创新必备元素，而这些能否实现，更多地取决于资源能否整合。所以，具备整合资源能力的房地产企业将有更强的发展实力和发展后劲。

把握精髓。即使看准了趋势也未必能转型成功，因为对企业来讲，任何一个要去转型的领域无疑对这个企业都是陌生的领域，表面看似风光，实际可能暗礁丛生，风险很大。因此，转型必须要对新领域、新业态、新经营模式有深刻的理解，把握其基本规律，熟悉其基本特征，知道其有何挑战和风险，否则，转型成功的难度很大。

谋划锤炼。企业不仅要看准发展趋势，研究把握转型领域的门道和精髓，还要具备专业化的实操能力。只有专业的人才有可能做好专业的事。转型成功的企业，必须从企业领导层到执行工作层均有一致的目标、理念和追求。为此，组织学习、锻炼队伍、深入研究，形成专业化的团队，试水探索，不断总结纠偏十分重要。而简单模仿、盲目追风，转型则难以成功。

布局未来。转型离不开创新，创新就是面向未来，未来检验着企业的生存。我们在研究房地产业转型中，还结合研究了房地产业的创新和升级，包括产品的升级和服务的升级。我们还研究了房地产业转型中必不可少的资产运营模式和房地产投融资的创新。未来，我国的房地产业一定会从过去的重住宅开发转向重多业态、多领域的开发，从单纯的销售赢利转向增加提供服务、资产增值的赢利，从同质化的产品提供转向个性化、差异化、丰富度高的产品供给，我国房地产业发展的空间仍然十分巨大，只要把握规律、积极探索，就能赢得未来。

秦虹

2018 年 12 月 14 日

目 录 CONTENTS

第一章 房地产业转型升级创新的背景 ············· 001

一、宏观背景 ············· 001
（一）高质量发展的要求 ············· 001
（二）消费结构升级的带动 ············· 003
（三）人口结构变化的需求 ············· 004
（四）信息技术的助推 ············· 009
（五）城镇化新格局的引领 ············· 010

二、政策背景 ············· 012
（一）坚持"房住不炒"新定位 ············· 012
（二）坚持"房地产市场调控目标不动摇"新要求 ············· 013
（三）坚持"租购并举"住房新制度 ············· 023

三、行业背景 ············· 028
（一）品质时代到来 ············· 028
（二）服务竞争加剧 ············· 029
（三）资产管理开启 ············· 030
（四）多元业态兴起 ············· 031

第二章 重构房地产业价值链 ············· 033

一、发达国家或地区房地产开发模式特点 ············· 033
（一）美国：以资本运作为主导 ············· 034
（二）新加坡：政府主导和大型开发商主导并存 ············· 051
（三）中国香港地区：房地产以开发企业为主导 ············· 057

二、我国房地产价值链现状 ············· 061

（一）开发以企业全过程主导为主 ……………………………………… 061
　　（二）对象以传统住宅为主 ………………………………………………… 061
　　（三）盈利以销售为主 ……………………………………………………… 064
　　（四）运作以高杠杆、高负债、高周转为主 …………………………… 065
三、我国房地产价值链重构的探索 ………………………………………… 067
　　（一）多元化——以多元化为方向拓展新领域 ………………………… 068
　　（二）服务化——以服务为核心整合资源创造新价值 ………………… 070
　　（三）专业化——以专业化为定位推动房地产开发经营模式创新 … 076
　　（四）金融化——以基金和REITs为突破延展价值链 ………………… 079

第三章　开拓房地产新领域 …………………………………………………… 082

一、拓展细分市场 ……………………………………………………………… 082
　　（一）住宅地产细分：长租公寓 ………………………………………… 083
　　（二）办公地产细分：联合办公 ………………………………………… 102
二、补足供给短板 ……………………………………………………………… 111
　　（一）养老地产：适应老龄化加速新趋势 ……………………………… 112
　　（二）文旅地产：适应深度体验新需求 ………………………………… 120
　　（三）物流地产：适应线上线下链接需求 ……………………………… 127
三、整合优势资源 ……………………………………………………………… 138
　　（一）城市有机更新 ……………………………………………………… 139
　　（二）特色小镇 …………………………………………………………… 146

第四章　升级房地产产品和服务 ……………………………………………… 160

一、房地产产品升级 …………………………………………………………… 160
　　（一）住宅产品的升级 …………………………………………………… 160
　　（二）商业地产的升级 …………………………………………………… 179
　　（三）办公地产的升级 …………………………………………………… 184
二、房地产服务升级 …………………………………………………………… 188
　　（一）服务升级的趋势 …………………………………………………… 188

（二）不同领域的服务升级 …………………………………………… 190

第五章　优化房地产运营模式……………………………………………… 196

一、开发—销售型和持有——运营型的两种基本模式 ……………………… 196
　　（一）两种基本模式适用不同业态 ……………………………………… 196
　　（二）两种基本模式适用不同发展阶段 ………………………………… 199
　　（三）我国过去以开发—销售为主的房地产模式由特殊国情决定 …… 202
　　（四）逐步向持有—运营模式转变是必然趋势 ………………………… 204
二、轻资产运营模式 …………………………………………………………… 207
　　（一）轻资产模式的主要类型 …………………………………………… 208
　　（二）品牌输出与轻资产模式 …………………………………………… 215
　　（三）轻资产运营模式可能存在的风险分析 …………………………… 226
三、重资产运营模式 …………………………………………………………… 228
　　（一）重资产模式的主要类型 …………………………………………… 228
　　（二）重资产模式可能存在的风险分析 ………………………………… 234
四、因企因时制宜选择轻重资产运营模式 …………………………………… 234
　　（一）不同阶段采取不同的轻重模式 …………………………………… 234
　　（二）不同企业采用不同的轻重模式及比例 …………………………… 235
　　（三）不同业态采用不同的轻重模式及比例 …………………………… 236
　　（四）结合不同的业态以及轻重模式选择不同管控策略 ……………… 236
五、通过资产管理提升价值 …………………………………………………… 237
　　（一）资产管理本质是从投–融–管–退的角度进行运营管理 ……… 237
　　（二）资产管理核心在于投资选择以及价值提升 ……………………… 238

第六章　创新房地产投融资方式……………………………………………… 245

一、房地产转型过程中与金融日益融合 ……………………………………… 245
　　（一）部分房地产企业加快在金融领域的布局 ………………………… 245
　　（二）部分险资企业深度参与房地产的股权投资 ……………………… 247
二、房地产转型需要金融创新支持 …………………………………………… 249

（一）传统企业开拓转型业务能够利用原有融资渠道 ……………………… 249
　　（二）创业型企业开展转型创新业务多以 VC 和 PE 融资为主 ……………… 250
　　（三）金融支持房地产转型重点是发展股权投资基金和资产证券化
　　　　以形成投资闭环模式 ……………………………………………………… 251
三、充分发挥房地产基金股权投资的支持作用 ……………………………………… 251
　　（一）房地产转型发展尤其需要股权投资的支持 …………………………… 251
　　（二）房地产股权投资基金应更多发挥股权投资作用 ……………………… 252
　　（三）房地产股权投资基金案例 ……………………………………………… 252
四、推进 REITs 等资产证券化方式为股权投资提供新的退出通道 ……………… 260
　　（一）REITs 是持有经营性物业的重要金融工具 …………………………… 260
　　（二）CMBS/CMBN 是商业地产的重要融资工具 …………………………… 274
　　（三）收益权资产证券化是租赁物业轻资产运营的可行方式 ……………… 277
五、房地产转型中投融资创新要符合新金融监管政策要求 ……………………… 279
　　（一）以去杠杆为核心严控房地产金融风险 ………………………………… 279
　　（二）房地产融资创新要符合金融监管方向 ………………………………… 280

第七章　上市房地产企业转型研究 ……………………………………………… 281

一、分析思路和选取依据 ……………………………………………………………… 281
　　（一）分析思路 ………………………………………………………………… 281
　　（二）选取依据 ………………………………………………………………… 281
　　（三）研究方法 ………………………………………………………………… 283
　　（四）基本情况 ………………………………………………………………… 284
二、上市房地产企业样本转型特征 …………………………………………………… 284
　　（一）以资产为整体，重视运营管理 ………………………………………… 285
　　（二）以需求为引领，重视服务提供 ………………………………………… 285
　　（三）以产业为核心，重视跨界融合 ………………………………………… 286
　　（四）以多元化为导向，重视领域拓展 ……………………………………… 287
三、重点领域的发展态势分析 ………………………………………………………… 289
　　（一）物业持有与运营规模持续扩大 ………………………………………… 289
　　（二）消费服务领域加快探索新模式 ………………………………………… 298
　　（三）产业链整合不断开拓新空间 …………………………………………… 302

（四）金融投资创新支持拓展新领域 ·················· 307
四、房地产企业转型应对策略 ························· 309
 （一）重视前期研究储备 ··························· 310
 （二）因企选取转型领域 ··························· 311
 （三）提升运营专业能力 ··························· 312
 （四）强化资源有效整合 ··························· 315
 （五）探索新型金融支持 ··························· 316
 （六）重视转型风险评估 ··························· 317
 （七）积极利用政策红利 ··························· 318

第一章　房地产业转型升级创新的背景

一、宏观背景

2013年以来，我国经济进入增速换挡的新常态发展阶段，随着新型城镇化进程快速发展、产业结构调整不断深化、城镇居民消费观念的升级以及人口结构的变化等，针对新型房地产业态的市场需求开始不断释放，加之国家有关房地产政策的调整，总的来看，我国房地产业转型升级与创新的有利外部环境已初步形成。

（一）高质量发展的要求

我国经济已步入高质量发展阶段。习近平总书记在党的十九大报告中指出："我国经济已由高速增长阶段转向高质量发展阶段，正处在转变发展方式、优化经济结构、转换增长动力的攻关期。"这是根据国际国内环境变化，特别是我国经济发展条件和发展阶段变化作出的重大判断。目前，我国社会主要矛盾发生了关系全局的历史性变化，已经从落后的社会生产和人民日益增长的物质文化需求之间的矛盾转为不平衡、不充分的发展和人民对美好生活的向往之间的矛盾，人们需要更高质量的产品和更优质的商业服务，需要更高效更温馨的公共服务。从经济周期演变的规律来看，要持续保持我国经济健康发展，必须推动经济发展质量变革、效率变革、动力变革，提高全要素生产率，从简单追求速度转向坚持质量第一、效益优先，从微观层面不断提高企业的产品和服务质量，提高企业经营效益。要坚持以供给侧结构性改革为主线，加快转变发展方式、优化经济结构、转换增长动力，加快推动产业结构升级，增加中高端产品和服务的供给，不断提高产品和服务的附加值和竞争力，在更高水平上实现供需结构的动态均衡。要紧扣新时代我国社会主要矛盾的变化，针对更好满足广大人民对美好生活的多样化需求，更加注重平衡发展和产业结构优化，以平衡发展促产业结构优化和质量效益提高。过去40年，伴随改革开放，我国经济高速增长，基本实现了量的满足，下一步着力点必然转化为质的提升，因此必须实现高质量发展。近年来，我国消费者每年海外10000亿元人民币的消费就是一个例证。从国际竞争的角度看，我国也只有实现高质量的发展才能在国际经济竞争（包括产业竞争、产品竞争）中胜出，摆脱在价值链中低端徘徊的窘境，顺利跨越中等收入陷阱，全面建成小康社会，从而顺利进入高收入国家行列，实现中华民族的伟大复兴。

新发展理念是实现高质量发展的必由之路。其中，创新是实现高质量发展的核动力，只有崇尚创新，产业发展才不会僵化停滞、坐失良机，产品质量才可能大幅提升；协调是实现高质量发展的内在要求，只有注重协调，以协调为标尺，才能防范和克服经济发展中的不平衡问题；绿色是实现高质量发展的必要条件，只有倡导绿色，保护生态，与自然和谐共处，经济发展才可持续健康；开放是实现高质量发展的必由之路，只有厚植开放，破除自我封闭，经济繁荣发展才有可能；共享是实现高质量发展的不二选择，因为共享是社会主义的本质要求，让人民群众能有更多的获得感，事关公平、正义等重大问题，只有推进共享，经济发展才不会背离宗旨，发展目标才可以实现。因此，新发展理念是我国"十三五"乃至更长时期经济社会发展的理论和实践指南，所有产业必将在新的发展理念指导下，实现高质量发展。

高质量发展要求房地产转型、升级与创新。我国房地产业自国家于1998年启动住房商品化改革以来，持续高速发展，成为推动我国经济快速发展的重要力量，改变了我国城镇住房短缺的状况，取得了历史性成就。但伴随快速发展，传统房地产业的弊端也不断凸显，如粗放发展，资源浪费，产品同质，过分追求速度，不重视绿色发展、协调发展，不注重功能配套，不注重服务提升，不注重产品品质升级，不注重运营管理等，房地产业的传统发展模式与高质量的新趋势不相符，面临着转型升级的迫切要求。

推进房地产业转型升级具有重要意义。房地产业作为我国长期推动国民经济增长的支柱产业之一，具有产业链条长、行业影响广的特点，其转型升级不仅有利于革除传统房地产业的弊端，而且会直接或间接带动相关产业变化，从而对优化相关产业结构、提升经济发展质量具有重要推动作用。在新形势新背景下，房地产业追求高质量发展和高效益增长，就意味着发展方式转变、发展动能转换的重大转折，意味着传统的粗放型发展模式不仅不合时宜，且已走到尽头，行业发展必须转变传统观念与方式，坚持质量第一、效益优先，必须以五大新发展理念为指导，加快转型、升级和创新步伐。

（二）消费结构升级的带动

消费结构升级的原动力源于人们对美好生活的追求。2012年11月，习近平总书记就提出："人民对美好生活的向往，就是我们的奋斗目标。"2017年7月，习近平总书记在省部级主要领导干部专题研讨班上发表重要讲话，强调要"牢牢把握我国发展的阶段性特征，牢牢把握人民群众对美好生活的向往"。这"两个牢牢把握"，是各级政府认识当下、规划未来、制定政策、推进事业的客观基点。经过40年的改革开放，人民生活水平实现了历史性跨越，人民对美好生活的向往更加强烈，人民群众的需要呈现出多样化多层次多方面的特点，期盼更优质的教育、更优美的环境、更舒适的居住条件、更丰富的精神生活等。

消费升级潜在空间巨大。目前，我国城乡居民消费升级层次存在差异，农村居民消费升级层次低于城镇居民消费升级的层次，农村居民消费增长较快的是食品、服装和医疗行业产品，仍属于基本生活消费需求，而城镇居民消费主要以房地产、家庭轿车、化妆品和餐饮服务为主，更多体现为改善型需求。在住房领域，随着自住性、改善型的房地产需求渐次得到满足，人们更希望追求智能家居式的高品质住宅、享受旅游度假功能的地产。2013年以来，我国城镇居民人均可支配收入实际增速保持在7%左右，推动消费增速保持稳健增长。与此同时，我国储蓄率远高于世界其他国家，意味着中国消费需求仍有巨大的潜在发展空间。

政策鼓励和支持百姓消费，也会助推我国消费结构加快升级步伐。2018年7月，中央召开全面深化改革委员会第三次会议，会议审议通过了《关于完善促进消费体制机制进一步激发居民消费潜力的若干意见》《完善促进消费体制机制实施方案（2018—2020年）》。会议强调，完善促进消费体制机制，要顺应居民消费新趋势，从供需两端发力，积极培育重点消费领域细分市场，营造安全放心消费环境，提升居民消费能力，引导形成合理消费预期，切实增强消费对经济发展的基础性作用。

消费结构升级助推房地产转型升级。伴随消费结构升级，人们的消费观念正在从单纯追求物质的消费转向对精神、文化等方面的消费，消费的品质需求上升很快，比如，随着人们旅游观念的改变和闲暇时间的增多，旅游需求由单一观光型向观光休闲度假多元型转变，度假休闲式旅游正逐渐取代传统旅游方式，成为旅游消费的主流。旅游相关需求的不断释放，催生出一种新型地产——旅游与度假地产，有别于传统地产项目，是以景观、文化特色资源为核心，以多种旅游、娱乐及休闲相关体验为依托，拥有独特价值的地产项目。目前旅游与度假地产发展方兴未艾，其类型也从初期单一的酒店、主题公园逐渐转向游乐设施、度假别墅、第二居所等多元化并存的发展态势。

当前，我国正处于财富集聚、需求层次加速分化的阶段，在住房总量短缺矛盾基本解决、商业地产遇冷的背景下，旅游度假、休闲养生等致力于高质量生活方式的主题地产，以及品质优良、功能完善、环境优美的"升级"住宅，满足了人们差异化的、不断升级的消费需求，得到了消费者的欢迎，也得到政府相关政策支持，实现了多方面的共赢，发展空间巨大。

（三）人口结构变化的需求

人口因素一直是影响我国经济社会发展的最重要因素之一，人口结构变化必然会对相关产业发展产生重要影响。目前我国是世界人口第一大国，受益于经济高速增长和经济结构转型，我国是21世纪以来唯一一个财富年均增速超过5%的国家，中产阶层占比也正在扩大，对我国经济转型升级提供了有力的基础和支撑。

中产阶层规模正在扩大。虽然我国的劳动力人口峰值已过，但目前我国15～64岁的人口规模仍然保持在近10亿人数量级，与全球相比，占总人口的比重仍然较大（图1-1）。而且我国人口平均受教育年限在逐年提升，劳动力素质在不断提高，高校毕业生规模较大，中产阶层规模正在扩大，消费力将保持提升。

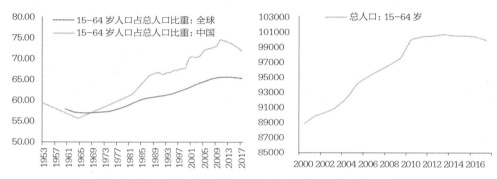

图1-1　我国15～64岁人口规模变化趋势（单位：%、万人、年）

资料来源：国家统计局，平安证券研究所

根据麦肯锡发布的《中产阶级重塑中国消费市场》报告称，我国上层中产（家庭年收入为10.6万～22.9万元）人群占比将从2012年的14%提高到2022年的54%，人数由0.36亿人增加到1.93亿人；富裕阶层（家庭年收入22.9万元以上）人群占比将从3%提高到9%，人数由768万人提高到3213万人。到2022年，中国将有超过75%的城市家庭年收入在6万～22.9万元人民币之间，相当于在购买力相同的情况下，收入处于意大利和巴西的平均之间。而且，中产阶层并不局限在一线城市，三四线城市的中产阶级增长速度迅猛，预计到2022年，三线城市中产阶级占比将从2002年的15%提高到31%。目前中国约1/3的成年人财富在中间段（1万～10万美金），到2020年中国大约一半的成年人财富将在这一区间内。中国的中产阶级人口数量已经远远领先于其他国家，中产数量在2000—2015年间增加了3800万人，财富增长了5.6万亿美元。2015年中国中产阶级占全国成年人口的11%，占全球中产阶级人数超过16%，高达1.09亿人，为全世界最大的群体，重点是这样的群体在中国将有一大批袭来，这就意味着中国每14人中就有这样的一个人。如此计算，未来我国中产阶级的消费力不容忽视。

老龄化发展趋势加快。依照国际标准，我国于2000年步入老龄化社会，而老年人口规模之大、老龄化速度之快、高龄人口之多，都是世界人口发展史上前所未有的。根据民政部发布的《2017年社会服务发展统计公报》，到2017年底，我国60岁及以上老年人口已达2.41亿人，占全国总人口的17.3%，约占全球老年人口总量的1/5，总数超过英法德三国人口的总和。其中65周岁及以上老年人口1.58亿人，占总人口的11.4%，较2007年增加约49%（图1-2）。这是由于改革开放以来我国居民收入持续增加、卫生医疗水平不断提高促进人均寿命延长，与此同时生育率不断下降，促使我国老龄化程度不断加深。

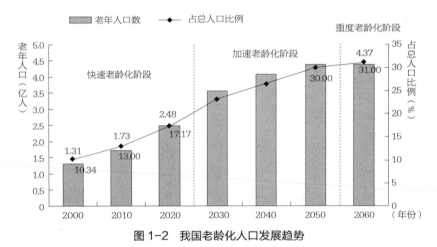

图1-2 我国老龄化人口发展趋势

资料来源：《2014中国人口老龄化发展趋势预测研究报告》

人口结构方面，我国由20世纪七八十年代的金字塔型，过渡到2000年的纺锤形，再到现今不断拔高的蘑菇型，其中一个显著的特点是我国人口老龄化推进速度加快。劳动力人口（15~59岁）比例在2010年达到峰值后开始回落（图1-3）。根据联合国人口展望（2012）的相关人口预测及《2014中国人口老龄化发展趋势预测研究报告》关于中国人口老龄化发展趋势的预测，未来中国人口老龄化速度仍将明显快于世界平均水平。世界65岁及以上人口比例约需要40年左右的时间从7%上升至14%，而中国可能只需要23年左右的时间。而65岁及以上人口比例从14%到21%，世界人口大约需要50年左右的时间，而中国人口则大约只需 11 年左右的时间。即便与联合国关于世界人口预测的低方案相比,中国 65 岁及以上人口比例从 7% 上升至 14%、从 14% 上升至 21% 的时间也都要缩短 12～13 年左右。我国老龄化人口的消费将逐渐扩大。

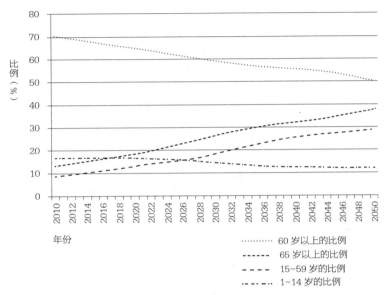

图 1-3　中国人口年龄结构的变化

资料来源:"十三五"时期中国人口发展面临的挑战与对策,中国社会科学院人口与劳动经济研究所

健康养老与地产结合空间巨大。据相关研究,我国老年消费结构日趋多元化,较为注重休闲娱乐方式的改变和生活质量的提升,对健康养老地产的消费意愿不断增强,对健康养老地产的支付能力也在不断提高。需求促进供给,供给引领消费,在供给与需求的契合下,未来康养地产市场空间充满无限想象。

"80、90 后"成为社会创业、消费中坚力量,对房地产转型、升级与创新发展有着积极影响。从消费的角度看,"80、90 后"追求个性,享受生活,观念自由,喜欢方便快捷的生活方式,比较看重生活品位。作为购房、装修的主力军,因基于物联网技术的智能住宅不仅具有传统的居住功能,兼备建筑、网络通信、信息家电、设备自动化,集系统、结构、服务、管理为一体的高效、舒适、安全、便利、环保的居住环境,提供全方位的信息交互功能,帮助家庭与外部保持信息交流畅通，优化人们的生活方式，帮助人们有效安排时间，增强家居生活的安全性，使得"80、90后"逐步成为智能住宅的消费主体，推动住宅品质不断升级。从创业的角度看，创业可能是对不少90后最有吸引力的一个词汇，在网络领域，一些90后已自己当老板创业，为满足这些资金有限的创业者对办公场所的偏好和需求，联合办公空间应运而生，带动整个办公趋势向小型化、移动化和交互化演进。以氪空间为例，办公空间由前台接待区、共享功能区、独立办公区组成，可以满足会员多元化场景的办公需求，北京氪空间目前约有600家企业入驻，其中70%为科技、互联网企业。

从政策支持养老产业发展的角度看，国家层面，近年来制定发布了一系列养老相关政策，从养老服务体系构建、养老金融机制、养老保险制度、养老地产、医疗养老等多方面指导养老产业的平稳有序发展。2017年，"十三五"国家老龄事业规划落地，未来以居家为基础、社区为依托、机构为补充、医养相结合的多层次养老服务体系将逐渐完善。地方层面，近年来一些地方政府也在编制、出台养老规划以及与智慧养老、健康养老、创新土地利用模式等相关的政策法规。政策逐步完善和支持力度有所加大对康养地产发展是个有利因素。应该说，发展康养地产是一箭双雕，一方面满足了部分老年人的特殊需求，另一方面丰富了地产种类、完善了住宅产品体系，又促进了养老产业的发展，也是大健康产业的重要组成部分，更是供给侧结构性改革的重要内容。

二胎政策有利于扩大社会对住房的需求。二胎政策是基于我国人口增长、人口结构与经济社会发展不相协调的矛盾，对我国生育政策所做的调整，2013年11月，十八届三中全会宣布实施一方是独生子女的夫妇可生育两个孩子的政策，2015年10月，十八届五中全会决定全面实施一对夫妇可生育两个孩子政策，积极开展应对人口老龄化行动。2015年12月，全国人大常委会表决通过了人口与计划生育法修正案，"全面二孩"政策已于2016年1月1日起正式实施。政策出台之后，效应比较明显，新生人口增长有一定提高，2016年全国出生人口1786万人，比"十二五"期间年均出生人口数增加了140万人，总和生育率达到1.7%；2017年全国出生人口1723万人，是2000年以来历史第二高值，其中二孩数量达到883万人，比上年增加162万人，二孩占全部出生人口的比重达到51.2%，比上年提高11个百分点。房地产需求与人口数量增加密切相关，人口增长越快，相应的对房地产的需求也就越大，而且家庭人口的多少和需要居住面积的大小也同样会对房地产市场产生重要影响。一般来说，随着家庭人口的增加，改善居住条件以适应家庭需要成为一个家庭考量的大事，增加居住面积是一个方面，对一些家庭而言，为了能够享受更大的生活空间，在某些程度上也会对住宅功能和品质提出更高的要求。

（四）信息技术的助推

互联网信息技术给经济社会带来深刻变化。互联网技术给人们的生产生活带来深刻、巨大的改变。"互联网+"不仅推动了互联网与现代制造业、生产性服务业等的融合创新，还推动了云计算、物联网、大数据等新一代信息技术的创新和新一代IT、DT产业的发展，使新老产业相互促进竞相发展，极大地改变着人类经济社会的面貌。随着互联网的普及，互联网、大数据、云计算等信息技术逐步渗透到经济社会生活的方方面面，催生了大量新产业、新业态、新模式。从制造业的智能制造到流通领域的电商，再到金融领域的众筹，还有网上医疗、网上打车、网上餐饮等，基于互联网基础上的新业态和新商业模式不断涌现。在"互联网+"新常态下，我国经济社会发展正从"要素驱动"转向"创新驱动"，"互联网+"传统行业更侧重采用互联网技术创新来驱动生产和变革流通。2014年2月，习近平总书记在中央网络安全和信息化领导小组第一次会议上发表重要讲话，提出："当今世界，信息技术革命日新月异，对国际政治、经济、文化、社会、军事等领域发展产生了深刻影响。信息化和经济全球化相互促进，互联网已经融入社会生活方方面面，深刻改变了人们的生产和生活方式。我国正处在这个大潮之中，受到的影响越来越深。"随着互联网信息时代的来临，其对产业发展格局有着重要影响已经成为政商学各界的广泛共识。从国家层面看，2015年3月，政府工作报告就提出要推进"互联网+"行动，同年7月国务院下发《关于促进"互联网+"行动的指导意见》，提出了互联网金融从消费领域向生产领域扩展的一系列指导意见。"十三五"规划纲要提出，促进互联网深度广泛应用，带动生产模式和组织方式变革，形成网络化、智能化、服务化、协同化的产业发展新形态。从实践中也可以看到，"互联网＋"与传统行业的融合、延伸已经开始广泛的出现，各个领域的传统企业都在积极探索"互联网＋"时代所带来的新的创新机会。互联网对优化资源配置，提高生产效率以及服务功能等，可以说起了很大的促进作用。

信息技术与房地产融合对行业转型升级产生深刻影响。互联网信息技术和房地产的融合，可以在房地产的资本运作、工程建设、销售服务、物业营运、装饰装潢、生活服务、二手交易等开发、销售、持有全产业链实现，对房地产业转型发展正在产生深刻的影响。过去房地产业发展的逻辑主要是制度性土地红利，今天行业的发展是基于产业发展和运营模式优化的红利。有专家认为，过去是地产＋金融＋产业，现在是金融＋地产＋产业，未来模式则是互联网＋金融＋地产＋产业。以商业地产发展为例，在"互联网＋"发展模式下，房地产企业可以利用资金重组，推行以基金为核心的轻资产模式，包括产业信托基金、开发基金等多种方式的融资产品，一方面有利于解决公司资金的短缺问题，另一方面也有利于降低融资成本，减少公司在运营过程中所需要支付的营销费用以及管理费用。

2015年以来，房地产龙头企业万科即尝试与互联网接轨，积极探索转型路径。万科通过联手阿里巴巴，探索房产"互联网＋"创新模式，在拓展销售的同时打造智能小区，并利用百度迁徙技术、腾讯理财通、链家房源查询与交易系统等，实现了多平台合作，在一定程度上降低了成本，提升了利润。

（五）城镇化新格局的引领

城镇化是现代化的必由之路，是保持经济持续健康发展的强大引擎，是加快产业结构转型升级的重要抓手。城市是现代文明的发祥地，是经济和社会事业发展的主要载体。改革开放以来，伴随着工业化进程加速，我国城镇化发展开始步入正轨，城市和小城镇无论在数量、规模上，还是在质量上，都获得前所未有的迅猛发展，促进了城乡居民生活水平全面提升，与此同时发展中存在的问题也暴露了出来，比如城市建设盲目追求规模扩张、节约集约程度不高、"城市病"问题日益突出，城镇化发展重数量轻质量、城乡协调发展不够等。党的十八大明确提出了"新型城镇化"概念，2014年3月，《国家新型城镇化规划(2014—2020年)》正式发布。新型城镇化是以人为核心,以城乡统筹、城乡一体、产业互动、节约集约、生态宜居、和谐发展为基本特征的城镇化。近年来，为积极推进新型城镇化，正确应对交通拥堵、环境污染等"城市病"以及资源环境对城市发展约束的挑战，中央和地方政府多方面探索，努力构筑城镇化发展新格局，为传统房地产业转型升级带来了新的机遇。

特色小镇建设是推进新型城镇化的一个重要切入点。特色小镇处于城市和乡村的结合部，是城乡融合发展的最佳结合点。特色小镇具有特色鲜明、产业发展、绿色生态、美丽宜居等特点，符合当代人追求个性化、体验式、生态型的消费新需求。2015年年底，习近平总书记对特色小镇做出重要批示，强调抓特色小镇建设大有可为。特色小镇不同于其他类型小城镇，最大差异体现在"特"字上。具体而言，一是特在理念上，特色小镇以特色为引领，注重求新求异与宜居宜业宜游；二是特在功能上，特色小镇追求产城融合发展，强调生产、生活、生态功能复合与协同发展；三是特在产业上，特色小镇重视挖掘地方特色资源和要素优势，强调专业化生产与差别化发展；四是特在风貌上，特色小镇追求精而美，顺应地形地貌，强调鲜明的景观辨识度；五是特在创意上，特色小镇以创新为驱动，强调对市场需求的适应和引领。

城市更新正在成为城市发展的新增长点。城市更新伴随城市发展的始终，是永续不断的过程。从发达国家的发展历程看，城市更新经历了三个阶段，即由初期的拆除重建阶段到中期的综合改造更新阶段，再到后期的小规模、分阶段的循序渐进式的有机更新阶段；成功的城市更新非常注重城市遗产的价值，重视平衡政府、投资人、民众三方的需求。目前我国的城市更新正步入有机更新的新阶段，从传统的物质层面、拆旧建新式的城市更新，发展到承载新内容、重视新传承、满足新需求、采用新方式的反映新时代要求的城市有机更新。承载新内容体现在城市更新已不再仅仅是街道或建筑表面的改变，而是紧扣产业升级和消费结构升级，再造城市空间；重视新传承体现在，开始注重历史传承与文脉延续，用文化创意引领更新，再造城市活力；满足新需求体现在，满足城市由扩张型转向内涵式发展的需求，盘活存量，再造城市价值；采用新方式体现在，投资经营者采用新的融资方式、经营模式、开发理念改造传统办公区域，再造城市品质。当前，我国一、二线城市纷纷步入存量时代，新增土地稀缺，城市更新逐渐摒弃过去"大拆大建"的模式，进入有机更新的新阶段，对城市功能重新定位优化、存量资产改造升级的需要日益旺盛，城市有机更新正在成为城市发展的新增长点，成为房地产业转型发展的又一热点！

城市"双修"作为城市建设与发展的重要任务，也是城市更新的重要内容。同时，也是治理"城市病"、保障改善民生的重大举措，是适应经济发展新常态、大力推动供给侧结构性改革的有效途径。2016年2月，《中共中央 国务院关于进一步加强城市规划建设管理工作的若干意见》发布，提出要有序实施城市修补和生态修复。2017年3月，住房城乡建设部印发《关于加强生态修复城市修补工作的指导意见》，提出到2020年，城市"双修"工作初见成效，"城市病"得到有效治理。历史文化街区改造是城市双修的重要内容，以此为契机，风情商业地产迎来了历史性的发展机遇。基于历史文化街区，注入"文化、休闲、创意"元素，将其策划更新改造成为具有"国际性、文化性、时尚性"的休闲娱乐购物场所，已成为城市核心历史地段更新的最佳模式之一。

二、政策背景

（一）坚持"房住不炒"新定位

习近平总书记在2016年12月中央财经领导小组第十四次会议上指出，"要准确把握住房的居住属性"。2017年2月，习近平总书记主持召开中央财经领导小组第十五次会议时指出，建立促进房地产市场平稳健康发展长效机制，要充分考虑到房地产市场特点，紧紧把握"房子是用来住的、不是用来炒的"的定位，深入研究短期和长期相结合长效机制和基础性制度安排。习近平总书记2017年10月在党的十九大报告中指出，"坚持房子是用来住的、不是用来炒的定位，加快建立多主体供给、多渠道保障、租购并举的住房制度，让全体人民住有所居"。习近平总书记的一系列讲话和十九大报告确立了"房住不炒"的新定位。

从属性上来看，住房具有两种属性，一是居住属性，二是投资属性。其中，居住属性是基本属性、天然属性；投资属性是伴随着房地产市场的快速扩张和房价的快速上涨而产生和放大的，属于派生属性。住房的资产属性若不断放大，就会导致各种资金流向房地产，导致社会资本"脱实向虚"、实体经济受到挤压、房地产投机炒作盛行、住房价格暴涨等，形成少数人拥有多套住房、广大工薪阶层特别是大城市的新市民买不起房的不均衡现象，偏离了发展住房以解决人民居住需求和改善民生的根本方向，从根本上造成社会的两极分化和社会资源的极大浪费，不利于经济社会的和谐稳定发展。

"房子是用来住的、不是用来炒的"体现了"以人民为中心"的发展思想，为我国房地产市场平稳健康发展指明了方向，成为我国住房政策的核心指导思想。住有所居是安居乐业的起点，是维护社会和谐稳定的基石，也是新时代中国特色社会主义的内在要求。

贯彻落实新发展理念，坚持以人民为中心的发展思想，推动高质量发展，必须牢牢坚持"房住不炒"的新定位，防止经济发展过度依赖房地产，把发展经济的着力点放在实体经济上，让住房真正回归居住这个基本属性。在我国经济结构破旧立新的过程中，房地产业面临重新认识在经济大局中的作用。房地产的造富效应吸引了过多的资源参与、对其他行业形成了显著的挤出效应，高地价高房价不仅带来了许多风险隐患，也推高了经济运行的整体成本，削弱了城市发展的竞争力。经济结构失衡，许多地方经济过度依赖房地产。众所周知，在全球竞争中，核心竞争力是科技，科技才是强国的根本。在外部环境恶化和不确定性因素增多的国际局势下，释放内需、促进消费是实现我国经济健康发展的重要途径。从政策大势上看，唯有坚持"房住不炒"新定位，久久为功，才能有助于我国经济发展的转型升级，实现房地产业为基础产业的功能，才能切实落实中央提出的防范和化解重大风险的要求。

（二）坚持"房地产市场调控目标不动摇"新要求

本轮房地产市场调控始于 2016 年 3 月底，以 3 月 25 日上海市人民政府发布《关于进一步完善本市住房市场体系和保障体系促进房地产市场平稳健康发展的若干意见》(沪府办发〔2016〕11号)为标志,到2016年9月30日,全国房地产市场调控全面展开,背景是房地产市场出现非理性过热的情绪、房价加速上涨的趋势,及投资投机性需求回潮、部分企业及从业人员违规操作等一些新情况、新问题。截至目前,调控已坚持两年多,房价过快上涨的势头被明显遏制,房价逐渐企稳。两年多来,中央始终坚持"调控目标不动摇、力度不放松",并以此准则严格要求和督促地方,没有任何松懈,没有"喘口气、歇歇脚",调控决心坚定,调控措施全面;在精准调控、因城施策的原则下,各地不断打补丁、补漏洞,落实地方政府调控主体责任;以稳地价、稳房价、稳预期为目标,保持房地产市场平稳运行。

总的来看,这轮自2016年9月30日全面开始的房地产市场宏观调控,与以往历次的调控相比,具有明显的特征:一是更加强调政策的执行效果;二是强化落实地方政府房地产市场调控的主体责任;三是加快推进长效机制建设。

1. 中央要求房地产市场平稳健康发展

(1)习近平总书记多次对房地产市场平稳健康发展做出指示

2016年7月26日,中央政治局会议提出:抑制资产价格泡沫。

2017年2月26日,习近平在中央财经领导小组第十五次会议上强调:建立促进房地产市场平稳健康发展长效机制,要充分考虑到房地产市场特点,紧紧把握"房子是用来住的、不是用来炒的"的定位,深入研究短期和长期相结合的长效机制和基础性制度安排。要完善一揽子政策组合,引导投资行为,合理引导预期,保持房地产市场稳定。

2017年3月,《政府工作报告》提出:坚持住房的居住属性,落实地方政府主体责任,加快建立和完善促进房地产市场平稳健康发展的长效机制,健全购租并举的住房制度。加强房地产市场分类调控,房价上涨压力大的城市要合理增加住宅用地,规范开发、销售、中介等行为,遏制热点城市房价过快上涨。

2017年4月25日,中央政治局会议提出:要加快形成促进房地产市场稳定发展的长效机制;7月24日,中央政治局会议再次强调:要稳定房地产市场,坚持政策连续性稳定性,加快建立长效机制。

2017年10月,党的十九大报告提出:坚持房子是用来住的、不是用来炒的定位，加快建立多主体供给、多渠道保障、租购并举的住房制度，让全体人民住有所居。

2018年4月23日，中央政治局会议指出：要推动信贷、股市、债市、楼市健康发展，及时跟进监管，消除隐患。

2018年7月31日，中央政治局会议再次提出：下决心解决好房地产市场问题，坚持因城施策，促进供求平衡，合理引导预期，整治市场秩序，坚决遏制房价上涨。加快建立促进房地产市场平稳健康发展长效机制。这一次的提法罕见，系首次提出"坚决遏制房价上涨"，少了以前的"过快"二字。

（2）国务院及房地产市场调控相关部门加强制度建设和执法监督

2016年国庆期间，住房城乡建设部接连对一些涉嫌违法违规销售、恶意宣传炒作、严重扰乱房地产市场秩序等行为的房地产开发企业和中介机构曝光警示。

2016年10月13日，国务院办公厅发布《互联网金融风险专项整治工作实施方案》，规范互联网"众筹买房"等行为，严禁各类机构开展"首付贷"性质的业务。

2016年11月25日，住房城乡建设部召开规范房地产中介行为持续整顿市场秩序电视电话会议，对中介编造散布谣言、发布虚假信息、赚取房源差价、挪用交易资金、违规开展金融业务、违规代理销售、无照经营7类违法违规行为进行重点整治，依法从严从重从快进行查处。

2017年4月10日，银监会印发《关于银行业风险防控工作的指导意见》，提出应分类实施房地产信贷调控。明确住房居住属性。坚持分类调控、因城施策，严厉打击"首付贷"等行为，切实抑制热点城市房地产泡沫。加强房地产业务合规性管理，严禁资金违规流入房地产领域。4月21日，银监会召开一季度经济金融形势分析电视电话会议，要求合理控制房地产融资业务增速，有效防范集中度风险，严禁银行资金违规流入房地产领域。9月29日，银监会召开"今年以来银行业运行及监管情况"通报会，要求严厉打击"首付贷"、严查挪用消费贷款资金，防范房地产泡沫风险。

2018年6月25日，住房城乡建设部等七部委发布《关于在部分城市先行开展打击侵害群众利益违法违规行为治理房地产市场乱象专项行动的通知》，宣布在北京等 30 个城市开展治理房地产市场乱象专项行动①，重点打击投机炒房、房地产"黑中介"、违法违规房地产开发企业和虚假房地产广告四个方面的投机和扰乱市场秩序行为。此次专项行动的鲜明特点是住房城乡建设部、中宣部、公安部、司法部、国家税务总局、国家市场监管总局、银保监会七部委联手的强监管，宣传、公安、司法部门加入；全面细致梳理投机和扰乱市场秩序行为，针对性强。

但是，回顾我国房地产发展历程，房地产政策措施一直是在扩张性调控和紧缩性调控之间摇摆，刺激与遏制交替进行，经济下行时施行扩张性政策以拉动经济，房价上涨过快时则加强调控来抑制上涨势头。如：2003—2008 年 8 月间，为抑制房地产开发投资过热，应对经济出现的过热迹象，出台了《关于进一步加强房地产信贷业务管理的通知》（银发〔2003〕121 号）、《关于切实稳定住房价格的通知》（国办发明电〔2005〕8 号）、《关于做好稳定住房价格工作意见的通知》（国办发〔2006〕37 号）、《关于加强商业性房地产信贷管理的通知》（银发〔2007〕359 号）等文件。2008 年 9 月—2010 年 1 月间，为应对 2008 年世界金融危机的影响，以保增长为目的，央行宣布"双率"齐降，货币政策从"从紧"向"适度宽松"转变，对房地产实施扩张性政策，实施鼓励住房消费的政策，包括下调契税、免征印花税、下调贷款利率等金融税收和购房入户政策等。扩张性政策使得房价到 2009 年年中"放量大涨"，到年底演变成"恐慌性抢购"。2010—2013 年期间：为遏制房价上涨，2009 年 5 月起房地产政策转向，新一轮调控开始，一直持续到 2013 年两会前。5 月 21 日，国家税务总局制定《土地增值税清算管理规程》；10 月营业税免征优惠政策终止；12 月 14 日，国务院常务会议提出"增加普通商品住房的有效供给，抑制投资投机性购房，加强市场监管，继续大规模推进保障性安居工程建设"四条具体措施；2010 年 1 月 10 日，国务院办公厅出台《关于促进房地产市场平稳健康发展的通知》；4 月 17 日，国务院发布《关于坚决遏制部分城市房价过快

---

① 30 城为：北京、上海、广州、深圳、天津、南京、苏州、无锡、杭州、合肥、福州、厦门、济南、郑州、武汉、成都、长沙、重庆、西安、昆明、佛山、徐州、太原、海口、宁波、宜昌、哈尔滨、长春、兰州和贵阳。

上涨的通知》；9月29日，"9.29新政"出台：贷款首付比例调整到30%及以上，暂停发放居民家庭购买第三套及以上住房贷款，对不能提供一年以上当地纳税证明或社会保险缴纳证明的非本地居民暂停发放购房贷款；2011年1月26日，国务院办公厅发布《关于进一步做好房地产市场调控工作有关问题的通知》（国办发〔2011〕1号）；2012年要求到年底实现全国40个城市的个人住房信息系统联网；2013年2月20日，国务院常务会议确定了5条加强房地产市场调控的政策措施。2014—2016年9月间，我国经济进入新常态，经济增速换挡，在"稳增长"和"去库存"的政策诉求下，出台房地产刺激政策，主要是放松限购限贷，加强信贷支持和税收减免。2014年6月，呼和浩特首先取消实施了3年的限购政策。截至2014年年底，除北、上、广、深四大城市，大部分实行限购的城市取消了限购政策。9月30日，央行、银监会公布《关于进一步做好住房金融服务工作的通知》（"930新政"），调整房贷政策，二套房认定标准由"认房又认贷"改为"认贷不认房"；2015年3月30日，央行、住房城乡建设部、银监会联合发文（"330新政"）：二手房营业税免征限期由5年改为2年；二套房商业贷款最低首付比例降至4成；公积金贷款首套房首付比例调整为20%；从2014年11月22日至2015年底6次下调存贷款基准利率；2015年12月，中央经济工作会议强调"化解房地产库存"；2016年2月17日，财政部、国家税务总局、住房城乡建设部联合发布《关于调整房地产交易环节契税、营业税优惠政策的通知》。如上所述，过去近20年来，我国房地产市场调控在稳增长和控房价之间几经反复。从2016年10月开始，全国按照"房住不炒"的要求，进入了全面从严的调控之中。

2. 地方因城施策贯彻中央要求

为贯彻落实国家促进房地产市场平稳健康发展、防范化解房地产风险的要求，各地密集出台调控政策，调控路线沿一线及部分热点城市、一线城市周边热点城市及二线城市、三四线城市传递；而且各地基于调控效果而不断升级调控措施，确保稳地价、稳房价、稳预期的目标，切实落实地方政府房地产市场调控主体责任。

2016年9月30日及国庆期间，就有北京、天津、合肥、郑州、杭州、武汉等17个房价上涨压力较大的热点城市陆续出台了房地产市场调控政策，或是出台了购房风险提示。到目前为止，各地出台了上百项房地产市场调控政策，有省域的、有市域的，政策措施包括限购、限价、限贷、限售、限商等（表1-1）。

2016年9月30日及国庆期间17城调控政策主要内容　　　　表1-1

城市	新政主要内容
北京	重启"90/70"政策；首套首付比例不低于35%，2套房为非普通自住房首付至少七成
天津	拥有1套及以上的外地人暂停在部分区域购房，其商业贷款首付比例也提高至40%
苏州	户籍居民有三套房者，不得再买房；房企价格过高将被约谈
郑州	拥有两套房者限购180m²以下住房，二套房首付40%，首套房首付30%
无锡	二套房首付比例提至40%，非本市户籍限购二套房，对土地出让设置最高限价
济南	购买首套和二套住房的首付款提至30%、40%，已有三套住房的暂不得再购房
合肥	在市区范围内，第三套禁购，首套房首付比例调整为30%
武汉	汉阳等区实行住房限购限贷，本地户口居民购房首套房首付最低25%，二套首付最低50%，第三套禁贷
深圳	重启"90/70"政策；市户籍成年单身人士（含离异）限购1套住房
广州	2套房首付不低于70%，继续暂停发放家庭购买第三套及以上住房贷款
南京	市户籍成年单身人士（含离异）限购1套住房；2套房首付提至8成
厦门	限购面积从144m²提到180m²，外地户籍购房门槛提高
成都	分区域限购，二套房首付比例不低于40%；部分区域单人只能新购一套房
珠海	本地限购3套外地限购1套144m²及以下住房，而二套房首付不低于40%
佛山	预售商品房时，应当取得商品房预售许可证
南宁	商品房实售价格不得高于预售申报价
东莞	申请商业性个人住房贷款最低首付款比例不低于30%，2套房最低首付款比例不低于40%

专栏一：部分城市和海南省房地产市场调控政策演变及主要内容

（1）上海市

2016年3月25日，上海市人民政府转发市住房城乡建设管理委等四部门《关于进一步完善本市住房市场体系和保障体系促进房地产市场平稳健康发展的若干意见》（沪府办发〔2016〕11号），落实"以居住为主、以市民为主、以普通商品住房为主"的住房发展原则，打击投机、防止热炒与抑制房地产泡沫，以促进房地产市场平稳健康发展。《若干意见》明确进一步强化房地产市场监管，规范从业行为，严肃查处违法违规行为。加强商品房预销售管理，防止捂盘惜售。建立二手房交易资金第三方监管制度。严禁房地产开发企业、房产中介机构从事首付贷、过桥贷及自我融资、自我担保、设立资金池等场外配资金融业务；要求从严执行住房限购政策。提高非本市户籍居民家庭购房缴纳个人所得税或社保的年限，调整为自购房之日前连续缴纳满5年及以上；企业购买的商品住房再次上市交易，需满3年及以上；将限购审核前置至交易备案环节；强调从紧实行差别化住房信贷政策，加强个人住房贷款管理。对拥有1套住房的居民家庭，为改善居住条件再次申请商业性个人住房贷款购买普通自住房的，首付款比例不低于50%；购买非普通自住房的，首付款比例不低于70%。

（2）北京市

2016年9月30日，北京市人民政府发布《关于促进本市房地产市场平稳健康发展的若干措施》（京政办发〔2016〕46号），一是加大住宅用地供应力度，合理调整土地供应结构。二是强化"控地价、限房价"的交易方式。三是进一步完善差别化住房信贷政策。购买首套普通自住房的首付款比例不低于35%，二套房首付提高至50%。2017年3月17日，北京再次调整差别化住房信贷政策，居民购房"认房又认贷"，即在本市拥有1套住房，或者无住房但有商业性质或公积金贷款的，购买普通自住房的首付款比例不低于60%，购买非普通自住房的首付款比例不低于80%。暂停发放贷款期限25年以上的个人住房贷款。3月22日宣布，非京籍在京购房纳税从5年变连缴60个月。3月24日宣布，对于离婚一年以内的房贷申请人，商贷和公积金贷款均按二套房信贷政策执行。3月26日，明确规定开发商不得和学校联合办学。同日，规定"商改住"叫停，在建在售商办不得售卖给个人。4月3日，住宅平房和法定拍卖房也纳入限购范围。4月16日，学区房新政，重点核查过道房、车库房、空挂户等。

（3）长沙市

2017年3月18日，长沙市人民政府办公厅发布《关于进一步促进房地产市场平稳健康发展的通知》，规定非本市户籍家庭限购1套新房，购买首套商品住房首付比例不低于30%。限购区域为城六区及长沙县经开区和星沙区域。5月20日，长沙市住建委发布《关于进一步做好房地产住宅市场调控工作的通知》，叫停限购区域内第三套房、二手房纳入限购范围等。9月22日，长沙市住建委发布《关于进一步稳定房地产市场促进健康发展的通知》，首次提出"首套房取得产权证满3年后才能购买第二套房"；非长沙市户籍家庭限购所需12个月以上个税或社保证明时间提高为24个月；升级调控范围，包括城六区和长沙县全域。2018年3月27日，长沙市住房城乡建设委发布《关于实施差别化购房措施的通知》，明确长沙市限购区域内"限房价、竞地价"的商品住房项目（不含定向限价房）和新建商品住房项目中144m^2（含）以下户型的普通商品住房，优先满足首套刚需购房群体。首套购房刚需群体为长沙市户籍的无房家庭和个人（文件施行后离婚且不满1年的不包括在内）、自签订征收协议之日起1年内的被征收人以及符合长沙市限购政策的本市以外户籍无房家庭。

（4）厦门市

2016年10月5日厦门市人民政府办公厅发布《关于进一步促进我市房地产市场平稳健康发展的意见》（厦府办〔2016〕154号），一是执行90/70政策；二是进一步从严执行住房限购政策。对三种类型居民家庭（拥有2套及以上住房的户籍居民家庭、拥有1套及以上住房的非本市户籍居民家庭、无法提供购房之日前3年内在本市逐月连续缴纳2年以上个人所得税或社会保险证明的非户籍居民家庭），暂停在本行政区域内向其销售建筑面积180m^{2}及以下的商品住房；三是进一步完善差别化住房信贷政策等。2017年3月24日，厦门市国土房产局联合市发展改革委、市公安局、市市场监督管理局、市司法局和银监局发布《关于进一步完善调控措施、促进我市房地产市场平稳健康发展的通知》，以打击投机炒房行为、遏制房价过快上涨，一是升级限购。本市户籍成年单身（含离异）人士在本市限购1套住房；通过赠与方式转让住房后，再次购买住房需满3年。二是限售。新购买的住房，需取得产权证后满2年方可上市交易。三是严格贷款审批。严格审查首付款资金来源的真实性，坚决杜绝"首付贷"；严格评估借款人还款能力，防范通过虚假收入证明、虚假流水、虚假交易骗取贷款。

3月28日，厦门市国土房产局、市市场监督管理局、中国人民银行厦门市中心支行、中国银监会厦门监管局联合发布《关于进一步强化房地产市场调控管理的通知》，限购再升级，以合理引导住房需求、遏制房价过快上涨、稳定市场预期、促进房地产市场平稳健康发展。一是执行"认房又认贷"的差别化住房信贷政策。二是对无法提供购房之日前4年内在本市逐月连续缴纳3年以上个人所得税或社会保险证明的非本市户籍居民家庭，暂停向其销售180m^{2}及以下商品住房。

（5）杭州市

2016年9月19日实施部分区域限购；2016年11月10日杭州市住房保障和房产管理局发布《关于进一步严格实施住房限购的通知》，升级限购措施。即：在市区限购范围内，对已拥有1套及以上住房和不能提供自购房之日起前2年内在本市连续缴纳1年以上个人所得税或社会保险证明的非本市户籍居民家庭，暂停出售新建商品住房和二手住房。2017年3月2日调控政策再升级，《关于进一步调整住房限购措施的通知》出台，进一步调整住房限购政策。一是扩大限购范围，富阳区、大江东产业集聚区纳入限购范围；二是升级非本地户籍居民限购措施和增设本地户籍居民家庭限购措施，非本地户籍居民家庭购房须提供的个人所得税或社会保险证明年限要求调整为"自购房之日起前3年内在本市连续缴纳2年以上"，非本市户籍居民家庭不得通过补缴个人所得税或社会保险购买住房。3月28日，《认房又认贷，杭州进一步升级房地产市场调控措施》发布，一是进一步限购。本市户籍成年单身（含离异）在限购区域内只能限购一套外；外地迁入四县（市）的居民家庭，自户籍迁入之日起满2年，方能在本市市区范围内购买住房。二是限售。企业购买的限购区域住房需满3年方可上市交易。三是贷款趋严。名下已拥有一套住房或无住房但有住房贷款记录的，购买二套房首付款比例不低于60%，公积金贷款利率按基准利率1.1倍执行；严格审核个人住房贷款首付款资金来源，严禁各类"加杠杆"金融产品用于购房首付款。

（6）郑州市

2017年5月2日，郑州市人民政府办公厅《关于进一步强化调控措施稳定全市房地产市场的通知》，一是调整商品住房限购区域。在《郑州市人民政府办公厅关于在郑州市部分区域实施住房限购的通知》（郑政办〔2016〕64号）规定的限购区域基础上，增加新郑市、荥阳市、中牟县。二是调整限购对象。在限购区域，暂停向注册时间不足3年的企业销售住房（含新建商品住房和存量住房），暂停向已拥有一套以上（含一套）住房的本市户籍单身人士出售住房；在郑州市行政区域内，5月3日（含）之后通过赠与方式转让住房，自签署《赠与合同》并办理转让确认手续之日起，赠与人满3年后方可再次购买住房。三是实施限售。在郑州市行政区域内，5月3日（含）之后购买的住房，自取得《不动产权证书》之日起不满3年的不得上市转让。

（7）深圳市

2018年8月1日，深圳市人民政府办公厅转发市规划国土委等单位《关于进一步加强房地产调控促进房地产市场平稳健康发展的通知》（深府办规〔2018〕9号），规定：加强法人单位购买住房管理。暂停企事业单位、社会组织等法人单位在本市购买商品住房。加强商务公寓销售和运营管理。各类新供应用地（含招拍挂、城市更新、征地返还用地等）上建设的商务公寓一律只租不售且不得改变用途。企业整体持有年限与土地出让年限应当一致，对外出租单次租期原则上不超过10年。个人、企事业单位或社会组织等法人单位新购买的商务公寓，自取得不动产权登记证书之日起5年内禁止转让。加强商品住房转让管理。居民家庭新购买商品住房的（不含人才住房、安居型商品房），自取得不动产权利证书之日起3年内禁止转让。完善差别化住房信贷政策。对购房人离婚2年内申请住房商业贷款或公积金贷款的，各商业银行、市公积金中心按贷款首付款比例不低于70%执行；若无房贷记录且能提供离婚前家庭无住房证明的按贷款首付款比例不低于30%执行；若能提供离婚前家庭仅有1套住房证明的按贷款首付款比例不低于50%执行。

（8）海南省

2018年4月22日，海南省委办公厅、省人民政府办公厅发布《关于进一步稳定房地产市场的通知》（琼办发〔2018〕29号），宣布实施"全域限购"，五指山、保亭、琼中、白沙4个中部生态核心区市县建设的住房只能面向本市县居民家庭销售。海口、三亚、琼海已实行限购的区域，非本省户籍居民家庭购买住房的，须提供至少一名家庭成员在我省累计60个月及以上个人所得税或社会保险缴纳证明。非本省户籍居民家庭在海南省范围内只能购买1套住房。严格限贷、限制转让和价格备案管理，非本省户籍居民家庭在海南省购买住房，申请商业性个人住房贷款首付款比例不得低于70%。居民家庭或企事业单位、社会组织在海南省购买的住房，取得不动产权证满5年后方可转让。

纵观本轮上述各地房地产市场调控政策措施，一个显著的特点是：因地制宜、因城施策、不断全面与深化。总而言之，各地为贯彻落实党的十九大精神，坚持"房子是用来住的、不是用来炒的"定位，单独或综合运用限购、限价、限贷、限售、限商等措施，落实房地产市场调控目标不动摇，规范房地产市场秩序，促进房地产市场平稳健康发展。

（三）坚持"租购并举"住房新制度

党的十九大报告确立了"租购并举"住房新制度。十九大报告提出：加快建立多主体供给、多渠道保障、租购并举的住房制度。将"租"置于"购"之前，充分体现了发展住房租赁市场的紧迫性和重要性，也为房地产市场发展指明了方向。发展住房租赁不仅有利于回归住房的居住属性，更是稳房价的重要抓手。"租购并举"的住房制度，是贯彻落实"房子是用来住的、不是用来炒的"这一定位的重要举措，是加快房地产市场供给侧结构性改革的重要内容，是我国房地产长效机制建设的重要组成部分。实行租购并举，培育和发展住房租赁市场，是深化住房制度改革的重要内容，是实现城镇居民住有所居目标的重要途径。

租房也是解决"住"的有效手段。从1998年国务院发布《关于进一步深化城镇住房制度改革加快住房建设的通知》以来，一直是"重售轻租"。如何纠正"重售轻租"思想和行为，补齐住房租赁的短板，让租房也能实现安居乐居，先后出台了《国务院办公厅关于加快培育和发展住房租赁市场的若干意见》《关于在人口净流入的大中城市加快发展住房租赁市场的通知》《利用集体建设用地建设租赁住房试点方案》《关于推进住房租赁资产证券化相关工作的通知》等文件，引导、鼓励、支持、推进住房租赁市场发展，培育市场供应主体，鼓励住房租赁消费，完善公共租赁住房，支持租赁住房建设、增加有效供应（表1-2）。

国家层面发展住房租赁的重大政策　　　　表1-2

文件名	主要内容
国务院办公厅《关于加快培育和发展住房和租赁市场的若干意见》（国办发〔2016〕39号）2016年6月3日	一是培育市场供应主体。包括发展住房租赁企业，鼓励房地产开发企业开展住房租赁业务，规范住房租赁中介机构，支持和规范个人出租住房。 二是鼓励住房租赁消费。引导城镇居民通过租房解决居住问题；落实提取住房公积金支付房租政策，简化办理手续；非本地户籍承租人可按照《居住证暂行条例》等有关规定申领居住证，享受义务教育、医疗等国家规定的基本公共服务。 三是完善公共租赁住房，推进公租房货币化。 四是支持租赁住房建设，鼓励新建租赁住房，允许改建房屋用于租赁。 五是加大政策支持力度，包括税收优惠、金融支持和完善供地方式
住房城乡建设部、国土资源部《关于加强近期住房及用地供应管理和调控有关工作的通知》建房〔2017〕80号 2017年4月1日	增加租赁住房有效供应。将新建租赁住房纳入住房发展规划，采用多种方式增加租赁住房用地有效供应。鼓励房地产开发企业参与工业厂房改造，完善配套设施后改造成租赁住房，按年缴纳土地收益。在租赁住房供需矛盾突出的超大和特大城市，开展集体建设用地上建设租赁住房试点。鼓励个人依法出租自有住房，盘活存量住房资源
住房城乡建设部、国家发展改革委、公安部、财政部、国土资源部、人民银行、国家税务总局、工商总局、证监会等九部门《关于在人口净流入的大中城市加快发展住房租赁市场的通知》建房（2017）153号 2017年7月20日	培育机构化、规模化住房租赁企业。鼓励国有、民营的机构化、规模化住房租赁企业发展，鼓励房地产开发企业、经纪机构、物业服务企业设立子公司拓展住房租赁业务。 加大对住房租赁企业的金融支持力度，拓宽直接融资渠道，支持发行企业债券、公司债券、非金融企业债务融资工具等公司信用类债券及资产支持证券，专门用于发展住房租赁业务。鼓励地方政府出台优惠政策，积极支持并推动发展房地产投资信托基金（REITs）。 增加租赁住房有效供应。鼓励各地通过新增用地建设租赁住房，在新建商品住房项目中配建租赁住房等方式，多渠道增加新建租赁住房供应。积极盘活存量房屋用于租赁。鼓励住房租赁国有企业将闲置和低效利用的国有厂房、商业办公用房等，按规定改建为租赁住房
国土资源部、住房城乡建设部《利用集体建设用地建设租赁住房试点方案》（国土资发〔2017〕100号）2017年8月21日	在超大、特大城市和国务院有关部委批准的发展住房租赁市场试点城市中，确定租赁住房需求较大，村镇集体经济组织有建设意愿、有资金来源，政府监管和服务能力较强的城市开展利用集体建设用地建设租赁住房试点。13个试点城市为：北京、上海、沈阳、南京、杭州、合肥、厦门、郑州、武汉、广州、佛山、肇庆和成都。完善集体租赁住房建设和运营机制。村镇集体经济组织可以自行开发运营，也可以通过联营、入股等方式建设运营集体租赁住房
证监会、住房城乡建设部《关于推进住房租赁资产证券化相关工作的通知》2018年4月24日	鼓励专业化、机构化住房租赁企业开展资产证券化。支持住房租赁企业建设和运营租赁住房，并通过资产证券化方式盘活资产。支持住房租赁企业依法依规将闲置的商业办公用房等改建为租赁住房，并开展资产证券化融资

为贯彻实现中央决策和部署，各地纷纷出台措施，补短板、强租赁，政策内容涵盖培育市场参与主体，增加租赁住房供应方式，规范与监督租赁行为、企业行为，明确权益等。如探索"租购同权"，租房也能落户、子女也能就近入学等。《广州市加快发展住房租赁市场工作方案》提出：赋予符合条件的承租人子女享有就近入学等公共服务权益，保障租购同权。无锡、郑州、济南、北京等地也先后推出为租房者扩权的相关政策，以规范和稳定租赁关系。针对长期以来我国住房租赁市场上经营主体较为分散、租户维权难、租房体验不佳的问题，北京、上海、广州、深圳（表1-3）、成都、杭州等10多个城市搭建了统一监管的住房租赁服务平台。

四个特大城市发展住房租赁的政策　　　　　　　　　　　表1-3

城市名	文件名	主要内容
北京	2017年4月14日市住房城乡建设委、市规划国土委《关于本市企业自持商品住房租赁管理有关问题的通知》	明确企业持有年限应与土地出让年限保持一致，即70年。若企业进行合并重组或股权转让涉及自持商品住房产权转让的，须经属地区政府同意后整体转让。转让后，不得改变自持商品住房规划用途，并应继续用于出租。 为防止企业"以租代售"违规行为，保障租赁双方权益，提出三项措施。一是明确租赁合同订立期限不得超过10年；二是将自持出租房屋纳入市房屋租赁信息服务与监管平台管理，要求租赁合同网上签约，并进行登记备案。三是严厉处理违规销售行为，对擅自将自持商品住房"以租代售"或通过其他方式变相销售的房地产开发企业，取消其后续参与土地招拍挂资格，并按相关规定予以降级或者注销资质
	2017年9月28日市住房城乡建设委、市发展改革委、市教委、市公安局等八部门《关于加快发展和规范管理本市住房租赁市场的通知》	多渠道增加租赁住房供应。各区应当根据实际加强租赁住房用地保障，通过在产业园区、集体建设用地上按规划建设租赁住房等方式加大租赁住房供应。新建租赁住房应当配置教育设施，居住人口达到一定规模、15分钟步行范围内无医疗卫生机构的，应当依据标准和规划予以设置。新建租赁住房优先面向产业园区、周边就业人员出租，促进职住平衡。鼓励发展规模化、专业化的住房租赁企业，支持住房租赁企业通过租赁、购买等方式多渠道筹集房源，支持个人和单位将住房委托给住房租赁企业长期经营，满足多层次住房租赁需求。 加大住房租赁的金融支持。 明确住房租赁行为规范，维护当事人合法权益

续表

城市名	文件名	主要内容
北京	2017年11月16日市规划国土委、市住房城乡建设委《关于进一步加强利用集体土地建设租赁住房工作的有关意见》	明确2017年至2021年的五年内，北京将供应1000公顷集体土地，用于建设集体租赁住房。 集体租赁住房是农民集体持有的租赁产业，不得对外出售或以租代售，坚决杜绝变相开发建设小产权房。 要求集体租赁住房要合理选取建设地点，促进职住平衡。配套上，要具有一定的交通等配套基础设施和公共服务条件；布局上，要结合"三城一区"和产业功能区，坚持毗邻产业园区、交通枢纽和新城的原则进行布局建设。 租期方面，鼓励签订长期住房租赁合同，但单次租期不得超过10年。除承租人另有要求外，单次租赁期限不低于3年。如果承租人要求承租3年或以内的，出租机构不得拒绝。 在与公租房的对接方面，集体租赁住房对接市场租户，也鼓励趸租作为公租房房源，面向公租房备案家庭或人才配租
上海	2016年3月24日《进一步完善本市住房市场体系和保障体系 促进房地产市场平稳健康发展的若干意见》沪府办发〔2016〕11号	严格执行商品住房项目配建不少于5%保障性住房政策，其中外环以内配建房源一律作为公共租赁住房使用，不得上市转让，只租不售。 产业类工业用地配套建设租赁房等生活服务设施的，其建筑面积占项目总建筑面积的比例从7%提高到不超过15%；利用轨道交通场站"上盖"，配建人才公寓（公共租赁住房）；鼓励符合条件的企业单位自建人才公寓（单位租赁房），向职工出租
上海	2017年7月7日《上海市住房发展"十三五"规划》沪府发〔2017〕46号	为确保住有所居，大幅提高租赁住房供应比例。"十三五"时期，住房用地供应5500hm^2，其中租赁住房用地1700hm^2；预计新增供应各类住房12750万m^2、约170万套，其中租赁住房4250万m^2、约70万套，租赁住房供应套数占新增市场化住房总套数超过60%；此外，以市场为主，扶持住房租赁企业扩大规模，新增代理经租房源30万套（间）左右。到2020年，基本形成多主体参与、差异化供应、规范化管理的住房租赁市场体系
广州	2017年6月30日《广州市加快发展住房租赁市场工作方案》穗府办〔2017〕29号	保障租赁双方权益，支持租赁居住方式。赋予符合条件的承租人子女享有就近入学等公共服务权益，保障租购同权；加大住房公积金对租赁住房的支持力度；保障中低收入住房公积金缴存人的租赁居住权利。 增加租赁住房供应，满足新增住房需求。将租赁住房用地供应纳入年度土地供应计划。以招标、拍卖、挂牌方式出让商品住房用地的，土地溢价率超过一定比例后，由竞价转为竞自持租赁住房面积；允许将商业用房等按规定改造成租赁住房；允许出租人按照国家和地方的住宅设计规范改造住房后出租

续表

城市名	文件名	主要内容
深圳	2017年10月17日《深圳市关于加快培育和发展住房租赁市场的实施意见》深府办规〔2017〕6号	培育住房租赁市场供应主体。发展专业化住房租赁企业，鼓励房地产企业拓展住房租赁业务，引导各国有企事业单位开展规模化租赁业务，鼓励原农村集体经济组织及继受单位开展规模化住房租赁业务。 完善公共租赁住房管理。加大公共租赁住房供应力度，推进公共租赁住房货币化，提高公共租赁住房运营保障水平。 加大租赁住房建设和供应力度。加强租赁住房规划和用地供应，允许商业用房按规定改建为租赁住房，允许现有住房按规定改造后出租，引导"城中村"通过综合整治开展规模化租赁

租购并举格局加快建立。体现在：一是保基本、促公平、可持续的公共租赁住房保障体系逐步健全；二是住房租赁市场快速发展，以新租赁模式为主的新居住深刻影响着"租购并举"住房新制度的进展。

各地认真贯彻党中央、国务院决策部署，积极发展公租房，公租房供给效率不断提高。以《国务院办公厅关于加快培育和发展住房租赁市场的若干意见》的发布为开端，各地结合实际探索实施公租房实物保障和租赁补贴相结合的方式，以货币化补贴形式支持外来务工人员、新就业大学生和青年医生、教师等专业技术人员在租赁市场寻找房源，公租房租金实行"市场定价、分档补贴、租补分离"原则，促进职住平衡。如：北京市大力发展公租房，引导居民通过租赁方式解决住房困难，稳步推进"租售并举、以租为主"的住房保障供应体系。仅2018年1—6月，北京市已启动公租房分配（含市场租房补贴）1.26万套（户），其中实物房源约1万套，新增市场租房补贴发放2600户。

住房租赁市场快速发展，特别是专业化、规模化的机构租赁呈爆发式增长。相关数据显示，2017年住房租赁市场的租金规模达1.3万亿元。住房租赁市场的参与主体更加多元，开发商、专业化租赁运营商、中介机构、酒店集团等各类企业纷纷切入，打造自有租赁公寓品牌。进入2018年，长租公寓呈现爆发式发展，目前全国已有千余家长租公寓企业，涉及房屋数量超200万间。

三、行业背景

房地产行业进入新的发展阶段。自 1998 年《国务院关于进一步深化城镇住房制度改革加快住房建设的通知》提出"停止住房实物分配、逐步实行住房分配货币化,建立和完善以经济适用住房为主的多层次城镇住房供应体系,发展住房金融、培育和规范住房交易市场"起,我国房地产业已经走过了 30 年的高速增长阶段。在中国特色社会主义进入新时代,我国经济由高速增长阶段转向高质量发展阶段,社会主要矛盾转为不平衡、不充分的发展和人民对美好生活需求之间的矛盾的宏观背景下,房地产业也迎来了品质时代、服务竞争时代、资产管理时代和多元化时代。

(一)品质时代到来

房地产业经过多年的高速扩张,已从解决短缺、满足有无进入到追求品质的阶段。住房领域,城镇居民住房条件有了很大的改善,2016 年城镇居民人均住房建筑面积为 $36.6m^2$,住房全面短缺时代结束,一些重点城市已步入存量时代。住房发展目标也从住有所居向住有宜居转变。商业地产、办公地产领域,北上广深等城市也已处于过剩状态。因此,房地产业不能再简单地重复过去的发展模式,要从过去的卖房子转向卖好房子、卖好房子+服务,让居住、购物、办公更舒适、更便捷、更节能环保低碳,实现房地产业持续健康发展。

品质时代,体现在:一是产品的赋能,在节能、环保、智能等方面不断满足美好生活的需求。住宅产品精细化程度越来越高,更加注重细节。如,中海将产品细分为五档:刚需—品居—优选—尊享—奢享。细节贯穿建造过程、景观打造、精装修全过程。新办公,强调空间的效率和人本服务,提供传统办公的升级服务。人脸识别系统,引入机器人服务,借力大数据打造智慧楼宇等。有的办公楼宇,引入 PM2.5 新风过滤系统和直饮水系统,以提供健康的空气和洁净的水。联合办公、众创空间等提供共享大堂、可变办公、共享会议室、健身空间及衍生的商业配套、财务、法律等服务。新商业,强调消费体验,从纯物质消费到精神消费、文化消费、休闲消费。二是社区、城市层面,老旧小区综合整治（外墙外保温、双层中空玻璃、断桥铝门窗、加装电梯、无障碍设施）、棚户区改造、城市更新如火如荼，旨在提升品质。

总之，从供给侧来看，品质迭代的时代已来临，房地产业也要倡导工匠精神、坚守匠心品质，不断修炼产品力、提升产品力，将自然生态、人文服务与智慧科技有机结合，实现建筑物的恒温、恒湿、隔音、降噪、新风建筑科技、网络全覆盖，将科技与艺术应用到场景。

（二）服务竞争加剧

服务正成为提高产品竞争力或弥补产品不足的有效手段。服务竞争的内容不断丰富和多元。房地产业正从一个开发制造行业变成一个围绕居住、办公等活动的服务行业。围绕不动产及其内在的人群而产生的一系列房屋管理、维护、装修、更新改造等都是服务。随着服务人群、服务规模的扩大、服务项目的增加、大房企的介入，服务竞争逐渐加剧。

从服务内容看，包括生活性服务和生产性服务。生活性服务可针对住区和写字楼等办公场景，提供餐饮、健康、托幼等服务；生产性服务主要针对办公场景，提供孵化服务、财务税收服务等。

从服务主体看，包括物业服务（物业综合服务供应商）和经纪服务。一是差异化增值服务成为各物业企业的核心竞争力。物业服务企业的角色定位正在发生变化，深入到更多生活服务领域。物业管理服务事项和内容由传统的房屋维修、清洁卫生、园林绿化、安全护卫四大项，到机电维护、环境设计、企业策划、家政服务、社区文化、商业代理等满足业主从办公、学习、安全、环境到居家生活、邻里交往、文体活动等多方面需求。如：绿城服务，与易果共同收购北京好邻居便利店，建立社区无人便利店"绿橙"；彩生活，推出"彩惠人生"APP服务平台，业主通过手机APP购买平台产品或服务，所产生的消费金额可抵扣物业服务费。提供物业服务，房企具有天然的优势，越来越多的房地产领头企业纷纷加入物业服务业务板块，如龙湖智慧服务、远洋亿家、碧桂园服务等，加剧了服务竞争的激烈程度。二是经纪服务的竞争拼内容的多元和效率。如：贝壳找房用户端APP，不仅有租赁、新房、二手房业务，还有海外旅居、装修、生活服务，以及百科频道、贝壳指数等多个与"住"相关的业务内容。消费者层面的看房技术革新。VR（虚拟现实）技术，实现对新房、二手房等房源规模化数据采集和重建，呈现包含房屋的三维结构、尺度信息、户型、装修、内饰等丰富信息的房源VR实景。VR看房，即用手机登录"贝壳找房"APP，就可以把挑选出来的房源里里外外看个遍。VR技术带来的是真正的服务体验和品质的变革。

（三）资产管理开启

资产管理，是实现资产的保值、增值和收益最大化的运营管理。从房地产价值链来看，资产管理的核心在于资产运营，进行资本运作、提升资产价值、实现资产证券化。在房地产金融化的趋势下，行业开始注重资产管理。

房地产资产管理随着房地产投资目的的不同在管理方式上出现较大的差异。一般而言，自用的房地产，对其管理更注重于用途，确保正常使用；就投资性房地产而言，提升资产价值是终极目标，一切围绕着收益，更高的收益意味着房地产价值的提升，并最终体现在投资回报率上。狭义的房地产资产管理，即从资本的角度，对不动产资产进行管理。房地产资产管理，在"投融管退"四大主要环节中扮演一个非常重要的角色，涵盖了从项目收购到最终退出的一系列服务。

从投资的角度来看，透过专业的资产管理，对现有资产进行改造升级，提高运营效率、降低持有成本，提升物业品质、提高租金收益，从而实现发行规模更大的资产证券化产品的目标。

资产证券化潜在规模巨大，好处显而易见。在资产持有者看来，首先，通过证券化借款人可获得利率较低的更大资金池，以更低的成本获得更多的资金；其次，对项目发起人无任何追索权；最后，在维持基础资产未来增长潜力的同时释放价值；第四，可以提供表外融资，从而降低母公司的资产负债率。其中，商业地产抵押贷款支持证券(CMBS)、住房按揭证券(RMBS)和资产证券化(ABS)产品最大的吸引力，是有助于资产持有人在维持部分资产未来增长潜力的同时释放资产价值，即在未出售资产的情况下，将资产价值变现。

（四）多元业态兴起

在产业转型升级创新的语境下，多业态混合的企业大量兴起，多业态聚合的物业不断推出。企业的多元业态，有两种情形，一种是以前为专业型企业，主业非常突出，新增的业态为企业的新战略、新定位服务，具有前瞻性、探索性性质；或者新增的业态围绕主业发展，与主业相互支撑，既巩固主业又依靠主业获得发展。另一种是新业态与原有业务共同发展，相互依赖度、依存度比较弱。多业态聚合，主要是大型综合体或者办公结合商业、办公结合公寓等（表1-4）。

部分房企涉及的多元领域　　　　　　　　表1-4

企业名称	多元化领域
恒大	养老健康、国际医疗、旅游、高科技、特色小镇
碧桂园	养老健康、酒店、教育、特色小镇、智慧农业
万科	养老健康、儿童医院、商业、物流、教育
保利	养老健康、旅游、文化、商业
绿地	养老健康、金融消费、公寓
华润	养老健康、商业、公寓
金地	健康、金融、旅游
荣盛	医疗、文旅
中南置地	健康诊所、酒店
泰禾	健康医疗、教育、产业小镇
佳兆业	健康医疗、旅游、酒店、金融
世茂	酒店、乐园、商业投资
旭辉	公寓、教育、商管
龙湖	商业、公寓、物流、养老
阳光城	商业、教育、物业
融创	大文化、娱乐、旅游
中海	商业、物流、度假
绿城中国	代建、资管、生活服务

企业多元化发展正方兴未艾。越来越多的房企加码多元化，物业、养老、酒店、娱乐等业务频频现身。从TOP 30房企的业务涉及领域来看，几乎已经找不到纯地产开发定位的企业，从产业布局分布来看，房企更多选择与当前业务协同的领域进行产业布局。龙湖、恒大、万达、万科、保利等知名房企由于业务的扩张、转型，纷纷更名，去掉"地产"二字。

多业态聚合正大行其道。大型项目的多业态符合美好生活的方向。如富力海南澄迈红树湾项目，涵盖生态景观、体育运动、度假居住三大核心功能，产品线丰富，拥有养生社区、花园洋房、海景房、温泉社区、别墅等住宅，珍稀红树林湿地公园、医院、酒店、高尔夫球场、养生餐厅、温泉花园、文体中心、特色风情街等。新办公项目采取办公结合商业、办公结合公寓的策略。

为降低行业不确定性风险，房企纷纷选择多元化策略。依托地产开发的延伸运营为住宅业务提供增值，创造新的消费需求，这是多数房企多元化的逻辑基础。展望未来，房企要做产业链的整合，跨行业衍生，房地产是容器、空间，可以将电商零售、大产业、商业、大数据服务、建筑装修等各个领域都加进去。

第二章 重构房地产业价值链

一、发达国家或地区房地产开发模式特点

受制于不同的发展阶段和国情，各国房地产开发模式各不相同。有的以房地产开发企业为核心，从投资买地、开发建设、营销销售、物业管理等全过程均由开发企业主导，形成纵向价值链；也有的以资本为核心，注重房地产产业内专业化细分，形成由房地产投资商、房地产开发商和资产证券化等金融机构共同主导的房地产开发全过程，形成一条横向价值链（图2-1）。

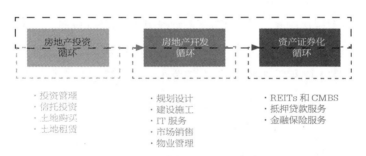

图2-1 房地产开发全过程横向价值链
资料来源：北京锡恩企业管理顾问公司，美国房地产行业结构分析，https://wenku.baidu.com/view/5f425ca419e8b8f67d1cb911.html

在一些金融市场较为发达的国家，目前房地产横向价值链占主导地位，这是因为他们存在着发展成熟的房地产市场，房地产业态较为丰富，商业经营类地产是房地产企业的主营业务，如在美国，相对于住宅地产来说，产业地产无论从建筑面积来看，还是从价值总量来说，都是房地产行业的最大组成部分。在美国产业地产的总量中，仓储配送类产业地产是规模最大的产业地产类型，

占到美国产业地产总量的 55% 以上，接近 13 亿 m^2。制造类产业地产是美国产业地产的第二大组成部分，大约占美国产业地产建筑面积总量的 30%，接近 7 亿 m^2。不仅如此，发达国家以存量房交易为主，直接开发销售的房地产占比小，如美国住宅交易中，91% 是私人之间的存量住宅交易，在商业等地产交易中，80% 以上也是存量交易。所以，由于不同国家的经济环境、土地制度、金融体系、法律制度、地域文化、发展阶段等情况各异，各国房地产投资开发运营模式呈现不同特点，以下选有代表国家或地区进行研究。

（一）美国：以资本运作为主导

美国模式代表了西方发达国家房地产开发的主流模式。其特点是金融运作强势，拥有最成熟和完善的房地产金融体系，房地产投资信托基金和投资商成为主导者，而开发商、建筑商、销售商以及其他房地产服务商则成了围绕资本、基金的配套环节。其开发模式特点主要体现在以下方面：

1. 土地供给自由交易

土地私有制背景决定了土地供给环节的自由交易。美国的土地所有形式很丰富，有私有土地、联邦土地、州政府土地和印第安保留地四种形式，私有土地大概占美国国土面积的 59%。绝大部分土地私有的格局，使政府不可能对土地交易进行完全控制。政府、土地所有者、开发商更接近于一种合作关系。

2. 以专业分工协作提高效率

美国房地产发展模式强调房地产开发的所有环节由不同的专业公司来共同完成，而且不同公司根据自己的专业特长专注于某个细化产品市场。比如：有专做写字楼的，也有独做大型超市的，有做郊区成排别墅群的，也有独营退休社区的。专业化程度越高，价值链上的单元愈细分愈有利于整合资源和组织社会化大生产。房地产业内部构成主体是房地产服务业，美国的房地产中介机构承接了 85% 左右的物业交易，房地产服务业是房地产开发市场上的一股强大力量。其行业细分丰富，有规模庞大的房地产出租业和服务业。房地产开发业分化为土地开发业、新建住宅开发业和商用房地产开发业。各自专业化的分工服务带来了高效的开发效率。在经营模式上，以住宅开发为主，非住宅开发也占相当规模；土地、房屋分别开发占绝对优势。

3. 以金融运作为核心

在美国房地产模式的各个链条中，金融产业链最为发达，成熟的金融体系和投资渠道成为房地产发展的核心动力，因此房企拥有更多的融资途径。美国没有一家房地产开发企业进入世界500强，但却有许多以房地产投资收益为利润来源的投资商、投资基金等金融机构进入世界500强。美国的房地产金融产业链由房地产基金、投资商和银行组成，其中最大占比部分是房地产基金（表2-1）。美国的房地产投资商主要是从事物业投资，而非物业开发，因此美国真正的大地产商都出于金融领域，当前房地产企业主要以资产运营和管理为主，建筑开发企业仅占1/4（图2-2）。

美国房地产主要融资渠道　　　　　　　　　　　表2-1

	股票
直接金融(77%)	公司债券
	房地产投资信托
	商业银行
间接金融(23%)	储蓄贷款协会
	抵押贷款公司
	人寿保险公司

资料来源：李蒙、洪轻驹，中美房地产开发模式对比研究，《建筑经济》2012.11

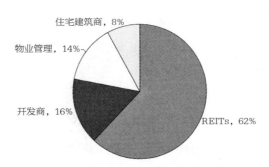

图2-2　美股市场上各类房地产商比例

资料来源：冯仑风马牛公众号

房地产证券化发展快。1960年通过的《房地产投资税收法案》使组建房地产投资信托基金成为可能，到了20世纪90年代房地产投资信托又有了突破性发展，由以抵押信托为主转为以权益信托为主。随后房地产开发债务资本的一个重要来源——商业抵押贷款证券化（CMBS）迅猛发展起来。证券化和二级抵押市场为商业房地产打开了全球资本市场的大门。以房地产投资信托基金为代表，美国目前约有300多只房地产投资信托基金。全美房地产投资信托协会在2017年跟踪224个REITs，市值约1.1万亿美元，其中约191家REITs在纽约交易所上市，自从1960年美国REITs诞生以来，REITs指数获得了7.1倍的回报。

美国的房地产开发资金只有15%左右是银行资金，70%是社会大众的资金，其中35%是退休基金，35%是不动产基金，其余则为直接融资。全国大多数人都可以通过不同方式参与房地产的投资，主要渠道是房地产投资信托基金、上市企业股票、MBS(房产抵押贷款证券)等，全民参与投资使收益大众化。

4. 案例

（1）美国最大的上市投资管理公司黑石集团

黑石集团（the Blackstone Group）又名佰仕通集团，是美国规模最大的上市投资管理公司，也是一家全球领先的另类资产管理和提供金融咨询服务的机构，还是世界领先的私募股权机构。其另类资产管理业务包括企业私募股权基金、房地产机会基金、对冲基金的基金、优先债务基金、私人对冲基金和封闭式共同基金等。其提供各种金融咨询服务，包括并购咨询、重建和重组咨询以及基金募集服务等。总部位于美国纽约，并在亚特兰大、波士顿、芝加哥、达拉斯、洛杉矶、旧金山、伦敦、巴黎、孟买、中国香港和东京设有办事处。

为黑石赢得声望的是它的高回报率。黑石最初由彼得·彼得森(Peter G. Peterson)和史蒂夫·施瓦茨曼(Steve Schwarzman)共同创建于1985年，当初只是一家由4个人共40万美元组成的小型并购公司，而到了2017年年底，其管理资产规模已经高达4341亿美元。从公司IPO的2007年至2017年10年间，其资产管理规模增长了近5倍。2017年的净收入为34亿美元，同比增长超过40%；全年的净利润增长41%；可分配利润增长超过80%。2018年5

月21日,黑石集团在《财富》美国500强排行榜中列第398位。黑石正继续加大PE基金和房地产业务,重点押注更稳定的房地产市场。2018年6月13日,黑石旗下两支亚洲新基金共募资近94亿美元,创下历史记录。这两只基金包括一只亚洲房地产基金和一只亚洲私募股权基金,其中专注于亚洲的机会型房地产基金筹资了71亿美元。黑石还计划在2018年为旗舰房地产基金募集180亿美元,这也将成为黑石历史上最大的房地产基金。最新的旗舰基金与上一个基金策略差不多,都是在全球投资房产市场中的不良资产。

黑石最大的业务部门是不动产投资部门,通过运营增值是黑石集团房地产业务能不断膨胀的奥秘之一。其房地产基金投资于住宅、城市办公楼、分配和仓储中心以及多家房地产公司,已成为一项多样化、全球运作的业务。

黑石的地产基金业务起步于1991年,快速增长于2008年金融危机之后。2008年全球金融危机爆发后,黑石房地产部门就开始调整投资策略:一是在房地产市场趋稳前停止物业、房地产公司投资;二是开始加快设立各种房地产投资基金;三是开拓不良房地产债权投资领域。目前,其旗下的地产基金有近20支,地产资产管理规模高达1190亿美元,其投资范围包括北美、欧洲、亚太、拉美等各市场、各类型物业或地产公司的股权以及债权等。在黑石房地产基金投资布局的各类市场中,北美市场业务比较稳定;欧洲大陆的增长最为强劲,其次是亚洲。为此,公司过去几年已经将业务重心转向了欧洲。2017年,欧洲地区的房地产投资占据了其该领域投资的近40%。

在房地产基金投资中,黑石很擅长通过"买入、修复、卖出"等策略进行盈利:通过买入成熟物业资产,提高财务杠杆,更换管理团队,做大市场规模,然后择机分拆上市或整体出售。

黑石房地产基金的经典案例有:2007年以395亿美元收购了全美最大房地产信托基金EOP,创下史上最大REITs收购交易,成为当时最大的一宗杠杆收购交易。2007年7月,以260亿美元杠杆交易收购希尔顿所有股份,成为希尔顿旗下2800家酒店的新主人。当时房地产大跌潮开始,希尔顿债务、官司缠身,公司收入下降了20%,现金流下降了约30%,黑石运用"修复"的模式,邀克里斯·纳塞塔(Chris Nassetta)担任希尔顿酒店集团的CEO。

凭借在酒店行业多年的丰富管理经验，纳塞塔实施了一系列革新计划，包括将总部由加州比弗利山庄迁往弗吉尼亚州，更换高层管理人员，大幅削减运营成本等。在诸多努力下，希尔顿的经营和财务状况得到持续改善，不仅熬过了金融危机，还于2013年12月由黑石包装后正式上市。自2014年以来，黑石分12次交易逐步清仓了希尔顿股票，其中包括2017年作价65亿美元将25%的希尔顿股权出售给海航。2018年5月，出售1580万股，希尔顿回购其中的1250万股。至此，黑石将所持希尔顿股票全数抛售，这笔11年前的投资彻底完成了退出，黑石实现约140亿美元利润，成为私募股权史上回报最丰厚的一笔投资。

在工业地产方面，2012年黑石成立了LogiCor作为其欧洲物流地产的投资管理平台，当时LogiCor在欧洲已经拥有91个物流地产项目。随后，黑石通过运作其基金进行不断并购，让LogiCor实现快速扩张，后者持有的物业面积一度超过900万m^2。通过同样方式运作的"LogiCor双胞胎兄弟"——美国工业地产平台IndCor在2014年底拥有约1090万m^2的可出租面积，随后被黑石以81亿美元的价格出售给了新加坡主权基金GIC。

黑石集团在中国的投资规模目前在50亿美元左右，主要集中于物流地产和购物中心。除参与房地产市场投资外，还参与中国股票投资和教育合作项目。

（2）全美零售商业地产之王西蒙集团

美国巨头西蒙集团Simon Property(SPG)被誉为全美零售商业地产之王，凭借出色的并购重组以及REITs专业化管理能力，25年中实现了21.05倍的回报。

西蒙房地产集团公司是一家实行内部管理制的房地产信托投资公司。西蒙地产成立于1993年，其前身为1960年创立的购物中心开发商MSA。MSA于1993年底将主要资产组成西蒙集团在纽交所公开上市，其8.4亿美元的融资额成为当时全美最大的IPO之一，也是美国最大的上市REITs。公司的零售地产业态主要包括地区性购物中心、奥特莱斯名品折扣、大都会区购物中心以及社区生活中心。以此为依托，公司的收入来源包括最低租金、超额租金、租户补偿及管理费用四个主要方面。

截至2017年年底，企业总资产322.57亿美元，负债285.71亿美元，权益36.86亿美元，2017年营收总额55.38亿美元，净利润19.47亿美元。伴随着公司业绩及规模的提升，股价从最初的22.6美元提升至2018年5月的159.74美元，公司的市值则从最初的66亿美元增长到2018年5月的487.45亿美元。仅从市值情况来看，西蒙集团也已远超其他三家竞争对手的总和。

1）西蒙地产交易结构

西蒙地产采用的是较为典型的UPREIT结构。SPG Inc.是其上市融资主体，由公众投资者和管理人员等持股。SPG L.P.是西蒙房地产集团旗下的合伙子公司，由SPG Inc.担任普通合伙人，该合伙子公司拥有西蒙集团所有的房地产物业及其他资产。在进行资产收购时，以SPG L.P.的有限合伙份额作为对价，能够有效递延资产转让时的资产收益税。

2）西蒙地产所持物业

经过25年的不断并购发展，截至2017年年底，西蒙地产旗下所持零售物业达207家，包括区域性购物中心107家、高级工厂直销中心68家、大型城市购物中心14家。遍布于美国各大城市核心区域的零售物业资产使西蒙地产实现了较强的基础资产分散性和规模效应。同时，通过持有顶级购物中心，如纽约的Woodbury Outlets、长岛的罗斯福购物中心、阿灵顿的时尚中心等，西蒙地产也塑造了强大的品牌形象。此外，西蒙地产还积极向海外拓展，在日本拥有9家奥特莱斯，韩国拥有4家奥特莱斯，加拿大和马来西亚各拥有2家奥特莱斯，在欧洲的16个国家都进行了优质商业物业的布局。

3）收入构成

作为REITs，西蒙地产的营业收入构成以基础租金为主，基础租金收入占2017年营业收入的62.11%。作为零售REITs，租户超额销售额提成也是附属于物业出租业务的重要收入来源。2017年西蒙地产租户超额销售额提成收入占营业收入的27.68%。此外，西蒙地产还通过提供物业管理服务来获取物业管理费收入。

4）强大的并购能力

自上市至今，西蒙业绩长期表现优异。强大的并购能力，较强的资产负债表管理能力和专业的物业经营能力是西蒙地产持续保持竞争优势的重要因素。西蒙房地产集团成立之初的主要业务为房地产开发，但在 1993 年上市之后，公司将主要战略方向逐渐转为"快、狠、准"的行业内并购及重组。目前，西蒙已将 285 亿美元用于并购活动，这也是西蒙资金的主要使用去向，连续的并购活动是其成为全美商业地产龙头的重要原因。

首先，1996 年，集团收购了 DeBartoloRealty，使得重组后的西蒙集团拥有美国 7% 的商业地产市场份额，成为北美最大的上市零售地产商。1997 年，西蒙集团又收购了马塞诸瑟州的一个私人商业信托 The Retail Property trust，使其资产又增加了 10 个购物中心和一个社区广场。1998 年，西蒙与 CorporateProperty Investors（CPI）达成协议，西蒙以 59 亿美元（包括继承的债务）的代价将 CPI 收入囊中，由此增加 17 个区域购物中心、2 座写字楼、1 个社区中心，还有 6 个合资区域购物中心的部分权益，共计 118 万 m² 可出租面积，占当年总可出租面积的 7%。至此，西蒙不仅成为全美最大的商业地产商，而且其拥有的商业地产总量甚至超过后四家主要商业地产公司的总和。这几起并购也使得西蒙公司在纽约、芝加哥、洛杉矶、波士顿等一些主要的大都会市场具有更强的竞争地位，确立了行业领先地位。

2004 年，西蒙收购了 ChelseaPremium Outlets；2010 年，西蒙收购了 PrimeRetail，增加了奥特莱斯折扣中心的物业类型。2007 年，西蒙与 Farallon 以 79 亿美元（16 亿美元现金和 63 亿美元的债务）买下大都会公司（Mills）37 处物业共计 418 万 m²，增加了大都会 Mills 的物业类型。2012 年，西蒙以 15 亿美元买下了 Farallon 所持有的全部股权，从对这个物业的部分持有变成全部持有。2012 年 3 月，西蒙集团又以 20 亿美元的价格收购了 Klépierre 公司 29% 的股份，购买了 630 万股 Klépierre 普通股。Klépierre 是一家在巴黎上市的房地产公司，目前的物业遍布欧洲 16 个国家，总价值超过 210 亿美元。尽管在收购时欧洲经济停滞不前，并且 Klépierre 业务仍不完善，但西蒙认为后续整合和管理能力的提升会有助于改善经营，这次的收购也是其迈向国际化很重要的一步。西蒙的投资策略再次获得成功，Klépierre 的高速成长为西蒙集团产生强劲的经营业绩回报，截至 2017 年年底，西蒙集团拥有 Klépierre21% 的股权，股息和 Klépierre 的股价上升，产生了近 40% 的投资回报。2016 年 1 月，与 McArthur Glen 合作，西蒙集团收购了德国一家领先的出口中心的多数股权。

西蒙集团的长期战略是通过并购以提升物业的价值，通过集团整体的管理经营理念进一步提高质量，扩大企业规模和产品组合的盈利能力，获得持续稳定的业绩回报。西蒙集团的国际业务通过与同类最佳的国际合作伙伴进行战略合作，以达到持续推动名牌折扣店、品牌中心的扩张和发展。

大规模的并购活动需要强大的资金支持，但 REITs 受到分红比例的制约，其自有资金留存比例很小，难以满足自身的发展，因而外部融资能力对 REITs 而言至关重要。西蒙的融资方式主要包括抵押贷款、信用贷款及股票增发等。西蒙地产较好地利用了负债融资，其资产负债率一直稳定在 70% 左右，且在大多情况下高于行业平均水平。此外，由于西蒙地产规模较大，经营业绩良好，其债务成本也一直显著低于其他零售 REITs。截至 2017 年年底，西蒙集团拥有 40 亿美元的无担保循环信贷额度。信贷贷款的基准利率从伦敦银行同业拆息加 80 个基点降至 LIBOR 加 77.5 个基点，手续费为 10 个基点。同时西蒙集团还拥有 35 亿美元的补充无抵押循环信贷额度，充裕的资金流成为西蒙集团稳健发展的保障。

除拥有黄金地段的优质物业外，专业的物业经营能力也是 REITs 优质业绩的重要因素。西蒙地产专注零售物业业务，具有较强的物业经营管理能力，注重提高与租户的谈判能力。从经营数据上看，2007—2017 年十年间，西蒙地产旗下物业平均租金持续高于行业平均水平。从租用率方面来看，西蒙地产的租用率水平较行业平均更高，且更为稳定。

（3）全能型地产投资集团铁狮门公司

铁狮门（TISHMAN SPEYER，TSP）成立于 1978 年，是世界一流的纽约地产业主、房地产业开发商、运营商及基金管理公司，是擅长开发并与管理密切结合的房地产企业，是一家全能型的地产投资集团（图 2-3）。一直活跃在美国、欧洲、拉丁美洲、印度和中国的市场，不断为投资者和租户提供优异价值，从而成为全球房地产行业的翘楚，堪称纽约乃至全球最大房地产公司。

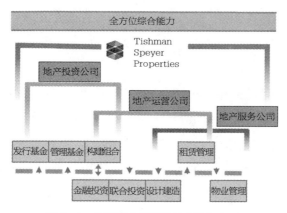

图 2-3　铁狮门全能型的地产投资集团

资料来源：美国地产江湖中的绝世高手——铁狮门是如何成为百年老店的？https://www.sohu.com/a/194856726_467331

1）发展历程

铁狮门由徐杰儒（Jerry Speyer）和罗伯特·铁狮门（Robert Tishman）创办，历史可追溯到1898年。当年曼哈顿的犹太商人朱利叶斯·铁狮门（Julius Tishman）创建铁狮门房地产与建筑公司，是一家专注于地产与建筑开发的地产商。20世纪初，正是美国的黄金时代，经过父子两代人的努力，1928年，这家公司在纽交所上市。1976年，原本是上市公司的铁狮门房地产与建筑公司决定清盘私有化，分拆成三家私有公司。当时的股价只有约8美元，但是在原本立志当银行家的徐杰儒（铁狮门孙辈罗伯特的女婿，毕业于哥大商学院MBA）的主导下，公司旗下物业售出所得竟然四倍于市值。1978年，罗伯特和徐杰儒联手开创铁狮门公司，正赶上20世纪70年代衰退结束和80年代房地产热潮，再加上徐杰儒在金融界的人脉和财技，铁狮门迅速成为全美顶尖的房地产公司，也就是今天闻名全球的"铁狮门"。

铁狮门成立之初以地产开发为主，经过多年的发展壮大，已成为集开发、投资、运营于一体的综合性商业地产公司。公司起先只在美国市场拓开自己的业务领域，经过10年的发展，铁狮门开启了国际化路线：1988年成为首家进军欧洲市场的美国房地产开发商，1995年又成功打入拉美市场，随着亚洲房地产市场的兴起，铁狮门相继进入印度和中国两大市场。

目前铁狮门在世界各地如美国、欧洲、中国、巴西和印度的主要城市从事甲级写字楼、大型城市综合体项目和高档住宅的开发。业务覆盖4大洲7个国家的28个市场。自1978年成立以来，投资、开发、经营的资产已有406项，总规模超过1.73亿平方英尺。在美国、欧洲、拉丁美洲、印度和中国拥有总价值超过880亿美元的房地产投资组合。在全球多座大城市，包括波士顿、巴西利亚、法兰克福、古尔冈、海德拉巴、洛杉矶、纽约市、巴黎、里约热内卢、圣保罗、旧金山、上海、深圳及华盛顿特区，均有处于不同开发阶段的各类地产项目。公司还在柏林、芝加哥和伦敦经营着颇具声誉的办公地产组合，在全球有1400多名房地产专业人士和支持人员，为全世界超过2200家租户提供服务。

全球许多最著名的企业都选择铁狮门建筑物作为办公场所和企业总部，包括许多财富500强和大型跨国公司，铁狮门也越来越受中国公司的认可。在全球财富500强中，23%(即116家公司)为铁狮门的现有租户；在全球财富100强中，39%（即39家公司）为铁狮门的现有租户。铁狮门的品质深受租户的信赖和认可，例如建造了瑞银集团在法兰克福的区域总部，高盛在纽约的全球总部，中国国家电网在巴西选择购买铁狮门的办公物业，耐克集团在铁狮门的上海"尚浦领世"项目设立大中华区总部。

铁狮门作为全球标杆，标志性资产包括纽约的洛克菲勒中心和洋基体育场、法兰克福的陶努斯大厦和歌剧院塔楼、圣保罗的北方大厦以及里约热内卢的文图拉公司大厦。标志性建筑囊括洛克菲勒中心、克莱斯勒中心、柏林的索尼中心等，地标性物业资产在全球各主要市场都堪称首屈一指。早在1988年，铁狮门就在花旗的资助下在德国建造当时欧洲最高的标志性建筑。1996年又与巴西养老基金合作开发当地标志性建筑。同年，当高盛决定买下洛克菲勒中心时，在多方协同和征询洛克菲勒家族意见后，铁狮门被选定为运营商并持有5%权益。1998年购买了濒临破产的历史艺术建筑克莱斯勒大厦，同时还购买了毗邻的32层肯特大厦以及另外四座较低的建筑物，这六座建筑物组成了曼哈顿中城的一个完整街区。

铁狮门创造了多个房地产业内的"第一"。如1988年的德国法兰克福的麦斯特尔大厦，是第一家美国房地产公司在欧洲开发和建设的甲A级办公楼；

1996 年巴西圣保罗的北方大厦，是第一家美国房地产公司在巴西开发和建设的甲 A 级办公楼；2005 年澳大利亚铁狮门办公基金，是第一家在澳大利亚公开资本市场发行甲级办公楼证券基金的美国房地产公司；2006 年美国赫斯特大厦，开发了纽约第一座 LEED 金奖认证的高层商业建筑；2011 年中国人民币基金，成为第一个在中国设立人民币房地产基金的美国公司。

2）轻资产模式

地产巨头铁狮门以四两拨千斤的"轻资产"运营模式闻名业内，采取高溢价、低自有资本、多重杠杆和非常低的退出成本的轻资产运营模式。

以洛克菲勒中心为例。洛克菲勒中心是建于 20 世纪 30 年代的世界上最著名的商业建筑群，包含 10 多幢大楼，在曼哈顿中城横跨 6 个街区。其选址、布局、建筑以及审美等基础理念都非常出色，甚至无可替代，曾被美国政府定为"国家历史地标"。该中心在 20 世纪 80 年代被日本三菱财团收购，一度经营不善，陷入破产境地。1995 年，铁狮门收购了第一个地标物业：洛克菲勒中心。由高盛牵头的收购财团以 13 亿美元将这个美国地标建筑从日本三菱手中购回。在这个并购案中，铁狮门以 5% 的权益获得了洛克菲勒中心的经营权。1996 年，铁狮门收购了洛克菲勒中心之后，对建筑群进行了充满想象力的修缮与重建。目前洛克菲勒中心零售商业部分的出租率达到了 100%，办公部分的出租率达到 95%，这一数据在尚处于经济恢复期的美国市场是相当惊人的。包含新闻媒体、娱乐业、律师业、金融业、对冲基金等 1200 余家租户以及 130 余家零售商租户，每年为铁狮门贡献着不菲的租金收入。在包括上述租户及大楼管理人员等近 4 万名员工之外，洛克菲勒中心每天还有 40 万游客和消费者出入。毫无疑问，它是目前世界上最繁华的城市中心之一。

不止洛克菲勒中心，纽约繁华地带的历史性地标建筑几乎都与铁狮门有关，铁狮门堪称纽约"地主"。事实上，铁狮门对这些地标建筑的收购、重建和出租，并非简单的地产零售业务，而是通过每年持续追加投资，让建筑保持长久的生命力，使其成为商业、文化和社区的中枢。

正因如此，铁狮门旗下的物业无论在租金价格方面还是出租率方面，都更具竞争力。铁狮门自称"跨国企业的房东"，财富 100 强的公司 1/3 都是他们的租户，财富 500 强的公司里有 200 家是他们的租户。

铁狮门运作的大致模式是：以极小的自有资金与第三方金融机构组成财团收购标的物业。收购后铁狮门只占物业小部分权益，但是全权负责物业管理，收取不菲的项目管理费。

铁狮门自己的物业管理团队遍布 40 多个城市，作为世界顶级的地产运营商，公司也同时为世界上几大知名公司管理它们的全国或区域总部。在制定和执行物业管理战略时，铁狮门视每一个物业为独立的经营企业，赋予物业经理在物业管理方面如同独立企业的 CEO 一样的权限。这一方法确保了物业经理有足够的力量通过减少运营支出、增加经营收入的方式创造价值。其中包括积极地管理空间划分和租金收入，尽可能地拓展其他收入来源（例如签订协议帮助租户维护其内部系统、出租顶层作为储存空间或置放通讯接收器以及出售楼宇的广告和冠名权）。铁狮门管理的世界顶级地标建筑包括：纽约的洛克斯勒中心为高级办公及零售租户的首选，出租率达到 97%，同时也是游客们在纽约的首选参观地点。纽约克莱斯勒中心是纽约最受青睐的商业建筑之一，被市场用作评定甲 A 级商厦的标准，出租率保持在 98%。

铁狮门凭借强大的整合能力，实现了从前端到后端、实体到金融的全产业链延伸，使投融资、开发、管理以及退出渠道等关键环节有机融合起来，探索出一套成熟的项目运作机制（图 2-4）。作为一家全球房地产公司，在设计施工、物业管理、租赁、投资收购、投资管理、法律、市场营销、金融、会计、税收、风险管理、信息科技和人力资本等房地产开发的各个环节及配套服务领域创造价值。在全球各地打造价值经久不衰的地产项目，尤其是对前端的投融资管理以及后端物业运营管理的成熟操作，在高端物业投资和管理中的突出表现，让铁狮门不断攫取微笑曲线两端的高额收益，同时也放大了品牌与服务的价值（图 2-5）。

3）基金模式

铁狮门作为一家非上市公司，金融能力成为其最受关注的核心。地产基金也是铁狮门的一大特色，基金模式不仅加速了铁狮门的扩张，也为它贡献了丰厚的收益。铁狮门以不到 5% 的资本投入，分享了项目 40% 以上的收益。2017 年全球房地产私募基金排名中，铁狮门名列第六位。

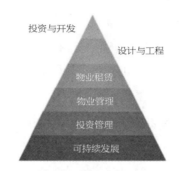

图 2-4　铁狮门纵向一体化涉及领域

资料来源：白银时代的地产企业成功之道，铁狮门发展模式研究，https://www.sohu.com/a/156967276_331617

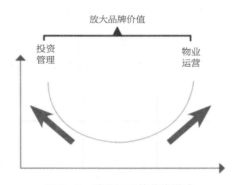

图 2-5　铁狮门微笑曲线模式

资料来源：白银时代的地产企业成功之道，铁狮门发展模式研究，https://www.sohu.com/a/156967276_331617

铁狮门从 1997 年进入基金管理领域，成功地发起了 14 支房地产基金及一家上市的房地产投资信托，投资美国、欧洲、印度、巴西及中国的房地产市场。1978—2010 年间，铁狮门为投资者在已退出的项目上实现了 21.9% 的年度内部收益率。铁狮门管理着来自超过 150 位投资人的约 90 亿美金的基金股权资本以及来自超过 90 位投资人的 104 亿美金的并投资本。铁狮门的投资人包括主权财富基金、企业养老基金、公共养老基金、保险资金和高净值客户。此外，铁狮门还曾连续在全球 30 大房地产私募基金排行榜上位列前三甲。

以铁狮门旗下专门投资写字楼的信托基金（Tishman Speyer Office Fund，TSOF）为例，其股权结构设计合理，分权制衡。2004 年 12 月 1 日，铁狮门写字楼基金（TSOF）在澳大利亚上市，基金的实际控制人是 Prime Plus，其股权结构是：GICr 作为外部投资人持有 49% 的 A 类股权，代表 TSOF 份额持有人的 Empire Hawkeye 持有 49.99% 的 B 类股权，代表铁狮门经营团队的 TST PH 持有 1.01% 的 C 类股权。在此结构下，铁狮门初始投入资金仅为 Prime Plus 1.01% 的股份，但根据制度安排，却有权推举 3 名普通董事，占董事会席位的 50%，从而保证了对 Prime Plus 的控制权（图 2-6）。

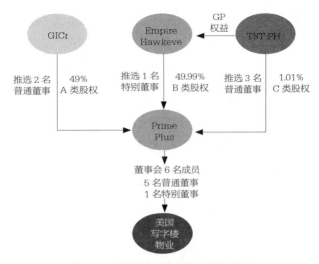

图 2-6　铁狮门写字楼基金股权结构

资料来源：白银时代的地产企业成功之道，铁狮门发展模式研究，https://www.sohu.com/a/156967276_331617

　　TSOF 收益涵盖多种收益方式，但主要是管理费加业绩提成。作为 TSOF 的管理者，TSP 和旗下管理公司 TS Manager 每年提取相当于 TSOF 总资产 0.5% 的基础管理费；在所有运营成本、开发和再开发成本实报实销的基础上，TSP 还提取相当于年收入 2.5%～4.0% 的物业管理费；在新开发项目中提取相当于施工成本 2.0%～4.0% 的建设管理费，在改造项目中提取相当于施工成本 3.5% 的升级管理费；在收购事件中提取相当于收购总价 1% 的物业收购费，在资产出售事件中提取不超过转让总价 1% 的物业处置费，租户支付的租金保证金也由 TSP 代管。上述 TSP 和 TS Manager 提取的运营费收益约占到 TSOF

基金年净收入 13%～14%。除了上述的日常管理费用，铁狮门还通过业绩提成来分享 TSOF 基金的超额收益。根据信托协议，自 TSOF 上市之日起，每 5 年进行一次超额业绩提成：如果在 5 年时间内，US REIT 的年均投资回报率超过 10.5%，则超出部分的 30% 将作为业绩提成费分给铁狮门。

4）参与中国市场

铁狮门于 2005 年建立铁狮门中国基金，在中国进行相对独立的房地产开发，受金融风暴影响较小。铁狮门中国制定了开发国际品质、地标性建筑的长期规划。目前铁狮门已经完成在中国上海、北京、天津和成都四城市的战略布局，并在上海（上海杨浦区新江湾城 F 地块）、天津（和平区南京路和五大道商圈的成都道项目）、成都（东大街 7 号、8 号地块）开始房地产的开发。

2008 年 1 月 23 日，铁狮门在上海以 67.517 亿元的挂牌底价拿下被业界认为是上海"地王"的新江湾城"F 地块"。2010 年，铁狮门集团与于家堡金融区的运营商天津新金融投资有限责任公司就铁狮门金融广场项目的合作举行了签约仪式。2011 年 12 月 9 日，铁狮门（美国）金融广场项目在滨海新区中心商务区于家堡金融区正式开工。

2013 年起，国内房地产标杆企业万科宣布与美国铁狮门地产公司进行战略合作，随后万科管理层公开表示要学习铁狮门的发展模式，此外，龙湖、朗诗、旭辉等房企也相继启动了类似的轻资产转型。

5）启示

铁狮门核心竞争力体现在整合房地产开发的各个环节，从前期收购和建设，到后期的租赁和物业管理以及成熟的资本市场运作。"小股操盘"就是通过减少资金占比来提高资金使用效率，以最少的资金投入实现收益的最大化。通常，在项目开发运营的过程中，一方在不控股的情况下，借助制度安排，通过投入少量资金（铁狮门一般的出资比例约为 5%，凯德置地约为 20%）以及输出品牌和管理，获得项目的整体运营权，撬动更多的资金，嫁接外部资源。

铁狮门的全球管理平台整合了房地产开发的各个环节。中国的本土团队得到铁狮门总部的大力支持，其中包括政府和金融机构资源、跨国公司租户资源和高端房地产开发的专业经验。

它之所以不断取得成功,是因为该公司不断开发新市场,采取大胆果断的行动。更重要的是它还始终坚持为合作伙伴、投资者、住户等创造优异价值。如在绿色节能、产业创新,管理平台整合方面的不断投入。铁狮门秉承创造最大价值的哲学理念,并与每个单位或项目展开深入合作,鼓励文化的创造和跨学科的各种非常规思维的相互结合。

(4)四大住宅开发商专注于专业细分服务

随着消费者对房屋的要求越来越细致,越来越个性化,所有房地产开发商都在试图将自己的特点与其他公司区别开来,努力做好差异化经营。美国四大住宅企业也在不断调整中发展壮大,从住宅建造为主业到适当涉入金融服务等领域,从适度跨区发展到大规模并购扩张,从直接购买土地到灵活的期权拿地方式等,很好地顺应了美国经济环境的发展规律。

1)普尔特房屋公司细分住宅市场

普尔特房屋公司(Pulte Homes Inc 也有译成帕尔迪)于1956年在底特律成立,是美国最大的地产商。其主营业务是居民住房业务,几乎涵盖所有的居民住房市场,包括置业、二次置业、三次置业住房、老年人住房以及国际房地产市场。因为对专业的苛求,对客户实行真正的终身服务,光是客户细分就达4大类11项,能为11个类别的客户提供一生需要的不同产品,客户忠诚度(重复购买普尔特公司的房产)为40%。同时,公司还经营地产金融服务、建筑材料生产、物业服务业务等,企业连续52年赢利。

普尔特转型主营住宅市场。普尔特成立之初的主要产品是大型住宅和底特律郊区的一些商业建筑。公司当时确立的经营理念是在最合适的地方建最好的房子,并通过整个购房体验过程取悦客户。但在20世纪50年代末期,美国房地产行业第一轮快速增长行将结束,住房拥有率达到顶峰,需求迅速饱和。面对加剧的行业竞争,普尔特进行了第一次业务整合:停止商用住宅建设业务,专注于居民住宅建设业务。经过几次在建筑设计和施工技术上的尝试和创新,普尔特终于成为了住宅设计方面的佼佼者。

通过收购老年住宅业务扩大规模。普尔特房屋公司(Pulte Homes)作为上市公司,并没有把主导权交给资本雄厚的公众基金,而是靠"吃小鱼"的收购兼并方式做大公司规模，巩固自己的市场占有率。1998 年，普尔特先后以股权收购了田纳西的拉德诺房屋公司和佛罗里达的迪佛士住宅建筑公司。1999 年，又以现金买下了黑石公司的老年住宅业务。2001 年 7 月，普尔特一举收购了全球最大的老年住宅开发商德尔韦伯公司，从而成为美国最大房地产公司。

2）霍顿房屋公司专注于前后端服务

霍顿房屋公司（D.R.Horton Inc.）1978 年成立，总部在德克萨斯州，自称为"美国建造者"，是美国四大房地产公司中成立最晚的，但却是扩张最快的。1992 年，霍顿实现第一次公开上市，随之成立股份制公司。1996 年，霍顿在纽约证交所挂牌。此后，又创立了霍顿（DRH）抵押贷款合资公司，通过金融手段加强客户服务。

霍顿公司的业务核心是控制房地产价值链的前后两端：专注于设计、质量和售后服务的控制。建筑和生产主要通过外包的形式完成，实际上所有的建造都由建筑商进行，霍顿的监督人员负责监控所有房屋的建造并参与重要的设计决策，配合承建商和供应商的工作，以控制成本，保证质量符合当地的标准。在价值链前端，灵活设计房屋和处理细节的能力，以及在提供低廉价格住房方面的努力，让霍顿成为全美最佳的居民住宅建筑公司之一。在价值链后端，对客户友好谦恭的服务也是赢得青睐和业务的卖点。霍顿公司要求所有员工快速礼貌地回应客户所有的要求，这在实践中为公司带来持续的业务和良好影响。对价值链前后两端的控制，使其得以专注于向顾客提供有吸引力的产品，减少公司的管理成本，提高公司的运营效率，从而实现快速扩张。

霍顿公司实行独特的差异化策略。霍顿公司一直在推广"能源星"计划，在建设房屋的过程中，应用全部通过全国质量局和环境保护机构认证的电器。这一点也是霍顿与其他房地产公司区别的重要方面。通过这一计划，公司在很多区域市场吸引了大量顾客。

3）桑达克斯公司多元化发展

桑达克斯公司（Centex）于 1950 年在德州达拉斯建立，1969 年成为上市公司。桑达克斯的重要业务集中在五大块：住房建筑、物业服务、地产金融服务、建筑业相关服务、传统商业银行业务。这五大主要业务领域既相互独立又相互支持，组成了桑达克斯公司的运营网络。桑达克斯不仅是美国最大的房地产开发商之一和最大的非银行按揭贷款资金提供者，还是排名前五的建筑承包商，多年被《财富》杂志屡次评为"行业内最受尊敬的公司"。桑达克斯以低成本开发起家，不断挖掘产业链的高增值领域。与另几家大开发商相比，其业务范围最广，并将多元化的理念和房地产产业链有机地联系在一起。

4）莱纳房屋公司关注退休人口社区

莱纳房屋公司（Lennar）创建于1954年，位于美国佛罗里达州迈阿密，是美国四大顶级住屋建筑开发商。公司于1971年在纽约上市，总资产逾67亿美元，年营收逾89亿美元，年销售房屋3.2万套，雇员超过一万人，在东部、中部、西部的24个州开展业务。

莱纳公司是唯一一家三次被专业的建筑商杂志评为年度优秀建筑商的公司，多次荣获全国性的建筑设计大奖，是全美最佳的前20名退休人口社区建筑开发商。公司的使命是为人们建造一个更好的家，让人们能够在这个家里享受他们生命中最值得眷恋的时光。他们把建造出色的房屋看作运营一间出色公司的基础。莱纳有自己的多元化产品流水线，把客户群体细分为初次购买者和再次购买者，以提供不同类型的房屋。

（二）新加坡：政府主导和大型开发商主导并存

新加坡是全世界公认的住宅问题解决得较好的城邦型国家，这得益于政府积极的住宅开发保障政策——以公共住房为主，私人住宅为辅。截至2016年年底，组屋占新加坡住房的80%。同时，新加坡作为国际著名的旅游目的地和重要的国际会议中心，为旅游带来了巨大客源，圣淘沙的滨海旅游开发就这样脱颖而出。此外，大型开发商如全能型的凯德集团，在市场化房地产开发与资本管理方面的表现都比较突出。

1. 政府主导的组屋开发建设

（1）政府主导建设和维修组屋

政府大力发展公共住宅。政府于1960年成立了建屋发展局，它是不以营利为目的的国家法定机构。建屋发展局对组屋的建造实行统一规划，并且非常注重不同套型在组屋区内的合理搭配，这能够使来自不同民族和不同阶层的家庭融洽相处。首先在组屋建造上，由建屋发展局负责制订严格的建设标准，在开发商选取的问题上依照"公开招标，价低者得"的原则，并且对组屋进行统一的管理。建屋发展局自主决定住房的销售价格，不需要经过其他机构的审批。政府制定了"五年建屋计划"，大力发展公共住房，即一般所说的"组屋"。1968年，新加坡政府又提出了"居者有其屋"的计划，从出租廉租房为主向出售廉租屋过渡。受到英国的影响，新加坡后来也倾向于住房私有化，通过推行住房私有化计划，新加坡一方面成功地把原属国家所有的住房逐步转让给个人，另一方面对经济收入不同的家庭，实行不同的政策。梯级消费加上公积金支持的购买力使新加坡80%以上的居民购买了组屋居住。

组屋虽历史已久，但整个城市仍面貌一新，早年建造的组屋也不显破旧。原因在于政府对年久组屋的维修非常到位，基本上是5年一小修，10年一大修。小修是指外立面和室外铺地的更新，大修则是指增加面积或改善功能，使居民住宅不断适应社会进步和人们生活水平提高带来的变化。

（2）公积金是组屋维修费用来源

新加坡全部就业人员，必须缴纳公积金。中央公积金现在已经达到36%的总缴费率，由雇员负担的占到20%，由雇主负担的占到16%。公积金账户包括三个户头，最大的账户是普通账户，占到公积金的72.5%，用于购买政府组屋之类的家庭投资。最小的账户是特别账户，占到公积金的10%，只有达到退休年龄的居民才可以领取。居中的账户是医疗账户，占到公积金的17.5%。同时，中央公积金局也提供抵押贷款，通常利率会低于市场利率两个百分点。另外，维持组屋制度运行需要的大量资金，也来源于中央公积金局。

2.政府主导的圣陶沙城市综合体开发

圣淘沙是世界级娱乐休闲度假综合体，为亚洲首屈一指的海岛度假胜地。占地约$5km^2$的圣淘沙，2017年游客接待量却接近2000万人次，旅游门票及旅游套餐收入接近1亿美金。其开发运营模式具有以下特点：

（1）政府是开发主体

2002年政府制定了10年计划，对圣淘沙重新定位，要将其塑造成亚洲最强的综合娱乐型滨海度假胜地,在单一的度假胜地里发展出多个度假景区,让游客有更多丰富多彩的度假体验。

圣淘沙发展局具有政府背景,在确保政府为主体的开发地位基础上,大力吸引外来资本,选择有实力的投资商对圣淘沙进行开发运营。从项目立项到落地,全过程每个环节都严格审核把关,经营管理以实现整体利益最大化为目标,由此平衡各方利益关系,也有利于各方的可持续发展。

(2)两次大规模投资

圣淘沙的第一次投资是在1972—2010年,这是圣淘沙旅游业从无到有的起点,这次大规模地开发使圣淘沙从一个小渔村变成每年接待量高达80万人次的度假旅游胜地,由此带来了巨大的经济效益。

第二次投资在2010年,当时全球各国刚经历金融危机。新加坡政府再一次决定重塑国家旅游形象,使其成为国际休闲娱乐度假胜地。其中,最大的一项是云顶国际耗资约60亿新币兴建的圣淘沙名胜世界,包括总投资约17亿新币的环球影城。

(3)盈利模式由开发销售转向旅游业务

圣淘沙发展局早期收回资金的主要方式是房地产销售。在2007年以前,圣淘沙发展局的主要盈利来自东部升涛湾的开发销售。升涛湾的开发不仅帮助圣淘沙发展局达到初期的收支平衡,还提高了圣淘沙全岛的区域地位。通过吸引国际高净值人群购买住宅,集聚了大量海外人气。升涛湾(Sentosa Cove)位于圣淘沙岛的东南部,占地$1.17km^2$,限量2140个单位(包括1720间公寓和420栋洋房),是新加坡最尊贵的海边豪宅区。同时,升涛湾别墅区是目前新加坡政府唯一允许外国买家购买的别墅区域,为世界级的富豪聚居区。

2007年后,圣淘沙开始以旅游休闲业务为主。持续发展的旅游休闲业务是圣淘沙的主业和长期收益来源。2017年圣淘沙发展局的收入主要由以下几方面构成:景点门票、旅游套餐销售、物业设施租赁、投资收入和其他收入,其中主要的门票、物业设施租赁、俱乐部会籍及相关收入、旅游及拓展服务占总收入的75%。

（4）市场化运营

尽管圣淘沙拥有较长的海岸线、充足的阳光、优良的沙滩，但是这些条件并不是顶级的。它能从当初的一个小渔村发展到今天年接待量达到2000万人次的旅游胜地，起主导作用的是它的市场因素。

综合娱乐的旅游产品。"综合"、"娱乐"是圣淘沙差异化定位的两个核心点，目前圣淘沙已经集观光、购物、休闲、娱乐、度假为一体。旅游产品的组合以大型娱乐为主，定位为主题乐园式滨海度假地，区别于周边马尔代夫这类世界闻名的私密安宁型岛屿。2010年建成的新加坡名胜世界集赌城、环球影城以及世界上最大的水族馆为一体。麻雀虽小，五脏俱全，沙滩、海水、主题公园、赌城等所有这些亮点被集于一个小岛上。

规范完善的交通系统。圣淘沙和新加坡中心城区的关系是离岛与中心城市的关系。圣淘沙捷运系统投入使用后，从新加坡市区前往圣淘沙岛只需15分钟，为游客的造访提供了便利。景区内部交通系统组织也非常完善，由巴士、捷运、沙滩火车、缆车四种类型组成。其中以巴士为主要交通工具，四种类型兼有游览性质，可以到达景区内的各个主要景点。

会展旅游吸引商务客。圣淘沙面积不大，但是开展活动和会议的场地多且设施完善。除了圣淘沙名胜世界的会议中心可以为跨国大型公司提供会展旅游服务以外，许多景点包括环球影城等都可在营业时间外变身为会议、婚礼、活动场所，同时配备齐全的酒店、娱乐设施，都使圣淘沙世界级会展旅游中心的国际影响力提高。

3. 市场化的凯德集团全能型房地产开发

凯德集团是亚洲规模最大的房地产集团之一，总部设在新加坡，并在新加坡上市。集团的房地产和房地产基金管理业务集中于核心市场新加坡和中国，持续开发优质房地产产品与服务，业务多元化，包括商业综合体、购物商场、服务公寓、办公楼和住宅、房地产基金管理。

2013年1月，凯德集团由新加坡嘉德置地正式更名成立，"凯德"品牌成为集团统一的中文标识适用于原嘉德置地全球业务范围，目前凯德集团由四个主要业务单位构成，即凯德新加坡、凯德中国、凯德商用和雅诗阁有限公司，其中前两个事业部负责中国和新加坡市场,另两个事业部则以业务性质来划分,分别负责跨地域的酒店式公寓和雅诗阁商用产业。凯德集团拥有一体化的零售房地产投资商业模式,具有零售房地产投资及开发、购物中心运营、资产管理和基金管理的全价值链经营能力。全价值链业务模式有两个重要优点:首先,全价值链模式帮助凯德中国在整个零售房地产投资中获取价值,而且该模式使凯德在一个相对较短的时期内成功觅得、开发、拥有和管理庞大的零售物业投资组合。由于凯德集团有获得财务资源的基金构筑和管理能力,且能够一开始便制订项目开发计划,从概念到完工再到持续租赁及零售物业管理,故可对房地产收购和开发机会作出较快的反应。其次,全价值链的业务模式为凯德集团在中国提供了一个多元化盈利基础,包括租金收入、管理费收入和物业增值。

(1)项目拓展

作为业务遍布全国的领先购物中心发展商、拥有者及管理者,凯德中国在项目拓展方面具有出色的成绩,这使得凯德中国能够构筑充裕的项目储备,支持未来的可持续发展,并促使其快速增长。

在中国,凯德已经具备土地和项目收购的拓展能力,最初是通过战略合作伙伴关系,近期则通过凯德内部的本地团队。鉴于中国各城市的市场动态不尽相同,以及为了使自己能够快速对市场机会作出反应,自2009年9月以来,凯德利用新的国家管理框架,增强内部能力,在中国设立六个区域业务单位,专注于项目拓展和执行零售物业收购。

(2)项目开发

凯德集团在中国所面向的针对性客户是全方位的,其产品形成了针对中高端消费者的来福士广场系列和针对日常消费者的凯德广场系列。综合性的客户群定位,让凯德集团能够时刻把握广泛的潜在机会,捕捉不同的消费动态,从而降低任何单一市场的集中风险。

(3)运营管理

得益于庞大的经营规模,凯德拥有广泛的国际与本地租户网络。目前,凯德拥有的租约超过10000个,涉及不同的零售细分市场,从超级市场及大型超市运营商(如沃尔玛、北京华联和职总平价超市)到奢侈品零售商(如Louis

Vuitton 和 Cartier）。仅就中国地区的租户而言，凯德已经建立广泛而高度本地化的租户群，已订租约超过 5000 个，包括全国性及区域性和本地租户。这使凯德能够进入中国不同的市场和不同层级的城市，依据当地市况和消费习惯厘定购物中心租户组合，从而提高购物人流及租金收入。

凭借着广泛的项目布局，凯德为租户在其尚未进入的城市提供在购物中心内开店的机会，使租户得以在凯德的购物中心网络内拓展业务。购物中心的位置、面积和质量将为租户提供价值定位。基于这些原因，此"网络效应"为凯德与租户的共同成长提供一个多元化、多市场的平台。

在多年的经营中，通过收集的租户销售数据，包括通过 POS 系统收集的数据，凯德了解到各市场不同商品行业的特点和表现，也帮助凯德了解这些区域的购物偏好。此外，零售商亦受益于凯德对于不同市场租户需要和零售需求的特定认知。

就新购物中心而言，通过积极的购物中心管理和主动的租赁、营销策略，凯德吸引和维持了多元化组合的租户，显著影响其经营的购物中心的租户组合，从而在较短时间内达到高出租率水平，这使得凯德能够不断提升购物中心的吸引力，并为租户带来较多购物人流。

租户网络效应是凯德建立稳定租户的坚实基础，其经营的购物中心实现强劲的出租率，产生可持续的租金收入，并为凯德投资组合的资本价值提供支持。

（4）资本管理

鉴于开发和经营零售物业的资本密集性质，凯德建立了一个投资平台，战略性地利用各种投资方式，从直接拥有物业，到设立自己负责管理的房地产投资信托基金或私募房地产基金，再到合资公司。这样的资本管理能力，让凯德得以采取最有效的投资结构，最大化资本生产力及扩大业务规模。

此外，凯德还能透过多种渠道获得资金，就融资需求而言，无须依赖任何单一渠道。作为一家上市公司，凯德可通过资本市场发行股票、债券或其他证券，还能够按自己认为有比较优势的利率取得债务融资，包括循环银行贷款和中期票据。内部而言，除拥有稳健的资产负债表，2012 年净现金额（现金和现金等价物）超过 54.98 亿新元外，凯德还有极为稳健的资产投资组合，为其提供流动资金和稳健的经常性现金流量。

凯德对于零售物业资本管理的知识与利用不同投资结构和工具的能力，使其能按特定的情况灵活采取适当的投资策略，从而最大化资本生产力的效率、回报和价值。

（三）中国香港地区：房地产以开发企业为主导

香港房地产从融资、买地、建造，到卖房、管理都以开发企业为中心，以土地增值为盈利的重要途径，同时开展多元化业务，尤其是金融业务，注重强强合作。

1. 土地是房地产开发企业竞争的稀缺资源

香港现有陆地面积为 $1106.3km^2$，2017 年人口 741 万人，每平方公里的人数为 6698 人，其中开发使用土地面积占所有面积约 24%。土地珍贵、寸土寸金，人口密度大。政府高度垄断土地，大开发商高度垄断市场，房地产发展商占有最具稀缺性的土地资源后，其他行业和社会财富自动聚拢而来。香港住宅用地只占香港总面积的 7%，政府有限的土地供应，限制了大面积的土地开发，地产商竞争激烈，地价节节上涨，最终反映到房价上。房价高、租金贵是香港地产公司表现亮眼的重要支撑。

港资地产公司推升业绩的另一途径是靠土地增值。除了在香港销售物业外，港资地产还在内地发展物业，早年获得的优质廉价土地，让巨头们获利颇丰。据媒体报道，2008 年 7 月中旬，新鸿基地产与九龙仓集团、恒基地产旗下的全资子公司订立协议，成立一家合资公司，持股比例分别为 40%、30% 及 30%。这家合资公司拥有位于四川成都的土地，其主要物业形式为成都环贸广场，总楼面面积为 1400 万平方尺。然而，成都环贸广场在过了十年之后却仍在建设之中。成都环贸广场的第一期总楼面面积约 160 万平方尺，于 2015 年中期已交楼；第二期将发展为包括写字楼、住宅等在内的 520 万平方尺楼面面积，并称预计 2018 财年竣工。这两期楼面面积合计仅为 680 万平方尺，尚有 720 万平方尺尚未动工。这意味着，十年的时间，新鸿基、九龙仓集团及恒基地产成立的合资公司仅开发了不到一半的土地。而这十年，包括成都在内的内地一二线城市，房价和地价已经有了巨大的涨幅。李嘉诚在内地至少已有超过 10 个地产项目开发周期超过十年之久。对负债率极低，且融资方便的港资地产商而言，囤地成本极低，却可以在资产升值过程中获取高额的回报。

2. 项目运作"一条龙"化

香港房地产开发企业通常采用拿地、盖房、销售、物管"一条龙"式的滚动开发模式，作为"全能开发商"扮演着各类角色。长江实业、新鸿基地产、新世界发展、恒基兆业等 10 家地产集团都是这样开发楼盘的。这种全能型模式有利于形成地产巨头，行业集中度相对较高，有利于资源的优化配置，正由于此，前十家地产商的开发量约占香港总开发量的 80% 左右。

融资渠道相对单一。总体来说，香港地产商大型化、财团化之后，其自身财力已经比较雄厚，通过银行贷款和预售款，基本就能满足开发经营需求，没有太大动力进行多元化融资。期房预售制是 1953 年在香港严重供小于求的卖方市场下，霍英东首创的卖楼花的游戏规则，期房预售使得开发商除银行贷款外，又获得了一个新的融资渠道，从而在资金要求上大大降低了开发商的入行门槛。

3. 案例

（1）新鸿基地产的新城市广场通过滚动开发不断升级

新鸿基地产发展有限公司（简称"新地"）是一家在香港交易所上市的地产公司，于 1972 年上市，为香港最大地产发展商之一。擅长兴建优质住宅及商业项目供销售及投资，取得香港地产商中最高信贷评级。新鸿基地产 2017 财年（2016 年 6 月底—2017 年 6 月底），总营收为 791.34 港元，同比下跌 14.23%；净利润为 417.82 亿港元，同比上涨 27.91%。这是在经历近 5 年的业绩低迷之后，新鸿基地产利润首次出现大涨。新鸿基地产股价涨幅也相当可观，2017 年年初到 2017 年 9 月，新鸿基地产股价涨幅接近 40%，总市值逼近 4000 亿港元。

新鸿基地产集团拥有雇员超过 37000 名，拥有从事买地、规划、建筑、工程及物业管理的专业人才，有利控制成本之余，亦同时确保物业符合最高标准。该公司在中国大陆的北京和上海设有分公司。新鸿基地产是香港拥有最多土地储备的公司之一，储备约达 460 万 m^2。新鸿基地产的香港投资物业组合多元化。

至于中国内地方面，按所占总楼面面积计算，集团持有约 758 万 m² 土地储备，包括发展中物业约 662 万 m²，已落成投资物业约 96 万 m²。

新鸿基地产兴建的新城市广场是香港的一个大型商场。位于沙田区沙田市中心，共分 3 期和新城市中央广场，于 20 世纪 80 年代落成，其中商场面积超过 139400m²，并包括 5 幢住宅楼宇、3 幢商业大厦、1 间酒店及 2 间迷你戏院。

最初新城市广场在 1984 年建成时，日本三流的三和百货（八佰伴）当时以每月 \$10/ 平方呎，签了 10 年期合约，在新城市广场开业，这是八佰伴首次踏入香港市场，亦在此发展成之后十多年的百货王国，使八佰伴国际总公司从日本搬移到香港。出租近半个新城市广场给八佰伴不久，因铁路电气化而在此兴建现在的沙田车站，开通后人流大增，使新鸿基地产和八佰伴因投资新城市广场累积不少资金。

1991 年，新城市广场第三期落成。为了统一整个商场设计，商场业主首次全面翻新新城市广场第一期，包括全面翻新及更换各楼层的天花板、指示牌、中庭外墙、洗手间和喉管设备，工程于 1992 年 11 月完成。随后也根据需要不断改造翻新，2003 年，为了配合中央政府开放"自由行"和香港经济复起，新鸿基地产在 2003 年 8 月正式公布，耗资 3 亿元全面翻新沙田新城市广场第一期。2003 年 11 月开始，商场中庭进行分阶段增建扶手电梯工程。2004 年 6 月，商场 8 楼率先进行全面翻新工程，稍后在 2004—2006 年开始楼层翻新工程，之后，大部分店铺均是以中高档名店为主。

（2）九龙仓以投资人合作开发广州地块

九龙仓集团有限公司始创于 1886 年，九龙仓原本是香港九龙尖沙咀最大的货运港的名称。1980 年，包玉刚爵士通过增股获得了九龙仓的控制权，九龙仓从老牌英资洋行成为华人企业，也奠定了它后来在中国大陆和香港地区两地高速发展的基石。九龙仓集团实力雄厚，截至 2014 年年底，综合资产总值达港币 4450 亿元，以发展中国大陆和香港地区地产及基建业务为策略重点，公司业务包括房地产、购物中心、通讯、传媒、酒店、港口等。

集团中国业务资产占总营业资产的 39%，中期目标为 50%，包括增加土地储备至 1500 万 m²。九龙仓以地产发展为业务的策略重点，致力于收购土地、融资、项目发展、设计、建筑及市场推广。九龙仓在2007年宣布加码内地投资，随即多次与招商、中海等内地的房企合作拿地，在杭州、上海、武汉、重庆、成都等地获得了多个项目，近年在大陆发展物业的主要目标城市有北京、上海、苏州、杭州、深圳和广州，其主要模式是以财务投资者的身份通过合作模式拿地。

九龙仓2018年第一次踏进了广州，以7.2亿元入股宅地。九龙仓置业（广州）有限公司与建发国际集团和广州昌正合作开发广州市白云区的宅地。九龙仓（广州）与建发国际全资的子公司厦门益悦置业有限公司及广州昌正设立合营企业。成立合营企业共同开发土地可以分散风险，有利于集团进一步扩大业务规模。合营的企业由益悦、九龙仓（广州）、广州昌正拥有64%、18%及18%的股权。该公司的初始注册资本为12亿元，三方分别出资为7.68亿元、2.16亿元及2.16亿元。除了注册的资本出资外，益悦、九龙仓（广州）及广州昌正须向合营企业提供股东借款合共约28.22亿元，其中益悦须按占合营企业的权益比例负责约为18.06亿元。九龙仓方面将对半承担余下的10.16亿元的借款，出资5.08亿元。总的来说，九龙仓此次入股建发的项目，到目前为止将动用的资金7.24亿元。而随后，在合营公司向益悦收购广州建穗时理应还要再出一笔款项。

地块由益悦全资附属子公司广州建穗100%持有。待合营企业成立后，益悦会在转让广州建穗全部股权取得相关监管批准后10个营业日内，向合营企业转让广州建穗的100%股权。至于价格将基于独立估值师对广州建穗进行的估值厘定，按其实缴的注册资本平价转让。同时，合营企业将成为建发国际一间间接附属的公司，其财务业绩将并入后者综合财务报表内。

地块是原白云羽绒厂地块，由建发于2018年1月9日竞得，并由广州建穗支付地价。竞拍报价定格在40.22亿元，但没有达到最高限价，折合楼面价约为29952元/m^2。这宗地块位于广州市的白云区石井镇石潭路，土地总占地面积约4.56万m^2，为城镇住宅用地，预计建筑面积约13.43万m^2。地块将建设11栋住宅，其中编号1~4栋高17层，其余的为33~34层。小区规划有幼儿园、商业服务、派出所、社区居委会、邮政所、居民健身场所、物业管理等公建配套的项目。项目须于2019年7月9日前开工建设，并于2022年同月同日前竣工。市中心地块一直都是开发商比较追捧的,即使拍到自持也不会百分百自持,如果是全自持,开发商不好运营。

二、我国房地产价值链现状

我们研究的房地产价值链,是从宏观角度出发,研究房地产"投资—开发—经营—资产管理"全过程、全环节的价值链变化。结合房地产转型,我们将其归纳为房地产价值链的拓展、升级、分工和延长。

与此形成对比的是我国传统的房地产价值链,其现状特点可以归纳为"四个为主",即开发以企业全过程主导为主;对象以传统住宅为主;盈利以销售为主;运作以高杠杆、高负债、高周转为主。

(一)开发以企业全过程主导为主

目前,我国的房地产开发经营核心模式可以归纳为"拿地—开发—销售"模式。具体来说:一是开发企业通过土地招拍挂等方式以自有资金取得出让土地使用权;二是开发企业通过资金杠杆(包括房地产开发贷款、施工企业垫资、商品房预售等)撬动资金链,实施房地产开发;三是通过商品房销售回款,完成整个资金循环;之后进入下一轮循环。在这种开发模式下,开发企业承担了巨大的融资压力,为了维持资金链运作,必须通过出售方式来回收资金并偿还银行贷款。这就决定现有房地产开发经营必须以是销售为主。

在这个过程中,传统的开发企业同时承担了投资者、开发者、经营者等多个角色,主导了整个开发经营过程。

(二)对象以传统住宅为主

我国房地产开发主要是开发传统住宅,这在一定程度上与我国当前所处的发展阶段有关。过去20年,我国处于快速城镇化过程中,城镇人口快速增加,主观上和客观上都需要建设大量的住宅以满足日益增长的居住需求。

从房地产开发投资、建设和销售等不同环节看,住宅都占房地产开发的主体地位。

1. 从房地产开发投资情况看

2003—2017 年间，住宅开发投资占房地产开发投资比例一直在 67%—72% 之间（表 2-2）。

我国房地产开发投资构成及住宅开发投资占比情况　　　表 2-2

年份	房地产开发投资额（亿元）	房地产开发住宅投资额（亿元）	房地产开发别墅、高档公寓投资额（亿元）	房地产开发办公楼投资额（亿元）	房地产开发商业营业用房投资额（亿元）	房地产开发其他投资额（亿元）	住宅开发投资额占房地产开发投资额比例（%）
2017 年	109798.53	75147.88	4015.44	6761.36	15639.90	12249.39	68
2016 年	102580.61	68703.87	3478.74	6532.60	15837.53	11506.61	67
2015 年	95978.85	64595.24	3481.37	6209.74	14607.49	10566.37	67
2014 年	95035.61	64352.15	3844.72	5641.19	14346.25	10696.02	68
2013 年	86013.38	58950.76	3637.90	4652.45	11944.83	10465.34	69
2012 年	71803.79	49374.21	3448.37	3366.61	9312.00	9750.96	69
2011 年	61796.89	44319.50	3424.16	2558.79	7424.05	7494.55	72
2010 年	48259.40	34026.23	2829.81	1807.38	5648.40	6777.39	71
2009 年	36241.81	25613.69	2073.34	1377.21	4180.66	5070.25	71
2008 年	31203.19	22440.87	2032.31	1167.17	3354.48	4240.67	72
2007 年	25288.84	18005.42	1807.12	1035.04	2785.65	3462.73	71
2006 年	19422.92	13638.41	1445.00	928.06	2353.88	2502.57	70
2005 年	15909.25	10860.93	1049.41	763.07	2039.53	2245.72	68
2004 年	13158.25	8836.95	1073.65	652.20	1723.72	1945.38	67
2003 年	10153.80	6776.69	632.99	508.34	1302.35	1566.43	67

资料来源：根据国家统计局《国家数据》整理

2. 从商品房开发建设情况看

以 2017 年为例，房地产开发企业完成的房屋施工面积、房屋新开工面积和房屋竣工面积中，住宅占比分别为 68.6%、71.7% 和 70.8%，这与房地产开发投资反映的住宅占比情况大体一致（表 2-3）。

2017年施工面积、新开工面积和竣工面积中住宅占比　　　表2-3

	房屋施工面积（万 m²）	占比（%）	房屋新开工面积（万 m²）	占比(%)	房屋竣工面积（万 m²）	占比（%）
房屋	781484	100	178654	100	101486	100
其中：住宅	536444	68.6	128098	71.7	71815	70.8
办公楼	36015	4.6	6140	3.4	4007	3.9
商业营业用房	105232	13.5	20484	11.5	12670	12.5

资料来源：根据国家统计局《2017年全国房地产开发投资和销售情况》有关数据整理

3. 从商品房销售情况看

反映商品房销售情况主要有两个指标：一是商品房销售面积，二是商品房销售额。从商品房销售面积构成看，2003—2017年期间，住宅销售面积占商品房销售面积比例一直在85%—91%之间，而商业办公等类商品房每年半数以上的面积对外销售（图2-7），并多数以散售为主。

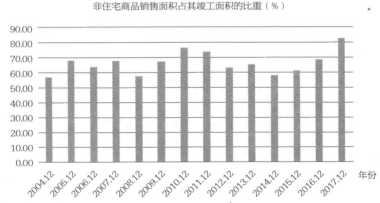

图2-7　2004—2017年我国非住宅商品房销售面积占其竣工面积比重（单位：%）

资料来源：根据国家统计局《国家数据》整理

从商品房销售额构成看，2003—2017年间，住宅销售额占商品房销售额比例一直在82%—87%之间。与房地产投资和开发建设情况相比，商品房销售中住宅占比更高，这与当前我国商品住宅的售价高于办公用房和商业营业用房售价有关（表2-4）。

我国商品房销售面积和销售额构成及住宅商品房占比　　　表 2-4

年份	商品房销售面积（万 m²）	住宅商品房销售面积（万 m²）	住宅商品房销售面积占商品房销售面积比例（%）	商品房销售额（亿元）	住宅商品房销售额（亿元）	住宅商品房销售额占商品房销售额比例（%）
2017 年	169407.82	144788.77	85	133701.31	110239.51	82
2016 年	157348.53	137539.93	87	117627.05	99064.17	84
2015 年	128494.97	112412.29	87	87280.84	72769.82	83
2014 年	120648.54	105187.79	87	76292.41	62410.95	82
2013 年	130550.59	115722.69	89	81428.28	67694.94	83
2012 年	111303.65	98467.51	88	64455.79	53467.18	83
2011 年	109366.75	96528.41	88	58588.86	48198.32	82
2010 年	104764.65	93376.6	89	52721.24	44120.65	84
2009 年	94755	86184.89	91	44355.17	38432.9	87
2008 年	65969.83	59280.35	90	25068.18	21196	85
2007 年	77354.72	70135.88	91	29889.12	25565.81	86
2006 年	61857.07	55422.95	90	20825.96	17287.81	83
2005 年	55486.22	49587.83	89	17576.13	14563.76	83
2004 年	38231.64	33819.89	88	10375.71	8619.37	83
2003 年	33717.63	29778.85	88	7955.66	6543.45	82

资料来源：根据国家统计局《国家数据》整理

（三）盈利以销售为主

从表 2-5 可以看出，2003—2017 年，房地产开发企业主营业务收入中，商品房销售收入占比从 2003 年的 89% 上升到 2017 年的约 95%，销售占据绝对主体地位。

以碧桂园 2017 年财报为例，"业务收入主要来自五个经营分部：房地产开发、建筑、物业投资、物业管理、酒店经营。集团 97.0% 的收入来自物业销售（2016 年：96.8%），3.0% 来自其他分部（2016 年：3.2%）"。

表 2-5 我国房地产开发企业主营业务收入构成及商品房销售收入占比

年份	房地产开发企业主营业务收入（亿元）	房地产开发企业土地转让收入（亿元）	房地产开发企业商品房销售收入（亿元）	房地产开发企业房屋出租收入（亿元）	房地产开发企业其他收入（亿元）	商品房销售收入占比（％）
2017年	95896.90	838.42	90609.15	1568.32	2881.01	95
2016年	90091.51	666.32	85163.32	1786.97	2474.89	95
2015年	70174.34	600.54	65861.3	1600.42	2112.08	94
2014年	66463.8	571.95	62535.06	1464.1	1892.69	94
2013年	70706.67	671.42	66697.99	1364.01	1973.25	94
2012年	51028.41	819.39	47463.49	1151.55	1593.98	93
2011年	44491.28	664.66	41697.91	904.28	1224.43	94
2010年	42996.48	519.19	40585.33	742.92	1149.04	94
2009年	34606.23	498.05	32507.83	544.27	1056.08	94
2008年	26696.84	466.85	24394.12	521.47	1314.4	91
2007年	23397.13	427.92	21604.21	386.81	978.19	92
2006年	18046.76	300.65	16621.36	316.79	807.96	92
2005年	14769.35	341.43	13316.77	290.29	820.86	90
2004年	13314.46	410.09	11752.2	305.58	846.59	88
2003年	9137.27	279.72	8153.69	164.33	539.53	89

资料来源：根据国家统计局《国家数据》整理

（四）运作以高杠杆、高负债、高周转为主

1. 高杠杆

从房地产开发企业资金来源构成看，以2017年为例，房地产开发企业到位资金156053.62亿元，其中，自筹资金50872.22亿元，占比约33％；国内贷款25241.76亿元，占比约16％；其他资金79770.46亿元，占比约51％。其他资金中，定金及预收款48693.57亿元，占全部资金来源的约31％；个人按揭贷款23906.31亿元，占全部资金来源的约15％。而房地产开发企业的自有资金又只占自筹资金的一部分，显然低于33％的比例。长期以来，房地产开发企业一直用较少的自有资金实施开发，实践中运用的就是高杠杆模式（表2-6）。

我国房地产开发企业资金来源构成　　　　　表2-6

指标	房地产开发企业资金来源小计（亿元）	房地产开发企业国内贷款（亿元）	房地产开发企业利用外资（亿元）	房地产开发企业外商直接投资（亿元）	房地产开发企业自筹资金（亿元）	房地产开发企业其他资金来源（亿元）	国内贷款占比（%）	自筹资金占比（%）	其他资金来源占比（%）
2017年	156053.62	25241.76	168.19	—	50872.22	79770.46	16	33	51
2016年	144214.05	21512.40	140.44	132.53	49132.85	73428.37	15	34	51
2015年	125203.06	20214.38	296.53	286.08	49037.56	55654.60	16	39	44
2014年	121991.48	21242.61	639.26	598.91	50419.8	49689.81	17	41	41
2013年	122122.47	19672.66	534.17	467.12	47424.95	54490.7	16	39	45
2012年	96536.81	14778.39	402.09	358.52	39081.96	42274.38	15	40	44
2011年	85688.73	13056.8	785.15	689.54	35004.57	36842.22	15	41	43
2010年	72944.04	12563.7	790.68	673.45	26637.21	32952.45	17	37	45
2009年	57799.04	11364.51	479.39	403.32	17949.12	28006.01	20	31	45
2008年	39619.36	7605.69	728.22	634.99	15312.1	15973.35	19	39	40
2007年	37477.96	7015.64	641.04	485.39	11772.53	18048.75	19	31	48
2006年	27135.55	5356.98	400.15	303.05	8597.09	12781.33	20	32	47
2005年	21397.84	3918.08	257.81	171.41	7000.39	10221.56	18	33	48
2004年	17168.77	3158.41	228.20	142.56	5207.56	8562.59	18	30	50
2003年	13196.92	3138.27	170.00	116.27	3770.69	6106.05	24	29	46

资料来源：根据国家统计局《国家数据》整理

2. 高负债

历年来，我国房地产开发企业一直处在高资产负债率状态，资产负债率在75%左右。根据wind数据，我国房地产行业的资产负债率不断上行，截至2018年1季度末，房企上市公司整体负债率小幅上升，达到79.42%，较2017年年报的79.08%继续上涨，已经达到了2005年以来的最高点。据房玲、羊代红、洪宇桁（2018）研究，2018年上半年末，170家上市房地产企业加权平均净负债率上升为92.56%，较年初增加了4.04个百分点，60%的企业的净负债率有所上涨。

在大量的负债中，来自债券市场或其他非银行贷款的比例很小，绝大部分直接或间接来自银行贷款，保守估计这一比例为 50%~60%，侧面说明我国房地产企业资金来源仍以间接融资为主。

3. 高周转

2016 年房地产市场调控以来，房地产开发企业在融资难的背景下，更加强调资金周转速度，通过资金"快进快出"提高单位时间内资金的利用率，进而提高企业利润率。如万科早在 2008 年就提出"5986"模式，即拿地 5 个月动工、9 个月销售、第一个月售出八成，产品六成是住宅。碧桂园"高周转"模式实施"456"策略，在碧桂园集团进度计划管理办法（2016 年版）中规定，"4 个月开盘、5.5 个月资金回正、6 个月资金再周转"。当代置业在周转速度上执行"68-678-10"法则，旨在拿到地之后 6 个月要开工，8 个月要开盘，开盘时可售资源需达到总货值的 60%，开盘后一周销售需达到可售资源的 70%，开盘后一个月内销售需达到可售资源的 80%，16~20 个月要保障现金流回正。泰禾集团强调"高周转、高品质、高溢价"的三高战略。其要求二线城市的项目原则上 6 个月左右开盘，不能超过 8 个月，在确保合理利润的情况下快速推盘，以有效抵御市场风险和保证现金流（表 2-7）。

部分房地产企业高周转策略　　　　　　　　　　表 2-7

万科	早期"5986"模式：即拿地 5 个月动工、9 个月销售、第一个月售出八成，产品六成是住宅
碧桂园	"456"策略：4 个月开盘、5.5 个月资金回正、6 个月资金再周转
当代置业	"68-678-10"法则：拿地之后 6 个月要开工，8 个月要开盘，开盘时可售资源需达到总货值的 60%，开盘后一周销售需达到可售资源的 70%，开盘后一个月内销售需达到可售资源的 80%，16~20 个月要保障现金流回正
泰禾	二线城市的项目原则上 6 个月左右开盘，不能超过 8 个月

资料来源：课题组整理归纳

三、我国房地产价值链重构的探索

目前，部分房地产企业从多元化、服务化、专业化、金融化等方面积极探索，通过拓展、升级、细分、延长等方式实现房地产价值链的重构。同时，部分大型房地产企业可能同时涉及以上几种方式。

具体来说，房地产转型过程中新的价值（市场空间、盈利点）来自于以下四个方面：

（一）多元化——以多元化为方向拓展新领域

房地产转型的多元化有狭义和广义两种理解。从狭义看，多元化是相对于传统的住宅开发来说，从住宅为主逐步拓展到各种新领域（包括细分领域和全新领域），新的细分领域如住宅地产中的长租公寓、办公地产中的联合办公等，与住宅相对的全新领域包括物流地产、产业地产等。这些领域都有旺盛的市场需求，能够带来新的价值空间和盈利点。从广义看，房地产企业转型并涉足配套服务、资产管理、金融投资等领域，也属于多元化。

房地产企业以多元化为方向拓展新领域，从价值链看，对应价值链的拓展。

1. 行业多元化的趋势

传统的房地产业主要分为住宅开发和商业地产开发。在国家统计局统计口径上，又进一步细分为住宅、办公用房、商业营业用房三大类。实际上，在房地产业发展过程中，房地产行业本身也体现出多元化的特点。具体可表现为三种趋势：

（1）细分新类型。即在原有传统开发领域细分出新的产品和业务类型。例如，长租公寓、蓝领公寓等产品实际就是从住房租赁中细分出新的类型；又如联合办公物业也是从传统办公地产中细分出的新类型。

（2）拓展新业态。即在传统业态之外开拓出新业态，或在传统开发边缘开拓出交叉业态。养老地产、旅游地产、物流地产、产业地产等均属于这种情况。

（3）开拓新空间。虽然仍是传统开发领域，但伴随城镇化发展和城乡空间结构变化，进而拓展出新空间。例如，城市更新、特色小镇等近几年成为房地产企业投入的热点领域，实际就是找到了新空间。

2. 企业多元化的探索

据不完全统计，国内排名前 20 的房地产商，目前有一半以上（万科、绿地、富力、碧桂园、世茂、招商局、绿城、首创、远洋、中粮等）涉足产业地产，成立了专门的事业部、部门或中心，探求"创新驱动、转型发展"的道路，打造企业的新增长板块（表2-8）。

部分房地产企业多元化转型　　　　　　　　　　　　表2-8

万科	2013年提出从"专注于住宅开发"转型为"城市配套服务商"。 2018年进一步迭代升级为"城乡建设与生活服务商"，并具体细化为四个角色：美好生活场景师，实体经济生力军，创新探索试验田，和谐生态建设者
绿地集团	2014年确立"大金融""大消费""大基建"战略
建业集团	2015年开启由"房地产开发商"向"新型生活方式服务商"战略转型
华润置地	2016年提出"2+X"商业模式

资料来源：课题组整理归纳

如万科2013年提出从"专注于住宅开发"转型为"城市配套服务商"，各区域公司先后提出"八爪鱼战略""热带雨林"体系以及"6+X"转型战略，在商业、物流、养老、教育、长租公寓等众多领域均有布局发展。其中，北京万科提出"6+X"战略，"6"包含了城市更新（曼哈顿计划）、商业地产、持有型长租公寓、装修业务、社区配套服务商业务和金融业务，这些业务转型方向相对成熟，围绕的是万科已经形成的核心优势，根据城市发展和时代变化适应的转型；"X"则是指相比其他6项相对成熟的转型业务而言，蕴含着不确定因素，即正在摸索的养老业务。2018年万科将这一定位进一步迭代升级为"城乡建设与生活服务商"，并具体细化为四个角色：美好生活场景师，实体经济生力军，创新探索试验田，和谐生态建设者。在巩固住宅开发和物业服务固有优势的基础上，业务已延伸至商业开发和运营、物流仓储服务、租赁住宅、产业城镇、冰雪度假、养老、教育等领域。

绿地集团2014年确立"大金融""大消费""大基建"战略，以产业地产为例，先后规划启动了哈尔滨国家级广告产业园、大庆绿地大学科技园、西咸新区空港产业城、江西省2.5产业示范基地南昌绿地未来城、南昌小微企业工业园、呼和浩特白塔空港物流园、海口绿地空港产业城等产业地产项目。

建业集团2015年正式开启由"房地产开发商"向"新型生活方式服务商"战略转型，构建"建业+"大商业生态格局和幸福生态系统，已经形成地产、物业、教育、酒店、农业、足球、科技、文旅、旅游、金融等多元布局的态势。

华润置地在2016年提出"2+X"的全新商业模式，在坚持销售物业及投资物业两大主营业务基础上，积极拓宽物业服务、老年地产、海外地产等其他业务。

从房地产上市企业业绩报告看，目前绝大多数房地产企业的业绩仍以销售为主。以万科为例，万科近年来多元化布局开始提速，但2017年上半年业绩报告中，房地产销售仍占据业绩的90%以上，多元化效果仍未显现。总体来看，多数房地产企业在长租公寓、特色小镇、联合办公等"风口业务"的布局目前仍处在摸索阶段。

（二）服务化——以服务为核心整合资源创造新价值

区别于过去以产品为核心，房地产转型主要体现为从提供产品向提供产品和服务并重的转变，即更加注重以服务为核心，整合资源、开发产品、升级服务。这种转型的实质是消费升级，体现人民对美好生活的更高追求，从单纯满足于有房住转向享受更好的服务。

围绕产品开发升级和提供增值服务，能够为房地产业带来的新价值和市场空间，从价值链看，对应的是价值链的升级。

1. 产品升级

即通过产品线的精细化、标准化和产品的升级迭代，获取增值收益。

（1）产品本身升级换代

从20世纪90年代至今，城市住宅升级换代大致可分为这么几个类型：简单功能型、功能改善型、综合配套型、人本生态型。以朗诗为例，2018年启动了"新一代城市住宅标准"并发布了第四代城市住宅产品。其第四代城市住宅的特点是为居住者营造健康、舒适、节能、环保、智能五个维度平衡发展的住宅和社区，核心是更加注重人本身的需求。

又如中国金茂的核心产品金茂府也经历了自身升级迭代。1.0版本的金茂府，通过整合运用毛细管网、全置换新风、地源热泵等十二大科技系统，创造出绿色健康的高品质居住环境。为了进行更好的产品升级，通过对不同地区、不同购买时段的 2000 余组金茂府业主和客户进行详细的调研和访谈，发现客户关注的核心聚焦在两个方面，一是让房间更舒适，二是让房子更聪明。由此提出了金茂府 2.0 的两大升级方向——绿色健康升级与智慧科技升级。绿色健康升级，将围绕房间的温度、湿度、空气品质等核心客户诉求展开，通过对核心十二大科技系统的迭代和升级，在温湿度的个性化动态调节、空气健康度的强化提升以及高效节能的室内外环境匹配等方面，实现整体的绿色健康升级。智慧科技升级，其目标是打造低碳环保的生活方式；实现业主对居住空间的远程控制；通过人脸识别技术达成便捷无忧的社区生活；根据居室功能和早中晚天气变化，不同生活场景随意切换；通过 AI 智能的引入，打造更加个性化的智慧生活体系。

（2）产品线细分与标准化

在整合资源的基础上提供标准化产品，以精细化产品线满足分层需求，同时降低成本。目前房地产业几乎所有一线房地产开发企业都已经形成了多个产品系列和多条产品线，并在不同城市的不同项目上进行着标准化连锁、复制开发（表 2-9）。

代表性房地产企业标准化产品系列　　　　　表 2-9

房地产企业	产品系列
万科	城市花园系列、四季花城系列、金色系列、TOP 系列
恒大	华府系列、绿洲系列、金碧天下系列
保利	花园系列、林语系列、山庄系列
绿城	玫瑰系列、丹桂系列、百合系列、御园系列
万达	广场系列、华府系列
龙湖	滟澜山系列、天街系列、大城小院系列

资料来源：课题组整理归纳

除一线房企之外，第二、第三梯队的大中型房地产企业同样逐渐形成了自己的产品系列，开始标准化产品线的连锁、复制开发。例如，金地的"格林"系列（格林小镇、格林春天、格林春晓等），世茂的滨江豪宅系列（在上海、福州、南京、武汉、哈尔滨等城市均开发沿江豪宅），阳光 100 的新城系列，世纪金源的"世纪城"系列等。地产央企中，如华侨城的"华侨城"系列，中粮的"大悦城"系列，华润置地的"万象城"系列、"橡树湾"系列等。

房地产企业推行标准化产品和标准化开发，有如下优势：一是提高开发速度和效率；二是降低开发成本和费用；三是实现规模快速增长；四是提高项目利润；五是降低项目开发风险。最主要的原因是标准化产品和标准化开发能够提高周转率和杠杆率。例如，在差异化开发模式下，项目开发周期是 48 个月（4 年，周转率 0.25 倍），而标准化开发模式下则可以较容易地缩短到 10 个月。因为前者在获取土地后，仅设计工作就要短则半年，招标又要几个月，有的甚至一年还开不了工。而在标准化开发模式下，开发进度能够得到大大加快。如某企业通常在获取土地后，一个月内就能实现样板区和一期的全面开工建设，因为图纸是从标准库中提取的，无需设计；因为是标准化设计，所以成本也是大致一样的；再加上有长期合作的施工总承包单位，因而也无需进行工程招标。这样，就能实现 6 个月左右开盘销售。该企业在一期开盘时，通常遵循"低价"策略，月去化率可实现 60% 左右。收到销售回款后，再支付工程款和大部分土地出让金。这样，就能用较少的资本金撬动一个项目——杠杆率能实现成倍提高。

2. 提供服务

转型过程中，房地产企业除提供产品外，更加重视提供服务，通过服务获取更多的增值收益。目前房地产企业在资本市场上估值较低，通过拓展新的业务领域和提供新的服务，房地产企业从传统的开发商转型为配套商、服务商，不仅能获取新的利润增长点，而且也有利于提高企业估值空间。

房地产企业提供的服务可分为生活类配套服务和生产类配套服务两大类。

（1）提供生活类配套服务

——基础物业服务。由于与传统业务关联度较高，潜在市场巨大，专注后居住阶段服务的物业服务业务，是房地产企业最早延伸进入的领域之一。

部分房地产企业将物业服务业务作为发展重点并提前布局，目前已实现规模化运营，且业绩增长相对较好。如中海旗下的中海物业于 2015 年 10 月在香港联交所上市，是较早分拆上市的物业公司之一。截至 2017 年年底，中海物业在包括中国内地、中国港澳地区在内的 73 个城市及地区共管理 646 个项目，物业管理建筑面积增加至 1.28 亿 m^2，较 2016 年年底上升 37.3%；同时，毛利率水平逐年稳步提升，由 2012 年的 15.9% 提升至 2017 年的 23.9%。又如远洋集团旗下物业服务板块"远洋亿家"，2017 年管理的物业项目近 100 个，面积近 3200 万 m^2，包括住宅、写字楼、购物中心、商务综合体等各类型物业，其中中高端项目占比 53%，2017 年为集团带来营业收入约人民币 5.8 亿元，同比增长 17%，并实现净利润约人民币 8900 万元，同比上涨 84%。

另一方面，除彩生活等个别企业外，房地产企业开展物业服务业务尽管本身业绩较好，但对母公司的业绩贡献并不高。从未来发展看，社区物业市场将逐步进入高速发展期和应用成熟期，社区物业与房产、家装、金融的协同价值越来越显著，大数据、社区金融等发展也将使得社区物业市场更加成熟。因此，物业服务仍是房地产企业延伸自身产业链价值链的重要方向。

——租售服务等。我国房地产市场已逐步从增量时代进入存量时代，尤其是在一线城市，存量房已经超过新房成为市场交易的主力。以北京为例，2016 年全年二手房住宅签约数量约为 26.8 万套，成交额超过千亿元，二手房成交量已经占据了北京住宅成交近九成的市场。随着土地和新房供应结构的变化，这一趋势还将不断加深。在此背景下，传统房地产企业也加快进入房屋租售中介服务市场，布局主要原因一是看好存量房市场，二是实现一二手房联动。碧桂园、万科、保利、融创等国内百强物业服务中心，除提供基础物业管理服务外，均加快发展租售业务。如万科围绕业主不动产保值增值，提供全生命周期服务，2018 年原万科租售中心正式更名为"朴邻·万科物业二手房专营店"，并提出"美好的生活从朴邻开始"的口号，力图通过一站式房屋资产管理服务以及专业二手房服务的提供，让客户享受高品质服务。

除通过租售中心提供中介服务外，部分房地产企业通过入股中介机构进一步增强影响力。如 2010 年年底鼎晖、复地注资链家；2017 年融创以 26 亿元人民币增资链家，持有 6.25% 的股权；其后万科集团以人民币 30 亿元的价格获得链家集团股权，具体持股比例不详，其中 26 亿元入股链家地产，另外 4 亿元入股链家系的另外一个公司。

——装修服务。部分房地产企业还开始介入装修领域。如万科旗下的万链、碧桂园旗下的橙家、绿地旗下的诚品家等。万链重视提升家装产品的功能和品质,为客户提供良好服务体验,2015年发布第一代家装产品「精致+1.0」,2016年发布第二代家装产品「v+」,2017年推出第三代家装产品 inno home。橙家注重线上线下的嫁接,通过"橙家"网站和APP实现家装服务的线上布局,借助在城市 shopping mall 开设大量体验店,实现线下的布局。绿地诚品家涵盖整装套餐、供销平台、工长平台、智能家居、绿色生活、金融增值6大业务,依托自有房产资源、供应链资源、业务经验等,通过标准化硬装+个性化软装为客户打造成品房。

——社区商业服务。消费升级背景下,消费结构、消费需求、消费渠道、消费观念都发生了深刻变化,更多的消费者希望体验有温度、有质感的美好生活方式,为社区商业的加速发展奠定了基础。目前房地产企业发展社区商业,主要有两类,一类是作为住宅配套而提供的服务,主要是邻里中心,如万科邻里家、绿地邻里中心、金科美邻街等,其选址基本都是依托其住宅项目而定,规模体量一般在3万m^2及以下;另一类是社区型购物中心,规模体量一般在3万~6万m^2。布局上,不同房地产企业选择各异,如万科生活中心偏市郊,绿地乐和城偏向住宅集聚、商业缺乏区域,龙湖星悦荟一般选址高端人群集中或具有某种特质的区域,金科美邻广场、金科美邻汇落地区域中心或市郊(表2-10)。

部分房地产企业提供社区商业服务的产品线和业态　　表2-10

企业	产品线	业态
万科	万科里	以家庭型消费为主(如餐饮、家政中心、超市、药房、洗衣店等)
	生活广场	集购物、休闲娱乐、餐饮于一体的一站式休闲购物中心
	邻里家	"五菜一汤"(超市、便利店、洗衣店、银行、餐饮、医疗)
	万科红	一站式汇聚餐饮、儿童母婴、潮流家居、时尚服饰等业态
	万科2049	以餐饮、生活服务业为主
绿地	熙街	以特色精品餐饮为主,结合休闲娱乐、生活方式、儿童教育等
	乐和城	以生活服务、时尚零售为主

续表

企业	产品线	业态
绿地	邻里中心	生活配套、餐饮、休闲
龙湖	星悦荟	以餐饮为绝对主力,娱乐、文化、休闲为辅
金科	美邻街	生活配套、休闲娱乐
	美邻汇	以生活消费为主,兼顾休闲娱乐
	美邻广场	以娱乐、社交文化为主

——养老服务。以万科为例,对于其参与的养老业务始终定位于"养老服务",而非"养老地产"。早期万科涉足养老业务主要是各城市公司的自发行为,在2013—2016年期间,万科旗下先后推出了"橡树汇""智汇坊""幸福家""嘉园"和"随园之家"共5个社区嵌入式养老品牌。其中,2013年10月北京万科和2013年11月成都万科均采用了"橡树汇"这一品牌,2014年10月,上海万科则首创了"智汇坊",与此同时北京万科和成都万科又相继推出了"幸福家",2016年1月,广州万科选择了此前上海万科使用过的"智汇坊",2016年11月,北京万科推出"嘉园",2016年12月,杭州万科在宁波推出"随园之家"。2016年后,养老业务作为万科集团大树级业务重点发展,成为转型"城市配套服务商"新定位的重要支点之一。经过集团层面整合内部品牌资源,形成了以随园、怡园和嘉园为核心的三大主力品牌,分别对应CCRC、城市护理型全托中心和社区嵌入式养老中心三大核心产品线。截至2017年年底,万科已在全国4大区域65个主要城市开业百余个养老项目。

(2)提供生产类配套服务。

——创业和孵化服务。新型联合办公物业与传统写字楼的区别在于,不仅提供联合办公环境,还提供配套的投融资服务体系和完整的创业服务生态。以氪空间为例,其服务团队可为创业者提供创业诊疗、整合营销、战略梳理等扎实的创业和孵化服务;拥有15家投资机构,1000位投资人,超过300家第三方服务商,形成完整的创业服务生态。此外,氪空间还有一个优势,就是依托36氪媒体平台和金融服务平台,为入驻的企业提供媒体信息和融资服务。

——整合空间、金融、物流、信息等资源及服务。如天安云谷产业园,在发展以云计算、互联网、物联网等新一代信息技术为代表的新兴产业同时，还将发展与上述产业相关联的配套服务和现代服务业。项目发展运营也注重加强与之相关的金融业、商业、咨询、培训机构、公共服务平台、公共技术平台、服务中介、酒店服务及相关社会配套的引进。天安云谷不仅为大、中、小企业打造高端的产业空间，还将基于云服务理念构建的智慧园区服务体系，整合金融、物流、信息等资源，像水和电一样让用户随需使用，为新兴产业提供高效低成本的云商务服务模式。

——物流地产服务。在电子商务行业高速发展、一二线城市仓储需求增加的背景下，加上国家政策的支持，包括万科、招商、海航、碧桂园、绿地、华夏幸福、远洋等在内的多家房地产企业开始进入物流地产领域。根据房地产企业参与方式和参与程度的不同，主要可以分为房地产企业主导运营、收购参股物流企业、与传统物流企业合作、与电商企业合作4种类型（表2-11）。

房地产企业参与物流地产的主要模式　　　　　　　表2-11

参与模式	案例
房地产企业主导运营	2015年6月，万科撤销物流地产事业部，成立万科物流地产发展有限公司
收购参股物流企业	2017年7月，万科联合厚朴投资、高瓴资本、中银投共同参与了普洛斯的私有化，其中万科占股21.4%成为第一大股东 2017年4月，海航实业股份以总价76.9亿港元现金收购于新加坡上市的物流集团CWT集团共98.1%股份
与传统物流企业合作	2017年7月，碧桂园与中集集团就中集企业产城业务板块签署增资协议，中集集团以近9.3亿元引入碧桂园作为战略投资者 2017年2月，绿地控股与中远海运签署战略合作，将在全国主要港口城市获取土地开发建设物流产业地产项目
与电商企业合作	2017年8月，荣盛发展与菜鸟网络签订了战略合作，在固安产业园开展首个合作项目

资料来源：课题组整理归纳

（三）专业化——以专业化为定位推动房地产开发经营模式创新

我国房地产传统开发经营活动主要由房地产开发企业承担，体现为"投资——开发—销售"一体化模式。伴随独立于房地产开发企业的投资基金、轻资产运营企业等蓬勃兴起，房地产价值链开始出现基于专业化的细分，逐步呈现美国模式的特点。房地产开发企业之外的专业投资机构、专业化运营机构等有了更多的市场空间和发展机会，部分房地产开发企业也转型为投资企业、运营企业。

围绕房地产开发运营的专业化，除传统房地产开发企业转型外，也为新的市场主体（如专业化的运营企业）创造新的发展空间，形成新的开发经营模式，从价值链看，对应价值链的分工。

1. 投资专业化

2017年7月，融创以438.44亿元现金收购万达13个文化旅游项目91%的股权。收购之后，这些项目的品牌、规划内容、项目建设和运营管理继续由万达承担，融创按每年每个项目5000万元标准连续20年支付品牌许可使用费给万达，共计130亿元。在这个案例中，融创承担的实际是专业的投资商角色，而万达则转型为专业的运营商。

2. 开发专业化

绿城代建模式，以代建业中处于龙头地位的绿城管理集团为例。2010—2016年，19家代表性房地产开发企业代建项目的总建筑面积累计约11153万m^2，其中绿城管理承担的超过5000万m^2，在市场总额中占有45.4%，接近整体的一半比例。代建项目地区分布广泛，并已经进入全国20个省及直辖市，包括上海、杭州、长沙及三亚等地，以及到海外如印度尼西亚雅加达等。绿城管理集团将中国代建发展划分成三种模式，"代建1.0"是指政府代建，"代建2.0"是指商业代建，"代建3.0"则是代建业务的资本服务，即是引入资本市场力量。目前国内代建业多仍以政府代建及商业代建为主，绿城管理已经积极参与"代建3.0"，未来探索发展的"代建4.0"以按需定制、分级认证及优质优价等原则，打造出委托方、供货商、购房者多方共赢的平台体系。"代建4.0"主要包括：一是确立代建业内的标准，成为其他代建商仿效的崭新模式，例如对项目的分级认证及对供货商的分级管理等；二是为投资方提供一套完整的解决方案，从委托商的要求到代建商项目的实践，提供一个效率化的方式，让两者处理开发过程时遇到的问题；三是打造一个平台让多方合作共赢，互相发挥所长，将品牌的价值输出，为开发商及委托商创造出价值。

万科小股操盘模式。万科在2014年借鉴铁狮门和凯德置地经验的基础上提出小股操盘的模式。万科在合作项目中不控股，以出让股权的方式降低在单一项目上的资金沉淀，通过输出品牌和管理的方式运营房地产项目，进而提高公司的资金使用效率和公司回报率水平。从该公司已经实践的小股操盘项目来看，逐步摆脱了过去单纯对项目收益的依赖，实现了项目收益股权分配、管理费、融资渠道以及手续费等多元的收入弹性，本质上是公司管理能力、品牌优势、融资渠道以及工业化体系的综合实力变现。目前万科的小股操盘战略已经在全国范围内推行。

3. 运营专业化

在房地产转型过程中，除传统房地产开发企业转型外，也有新的市场主体加入，并基于专业化和价值链细分，专注某一链条或某一环节开展经营。

（1）住房租赁运营

以专注于住房租赁运营的公司为例，既有传统开发企业转型而来的万科泊寓，也有新主体如新派公寓、优客逸家等（表2-12）。

部分住房租赁企业与运营品牌　　表2-12

运营品牌	运营理念和运营情况
万科泊寓	在"租购并举"的新时代下，万科成立"泊寓"品牌专门开展住宅租赁业务。2017年泊寓业务已覆盖北京、上海、深圳、广州、杭州、厦门、西安、重庆、苏州等29个城市，共计开业3万间，品牌影响力不断提升。泊寓由万科泊寓直营，无中介，服务于有态度、有活力的城市青年，致力于为漂泊在外的"奋青"们营造公寓式的"家"。通过研究青年群体与租住习惯，在为居住者提供安全、舒适、人性化的居住空间同时，还提供富有青春气息的服务和生活方式以及一年四季不重样的社区活动
新派公寓	青年乐（北京）企业管理有限公司是国内首家致力于投资和管理连锁白领公寓的公司，创建了连锁公寓的运营管理品牌——新派公寓（CYPA: China Young Professionals Apartments）。其目标是用创新提出的Lifestyle（新生活方式）、Home（新的家）、Community（年轻人的社区）的理念，在中国核心城市的交通便利地段为白领打造标准化、完善配套、特色管理的整栋社区化公寓
优客逸家	优客逸家全称是优客逸家（成都）信息科技有限公司，成立于2012年3月，主要经营分散式长租公寓产品，目前在成都、武汉、北京、杭州四地运营。其经营理念是：产品标准化：轻时尚设计、统一家具、品牌家电、免费宽带；服务品牌化：拎包入住、管家服务、定期保洁、房租月付；居住社交化：线上社交、线下活动、同居匹配

资料来源：课题组整理归纳

（2）商业地产开发运营

以万达输出品牌管理模式为例，万达不再担任（或不完全担任）投资者角色，而主要是发挥自身优势，通过输出品牌管理，负责开发运营。2015年4月万达首次提出万达广场轻资产战略，核心就是由专业的投资者负责投资，由万达负责输出品牌管理和运营。万达的轻资产模式分为两个类型：一是投资类万达广场：即投资者"拿钱下订单"，万达负责找地、建设、招商和运营。二是合作类万达广场：即投资者出地又出钱，万达出品牌，负责项目选址、规划设计、工程建设、招商运营，所有投资获得的收益实行七三分成，投资者占七成，万达占三成（也有说是投资方和万达以65:35分成）。2017年万达已开业的205个万达广场中，有31个是轻资产项目，占比约15%。而2017年上半年，新开业万达广场有14个，其中轻资产项目9个；下半年，万达还将新发展万达广场26个，且全部为轻资产项目。

4.资产管理专业化

如中航地产剥离地产业务，专注高端资产管理。公司原核心业务是商业地产的投资、开发与经营，此前已经形成包含购物中心、写字楼、精品公寓、高尚住宅等多业态的综合开发经营模式。2016年下半年，公司筹划并完成了房地产开发业务相关的重大资产出售。重组后公告将退出地产开发业务，未来聚焦物业资产管理业务。重点发展三项核心业务，包括物业及设备设施管理（围绕机构类物业资产），资产经营（现有持有物业，存在大股东资产注入可能），客户一体化服务外包（股东方其他资产支持），成为"物业资产管理及服务外包专业提供商"。

（四）金融化——以基金和REITs为突破延展价值链

传统的房地产开发企业在转型过程中，从过去单纯的从事开发活动，向前端延伸成立房地产基金开展投资、并购，向后端延伸从事资产管理和开展资产证券化。从价值链看，这种转型变化对应价值链的延长。

事实上，房地产天然与金融紧密联系。房地产转型后，房地产与金融通过新的金融工具实现了更为紧密的结合，前端以投资基金为突破，后端以REITs为突破，金融实际上渗透到房地产投资开发经营的每一个环节，形成"房地产基金—房地产企业—资产证券化"闭环。

1. 房地产企业与金融的深度融合

目前，房地产企业与金融深度融合，主要有两类：

（1）全面介入金融业

通过实施"大金融"、"全牌照"战略，转型为金融控股平台。典型的案例有绿地集团、恒大集团等。如绿地集团实施大金融战略，组建绿地金融投资控股集团，已获得包括银行、保险、证券、信托、资产管理等在内多元化金融服务牌照。2014 年绿地集团实现业务经营收入达 4021 亿元，房地产业务只占其半壁江山，逐步从超级地产商转变为金融控股集团。又如恒大集团实施金融全牌照战略。2015 年 11 月，恒大金融集团在深圳前海成立；2017 年 2 月，已获得银行、保险、互联网金融、消费金融、小额贷款公司五类金融牌照，旗下业务包括银行、保险、互联网金融、融资租赁、金交所、保理等金融、类金融业务。

（2）部分介入金融领域

一是通过认购上市金融机构定向增发的股份或二级市场收购上市金融机构股份、收购非上市金融机构股权等手段，参与传统金融业务。如万科认购徽商银行股份，通过与社区金融服务结合探索开辟新的业务领域。二是积极参与互联网金融平台业务。如金地集团、碧桂园集团、佳兆业、泛海控股等房地产企业通过互联网金融平台推出供应链融资、融资租赁、投资理财、网上小额贷款、众筹、P2P 等各类金融产品。另一方面，互联网金融与房地产融合也存在诸多风险，主要包括法律风险、市场风险、信用风险和操作风险等。

2. 房地产业与金融的融合创新

房地产业与金融的融合创新的主要突破方向有二：一是房地产股权投资基金；一是 REITs。

（1）房地产股权投资基金

当前中国经济处于"新常态"发展阶段，经济结构开始调整，整个房地产行业也正在经历从一级增量市场占优到二级存量市场主导的转变，房地产转型升级刻不容缓。从发达国家的实践来看，房地产基金是房地产业的重要投资者，也是重要资金来源渠道之一。从国内看，房地产基金的融资模式可以有效促进房地产转型与进一步纵深式发展。房地产信贷政策的收紧倒逼房地产基金的发展，同时也在一定程度上改变了过去房地产企业以银行贷款为主的间接融资模式，促进了直接融资的发展。房地产基金具有投资期限较长、回报率较高、投资组合灵活、退出机制多样等特点，为房地产企业转型提供资金支持，降低流动性风险，同时也为房地产业发展开辟新的运作模式。

房地产基金可以在不同时点、不同环节介入房地产开发。按照资金投入阶段不同，可以分为土地孵化、地产开发、物业持有、项目并购以及股权合作等基金。按投资获利模式，可以分为三类：一是增值型基金，通过对成熟物业的重新定位和再开发来创造增值收益，如凯德、黑石以及国内的高和资本等；二是机会型基金，通过参与项目开发或持有新兴市场物业来获取高回报，同时也承担相应的高风险，如复星旗下的星浩资本；三是核心型基金，以持有经营成熟出租型物业为主，期限较长，收益主要来自于物业租金，投资者大多是要求稳健回报的长期资本，对风险要求严格，如普洛斯旗下基金等。

（2）REITs

REITs通过投资购物中心、写字楼、酒店、公寓等经营性房地产，将资产份额化后以证券形式出售给投资者，然后按照投资者持有的份额进行租金收入和房地产升值收益的分配。其根本意义在于，将房地产实物证券化后，虽然房地产本身并没有变卖或者流动，但是其作为份额（虚拟化的所有权形式）却在不断地流动，持有人从资本的循环中创造价值、分享价值并获益，而没有证券化的房地产，只有每销售一次，才流通一次，获益者仅是极少数人。REITs将收益分配给更多的投资者，让一般的投资者都能共享房地产发展的成果。从轻资产和重资产等经营模式看，房地产转型同样需要REITs的支持：重资产模式需要通过REITs实现退出；轻资产模式需要REITs持有资产后才能实现轻资产运营。因此，REITs能够为经营型物业提供长期持有资金安排，为前期投资提供退出方式，为社会公众提供投资渠道，是房地产进入存量时代后必不可少一项制度安排。

我国因政策法规等环境尚不完善，标准REITs的推出有待时机进一步成熟。在现有法规框架和市场条件下，比较可行的是发展类REITs。目前已有新派公寓类REITs、保利租赁住房类REITs等产品进行了探索。

第三章　开拓房地产新领域

中国特色社会主义进入新时代，我国社会主要矛盾已经转化为人民日益增长的美好生活需要和不平衡不充分的发展之间的矛盾。城镇化发展新格局、存量房时代及消费结构升级和人口结构变化，促使房地产行业由追求规模向创造美好生活的高质量发展转变，为房地产新领域赋予新的价值诉求，为房地产行业多元化转型提供了更多的机会和挑战。

地产企业通过行业细分、跨界融合等逐步拓展新领域将成为行业趋势。目前，长租公寓、联合办公、文旅地产、养老地产、物流地产等特色地产领域在房地产向新时代转型升级的过程中，已经成为房企多元化转型、打造产业链闭环、实现产业协同发展的行业价值新领域。从部分地产企业拓展新领域的方向来看，有三类：即着眼于细分市场、着眼于补齐短板、着眼于整合资源。

一、拓展细分市场

细分市场是指住宅、商业和办公地产等传统的房地产市场面临新需求，需要延伸和细化创新供给，通过对产品升级、提供多元化服务和配套设施，来创新和开拓细分地产新领域，提升传统地产的丰富度。

如近年来，越来越多的开发企业开始从传统的开发建设销售转变到长期持有租赁，专注于小众需求，积极参与房地产产业链、价值链的各个细分市场，通过对接"互联网+"、社群等新理念，借助新技术、新手段来创新地产业态功能和运营方式、创新性产品供给，以适应和满足青年一代、小微企业等不断演变升级的需求，如住宅领域中的长租公寓、写字楼领域中的联合办公等。

（一）住宅地产细分：长租公寓

2018年3月，国内公寓行业的第一个正式标准《租赁式公寓经营服务规范》正式发布。按照租赁方式，租赁式公寓企业分为长租公寓企业和短租公寓企业。其中，长租公寓企业指的是为特定人群提供一个月（含一个月）以上的居住空间和有限服务的经营企业。在政策东风吹拂及运营商和资本的大力布局下，专业化、品质化、高端化的住宅租赁企业和机构日益壮大，租赁市场日益规范化、规模化。目前，参与长租公寓市场的机构背景主要有房产中介、酒店、互联网公寓、房地产企业四类（表3-1）。

长租公寓的参与主体类型　　　　　　　　　　　　　　表3-1

类型	优势	劣势	代表企业
创业型企业	多为互联网企业，有灵活多变的经营方式	资金不具优势，多为分散式长租公寓；创始人须擅长于公寓经营，否则在扩大规模后，很难降低运营成本、形成盈利	大多数长租公寓企业为创业型企业，如新派公寓、魔方公寓、YOU+、优客逸家、寓间、蘑菇公寓等
房地产开发企业	有资金优势，以集中式获取房源优势为主，改造自身存量住宅项目或其他闲置房屋，改造经验丰富，具有装修改造成本优势	存量住房经营会拖累企业资金周转，影响整体业绩；开发企业对于线下销售及租客需求掌握不及房地产中介机构	万科泊寓、龙湖冠寓、金地草莓社区、旭辉领寓、招商蛇口壹栈、壹间和壹棠
房地产中介机构	与房地产开发企业合作经验丰富，自身营销团队对租客需求更为了解	资金优势不及房地产开发企业，但优于创业企业	链家（自如寓）、我爱我家（相寓）、世联行（红璞）
经济连锁酒店	租客管理经验、存量物业运营经验，将运营差的酒店改造为长租公寓	获取集中式物业的难度大，运营差的酒店通常地段也不好，改为长租公寓后也难以经营；资金无优势	如家（逗号公寓）、住友（漫果公寓）、铂涛（窝趣轻社区）

资料来源：课题组整理

1. 发展机遇

（1）政策驱动：租购并举顶层制度带来发展红利

十九大指出要"加快建立多主体供给、多渠道保障、租购并举"的住房制度，其中加快发展住房租赁是深化住房制度改革的重要内容。2015年以来，中央和地方政府陆续出台相关政策以构建租购并举的住房制度，我国住房租赁市场已迎来"黄金发展期"。目前看，鼓励住房租赁市场发展的措施主要有以下几个方面：①培育租赁住房供应主体，主要包括租赁企业、房地产开发企业、中介和个人，鼓励房地产开发企业售租并举，规范住房租赁中介机构，支持和规范个人出租住房；②鼓励住房租赁消费，主要是引导、鼓励个人的承租行为；③支持租赁住房建设，增加新建租赁住房，同时鼓励改建为租赁住房；④加大政策支持力度，主要包括税收优惠、拓宽融资渠道、增加租赁供地等。省级地方政府也先后发布了关于培育和发展住房租赁市场的指导文件，主要涉及的关键政策包括允许商改住、鼓励个人出租住房、提供金融支持等方面（表3-2）。

中央层面积极鼓励住房租赁市场发展　　　　　　表3-2

时间	出台部门	出台政策和内容
2018年2月	国务院总理《政府工作报告》	支持居民自住购房需求，培育住房租赁市场，发展共有产权住房。加快建立多主体供给、多渠道保障、租购并举的住房制度，让广大人民群众早日实现安居宜居。
2017年7月	住房城乡建设部等九部委	在人口流入城市，多措并举，加快发展住房租赁市场：①培育机构化、规模化住房租赁企业；②建设政府住房租赁交易服务平台；③增加租赁住房有效供应；④创新住房租赁管理和服务体制。
2016年12月	中央经济工作会议	加快住房租赁市场立法，加快机构化、规模化租赁企业发展
2016年6月	国务院办公厅	国务院办公厅关于加快培育和发展住房租赁市场的若干意见
2016年5月	国务院常务会议	培育和发展住房租赁市场，以满足新型城镇化住房的多样化需求
2015年1月	住房城乡建设部	住房城乡建设部关于加快培育和发展住房租赁市场的指导意见

资料来源：课题组整理

核心一二线城市土地出让设置的自持比例的要求，也为长租公寓提供了潜在的市场空间。部分热点城市在土地出让的时候，要求须有15%以上住宅的自持，这就意味着越来越多的开发商将自持物业。如上海市规定自2016年开始，普通住宅用地需自持不低于建筑面积15%的住宅物业用于租赁；深圳市规定，自2017年8月起，以招拍挂方式出让的商品住房用地除按规定配建一定比例的保障性住房或人才住房外，还应按不低于规划建筑面积20%的比例建设自持租赁住房，自持年限为70年；部分城市如上海、北京、佛山还推出100%

自持的地块；2016 年以来，万科、保利、金地、龙湖、首开等房企，在北京、上海、广州、佛山等城市竞得多宗自持地块，自持比例从 36% ~ 100% 不等。

（2）需求驱动：新兴居住租赁需求规模逐步扩大

根据中国指数研究院测算，目前中国租赁市场规模为 1.38 万亿元左右，租赁人口占比为 13%，市场规模和人口占比均远低于美国等发达国家，机构渗透率较低。根据链家研究院测算，未来我国租赁人口比例将会逐步上升，租赁市场规模也会水涨船高，预计 2020 年我国租赁市场人口将接近 2 亿人，市场消费额将达 1.71 万亿元，预计 2030 年将达到 4 万亿元。

目前住房租赁市场中租客八成是 85 后，近半为 90 后，未来也将成为租房市场消费的主力人群。新的租客人群更自我和特立独行，追求提高生活质量，不同于老一辈存钱买房，他们更倾向于享受生活追求小资，具有强烈社交需求。也因为部分年轻人可以从父辈那继承两套以上的房产，没有了买房压力，呈现出更多对财富增值或者对更好生活体验的需求。他们会选择更良好的环境居住，包括配套和服务租房。因此在消费升级的背景下，普通的租赁房屋不可能满足新兴需求，长租公寓领域必定会受益。

（3）供给驱动：长租公寓更加匹配细分市场新需求

长租公寓有效解决传统住房租赁市场存在的供给不平衡、不充分等问题。一是现有住房供应体系中适合城市新居民的可租赁品质住宅供给严重不足，在一些热点城市可租赁房源少，租金波动幅度大，租期不稳定。二是住房租赁市场供给方对租户的其他住房相关服务需求考虑较少，出租房装修品质差，小业主更不太可能为租户提供附加服务，租住过程服务和保障不足。长租公寓企业通过规模化经营，提供标准化的装修和成本较低的物业改造服务，提升租住的生活品质，并提供保洁、维修等配套服务。长租公寓的介入可以改善租客的居住体验、节省房东管理成本、有效协助政府管理，是租赁市场原始状态与各方诉求存在矛盾之后的必然产物。对于租客来说有四大优点：一是长租公寓企业品牌力量强、信誉度较高，以企业信用代替个人房东信用，避免了虚假房源、房东缺乏契约精神；二是长租公寓标准化程度高，包括装修、家电、服务等，避免个人找房遇到的房源质量参差不齐问题；三是长租公寓企业大多拥有互联网和APP渠道，减少了与租客间的信息不对称，简化了租客的下单方式，避免了租客找房费时费力的问题；四是许多长租公寓企业同时还提供搬家、维修、保洁、班车等服务，弥补了租后服务不足的问题。对于业主来说，长租公寓企业与业主签订租赁合同后，统一进行装修和管理，减少了业主自己费心劳力的装修；业主长期包租给企业，企业凭借运营优势可有效提高房屋出租率，减少租客更换频繁导致的长空置期。此外，企业直接对租客出租，也实现了去中介化（表3-3）。

长租公寓与传统住房租赁的比较　　　　表3-3

	长租公寓	传统住房租赁
租金透明度	明码实价	网上标价与实际价格不一致
中介费	无	通常为一个月租金
缴纳方式	租金、各类杂费统一在公寓客户端缴费，操作便捷	缴费渠道不一，操作繁琐
装修水平	风格时尚，普遍优于传统租房	品质良莠不齐、普遍较差
卫生保洁	运营企业有专门清洁人员定期打扫	中介或房东不负责日常保洁
日常维修	运营企业有专人负责维修，大多费用由运营商承担	租客自己负责找维修人员，费用大多自理
配套设施	集中式长租公寓往往配备图书馆、健身房、俱乐部等设施	无
社区营造	集中式长租公寓运营企业往往组织各类社群活动、社区氛围营造力度大	无

资料来源：课题组整理

2.发展特征

（1）城市选择：大多集中于一二线核心城市

城市及区位选址直接决定了长租公寓项目的租金水平及出租率，是能否成功运营的重要前提。从美国经验来看，租赁住房主要分布于大中城市的都市区及周边区域，占比高达88%，其中都市区占比46%。对比美国成熟租赁市场，我国长租公寓行业尚处于起步阶段，长租公寓运营企业主要选择经济发达、流动人口多、房价收入比高、租金增长快的一二线核心城市，在北京、上海、杭州、深圳及广州的布局企业数量较多，集中度较高。房企对自营长租公寓城市布局方面，普遍倾向于集中布局热点一二线城市。主要是由于重点一二线城市经济实力较强，就业情况较好，对人口吸附能力也较强，再加上这些城市房价居高不下，租赁人口较多，从而对租赁市场产生较大的需求量。而对于大量中小城市，住房自有率高、市场规模小、供需矛盾不突出，长租公寓项目布局较少。

房企对长租公寓的布局比较符合企业整体的布局，例如万科泊寓布局城市均是万科进入的城市，泊寓划分为北京区域、广深区域、上海区域、成都区域四大区域，也与万科集团层面划分的四大区域（北京区域、广深区域、上海区域、中西部区域）基本相符。此外，旭辉领寓和龙湖冠寓布局城市均是旭辉和龙湖已进入的城市（表3-4）。

部分房地产企业长租公寓城市布局情况　　　　　表3-4

长租公寓	城市层级	数量	布局城市
万科泊寓	一线城市	4个	北京、上海、广州、深圳
	二线城市	19个	重庆、西安、武汉、长沙、郑州、天津、南京、杭州、厦门、合肥、沈阳、长春、福州、济南、青岛、宁波、苏州、大连、乌鲁木齐
	三四线城市	5个	佛山、芜湖、东莞、徐州、南通
旭辉领寓	一线城市	4个	北京、上海、广州、深圳
	二线城市	11个	杭州、成都、南京、厦门、苏州、天津、西安、重庆、青岛、武汉、郑州
	三四线城市	1个	无锡
龙湖冠寓	一线城市	4个	北京、上海、广州、深圳
	二线城市	20个	成都、重庆、长沙、大连、福州、合肥、杭州、济南、南京、南昌、宁波、南宁、青岛、石家庄、苏州、天津、武汉、厦门、西安、郑州
	三四线城市	3个	无锡、徐州、珠海

资料来源：各长租公寓官网，课题组整理

（2）区位选址：落地交通便利，优质客群集中

大多数房企长租公寓项目的运营模式是集中式的。目前集中式长租公寓项目的区位选址一般考虑以下几个因素：

1）交通最优原则

自营类房企一般选址在地铁站（大型公交站）步行距离 1km，用时 15 分钟范围内。长租公寓租客群体以 26～35 岁间的 80 后或 90 后为主，占比达 58%。这部分租客对交通便利性的诉求最为强烈，因此集中式长租公寓将其选址在地铁或大型公交站步行 15 分钟范围内为宜。以万科泊寓、龙湖冠寓以及旭辉领寓三家自营类房企为例，项目选址一般在距离地铁站或者大型公交车站 900m 以内的范围内，满足了租客对于交通便利的需求（表3-5）。

房企长租公寓部分项目布局的交通邻近情况　　　　　　表 3-5

城市	长租公寓	门店	距地铁站（公里）	距公交站（m）
广州	万科泊寓	棠下店	1.3	261
		智慧城店	2.6	378
		中山八店	0.2	172
上海	万科泊寓	安亭二期店	1.9	10
		安亭一期店	2.4	239
		翡翠公园	2.8	323
		虹桥华南园一期店	2.1	141
		张江国创店	1.2	47
	旭辉领寓	柚米国际社区浦江店	0.3	175
		宝杨路菁社青年社区	1.4	118
		九亭柚米国际社区	0.7	163
		陆家嘴柚米国际社区	0.2	57
北京	万科泊寓	上清店	0.9	93
		劲松店	0.7	191
		长阳半岛店	0.3	507
杭州	万科泊寓	萧山精峰社区	0.6	60
	旭辉领寓	中豪七格柚米国际社区	1.4	250
		西子阳光柚米国际社区	0.4	74

资料来源：CRIC

2）优质客户群集中原则

房企考虑长租公寓项目选址时，交通便利的区位是房企的青睐之地，科创园区周边区域也是房企项目选址的重点选择区域。园区除了租客群体集中、政策扶持等先天优势以外，这里的白领还具备薪资优越、追求生活品质等后天条件，因此大多数房企将其选址在大型园区附近。以万科泊寓、龙湖冠寓以及旭辉领寓三家自营类房企为例，在一线城市以及经济发展较好的二线城市的长租公寓项目选择上来看，大多数的项目都会考虑在其方圆 2km 内有大型科技园的区域选址落地（表 3-6）。

房企长租公寓部分项目布局的园区邻近情况　　　　表 3-6

城市	长租公寓	门店	两公里内的科技园区
广州	万科泊寓	中山八店	广州市荔湾留学生科技园
北京	万科泊寓	上清店	中关村东升科技园
上海	万科泊寓	虹桥华南园一期店	上海现代农业装备科技园
		张江国创店	张江科技园、亚芯科技园
	旭辉领寓	柚米国际社区浦江店	上海 863 软件园
		九亭柚米国际社区	明谷科技园
		陆家嘴柚米国际社区	陆家嘴软件科技园
杭州	万科泊寓	萧山精峰社区	康大博顿科技园
	旭辉领寓	中豪七格柚米国际社区	和达高科生命科技园
		西子阳光柚米国际社区	中国计量大学科技园

资料来源：CRIC

（3）开发方式：有新建型和管理型两类

新建型长租公寓开发方式是指由机构（一般为开发企业）通过招拍挂形式获得土地、新建住房，持有并出租运营的方式。如北京首开集团曾以其 2015 年 11 月招拍挂获取的朝阳区常营乡 1201-602、603 地块建设租赁住房。但这一模式在目前地价房价高企、租售比关系极度扭曲的情况下，企业很难经营。一方面会造成房屋租金定价标准较高、只针对少数企业高管等高收入阶层出租，另一方面也可能会导致开发企业采取各种方式变相出售套现，破坏现有市场规则。而且，新建住房多位置偏远，交通成本完全抵销了低租金优势，市场需求不大，容易造成资源浪费和错配。

管理型长租公寓开发方式是指由机构利用社会存量住房资源，通过包租、托管等方式进行专业化运营的方式。管理型机构目前已有一定的发展基础，如链家自如、我爱我家等的分散式管理，魔方公寓、青客公寓等的集中式管理。管理型租赁既可以实现专业化运作和规范化管理，又能盘活存量住房资源，还满足市场的多样性需求，在目前住房套数与家庭户数之比已开始大于 1 的情况下尤为必要。特别是，如果管理型机构发展起来，将改变目前散租的格局，变政府对众多个人房东的管理为对少数机构的管理，大大提高管理效率。

从布局特征看，长租公寓还分为分散式和集中式出租两种。分散式长租公寓指租赁机构将分散的房源通过包租、托管等方式实施统一的专业化运营管理，是我国当前住房租赁机构运营的主要模式，主要出现在管理型长租公寓开发方式中。集中式长租公寓指机构管理的租赁房源以整栋建筑为主，将旧厂房、酒店、集体宿舍改造成长租公寓进行运营，以魔方公寓、青客公寓等为代表，在新建型和管理型两类开发方式中都有集中式长租公寓出现。

（4）产品定位：根据客群需求，细化产品线

不同于自如散落于各个小区的出租房屋，目前房企的长租公寓项目均为集中式项目，以一栋楼宇为单位，由企业对项目进行统一装修、改造、运营管理。因此相对于分布式公寓，集中式公寓更容易针对不同客群，分层次打造产品。

目前典型房企的长租公寓均有各自的产品线，在长租公寓的客群研究方面，旭辉领寓做的尤为出色。领寓拥有自己的客户研究部门，对白领租客进行了详尽分析。旭辉将长租公寓的目标人群分为三类：第一类是对居住和服务有更高品质要求的外企高管和商务金领；第二类是有一定经济能力但尚无购房能力，看重环境、社交等附加功能的企业白领；第三类是支付能力一般，对租房有安全、便捷、性价比要求的社会新人，如刚毕业的大学生。

针对这三类客户，旭辉领寓打造了对应的三条产品线："品质房型 + 多功能社交空间 + 管家式服务"的博乐诗服务公寓、"精致房型 + 多功能社交空间 + 社群服务"的柚米国际社区和"精小房型 + 多功能使用区域 + 共享空间"

的菁社青年公寓。其中，柚米国际社区是目前领寓的主要产品，占到三类产品的80%。

另外两家龙湖冠寓和万科泊寓也根据不同租客的需求，打造了各自的产品线。如龙湖高端公寓——核桃，中低端公寓——松果和豆豆，主力目标客群定位为20～35岁年轻人。万科的中低端产品泊寓，目前万科长租公寓并无其他产品线，在集团内部有高端产品系峯汇公寓在试运行，但并未全面推广。

（5）户型设计：形式自由，以小取胜

长租公寓一般以散租为主，因此在产品设计上，单个房屋大小一般在$10～60m^2$，再通过LOFT设计、复合型的收纳家具、厨房等空间共享来实现完整的居住功能。$18～25m^2$的建筑面积，即可满足居住、独立卫浴、晾晒、收纳等多个居住需求。

因各个公寓改造的来源不同，或是对标的客户群体不同，也导致了出现了不同公寓其户型大多不一致的现象。如万科上海安亭泊寓店有多达7种户型，从一室一卫到一室一厅一卫，面积在$10～60m^2$不等，而虹桥南华园店则只有三种户型，均为一室一卫，面积在$12～28m^2$，张江国创店则有四种户型，均为一室一厅，面积最高在$56m^2$。

通过比较泊寓、冠寓和领寓三种产品空间大小，可以看到龙湖冠寓的产品面积偏大，其次是万科，最后是旭辉。而旭辉领寓产品面积取决于其创造的产品系，相同产品系的面积差距甚微，各产品系之间的面积差距较大，而泊寓和冠寓的产品大小与其产品系相关性不大，反映出旭辉的领寓产品更接近标准化（表3-7）。

典型房企长租公寓户型空间对比（单位：m^2） 表3-7

长租公寓	产品等级	户型面积	代表门店
万科泊寓	高端	40～115	广州万科峯汇
	中低端	10～56	上海安亭万科泊寓、虹桥南华园店
龙湖冠寓	高端	42～80	西安大兴东路店
	中端	30～42	重庆源著店
	低端	25～30	南京河西大街店

续表

长租公寓	产品等级	户型面积	代表门店
旭辉领寓	高端	> 35	博乐诗
	中端	20～30	柚米国际社区
	低端	< 14	菁社青年社区

资料来源：CRIC

（6）管理服务：数字化运营管理、开拓"公寓+"延伸服务

部分房企采用数字化手段来提高运营效率、减少人力成本，同时获取租客信息、为后期业务盈利提供支持。房企开发的集中式公寓适合整体托管、集体化运营。短期内引入第三方公寓 SaaS 系统，可以让房地产企业快速弥补运营管理层面的人力问题，并支持其在重资产运营模式下快速扩张，带来的边际管理成本递减，获取更多的利润，还可以更好地了解租客群体的生活习惯和消费需求，为新公寓产品和其他盈利性业务的开发提供支持。租房流程线上化、运营流程管理标准化，将是未来房地产企业提高产能、实现规模化的决定因素。如寓小二、蘑菇伙伴等公寓 SaaS+ 系统提供前期销售、房源管理、合同签约、物业管理、账务管理等服务，能有效提高管理运营效率、减少人力成本的投入。以寓小二为例，该平台已服务多家一线房地产企业，管理房源规模超过 30 万套。

部分房地产企业以主营的居住服务为中心，培育"公寓+生态圈"的商业模式，以此增加盈利点。一方面，在提供租房服务的同时，房企为旗下的房产打造租客优先购买等营销手段，多渠道输送品牌印象，也可以延展到后续购房金融服务，实现房地产企业租房与购房的业务协同。链家与自如的内部合作即为典例。另一方面，房地产企业通过自主经营、联合经营或者外包等形式，形成公寓+保洁、公寓+餐饮、公寓+购物等多元化 D2D 服务模式，丰富营业收入来源。如链家旗下的自如，其保洁业务即为重要的盈利增长点，除了为自身 40 万间公寓里的租客提供每月 2 次保洁服务外，自如还向外部市场开放来充分利用保洁人员的闲散时间。又如魔方公寓张江店在开放式公共区域中自营销售咖啡，有效实现了公寓业务的向外延伸。

（7）运营模式：房企侧重于"持有运营"或"持有托管"的重资产模式

重资产模式多见于房企旗下长租公寓，通过开发或并购获取项目获取租金收入及物业增值收益，在运营端则分别选择自主运营或与运营商合作运营的"持有＋运营"或"持有托管"模式。房地产企业在资金和资源上拥有绝对的优势，主要采用重资产、集中式的运营模式（表3-8）。

房企参与长租公寓领域的主要方式对比　　　　表3-8

模式	细分方式	目的	房源	集中/分布	代表案例
房企主导	租售联动	公寓出租与房产销售联动，相互促进	房企新开发项目，以售后回租为主	集中式	重庆西九万科驿
	独立运营	布局获取新盈利点；从租客中发掘潜在购房者	市场存量房源，以租赁为主	集中式为主	广州万科驿金融城店
托管合作	新房增值	为业主提供增值服务，促进房产销售去化	房企新开发项目，以售后回租为主	集中式、分布式	阳光城魔米公寓
	二手盘活	提升物业服务，完善O2O平台服务；获取一定业务收益	社区可出租闲散房源	分布式	绿城服务*合作优客逸家

资料来源：CRIC

一是房企主导，打造自有长租公寓的品牌，如万科、龙湖等房企以组建自有运营团队为主，以时间换取运营业务成长空间，形成万科"泊寓"、龙湖"冠寓"和旭辉"领寓"等长租公寓品牌；

二是托管合作，指房企与专业公寓运营商合作，房企负责组织房源供应，由第三方公寓运营商进行公寓的运营。目的是促进新房项目的销售去化以及盘活二手房源，提升利用效率，完善社区增值服务。如阳光城选择和专业的长租公寓公司寓见公寓进行合作，阳光城负责为寓见公寓提供更多的房源，寓见公寓则负责进行标准化运营和项目管理，包括售前的咨询、预约看房、审核咨询、签约到售后的维修、保洁、换房等提供一站式服务。保利地产成都公司选择与四川优客逸家进行合作，联手打造"UOKO公寓"。双方以位于成都市城南剑南大道的保利星座项目为合作基础，打造满足青年居住需求的租赁产品。保利将提供房屋租赁场所，而优客逸家将按照青年居住标准，提供装修、维护、有偿 O2O 等一系列运营服务。

相比于房地产开发企业，专业中介机构多以轻资产模式切入长租公寓市场。专业化运营企业基于已获取的租赁用地、闲置厂房或商业用房等房源，通过输出专业化开发、建筑改造及运营服务，减轻资金压力，加快公寓品牌扩张。运营商背景的长租公寓运营企业以轻资产模式快速扩张市场，借助在运营领域深耕多年的专业积淀扩大合作范围，占领市场空间。如世联红璞以"绿色、科技、幸福、共享"的新居住产业产品主张，与理念相合的企业进行深度合作，打造全新的居住时代。未来域也是以轻资产模式切入长租公寓市场。

轻重资产并举有利于以降低成本和风险。轻资产运营回款更快、回报周期平均在 3 年左右，有利于快速扩张规模、聚焦运营服务、打造品牌效应；重资产运营模式则面临回报周期长、成本高、扩张慢等挑战，但随着资产证券化道路逐渐明朗，持地块企业在未来可以通过发行类 REITs 出售收益权，快速收回资金完成退出。因此，在探索盈利模式的过程中，房地产企业在前期轻重资产并举，选择"重资产＋轻运营"的产融结合模式，后期视情况逐步增大重资产项目比例，以较小的投入、较低的风险，快速回收成本。目前已有部分房企开启了轻重资产并举的探索道路：龙湖尝试先从轻资产模式入手，通过对有十年以上租约的物业进行改造，以股权合作、委托管理等方式来获取公寓项目；万科采取"统租运营＋物业管理＋综合整治"的轻资产模式，开发完成深圳玉田村项目；旭辉通过与高校合作建设教师和留学生公寓、与持有用地的国企和政府合作（采用 PPP 模式运作共同分享收益）等模式力图轻资产化。

（8）融资渠道：各类公寓运营商融资渠道多样

长租公寓领域在前期需要大量资金准备，企业融资能力对于项目成功具有重要意义。近年来，频繁有资本涌入长租公寓市场。仅 2012—2016 年，长租公寓领域的融资事件 99 起，涉及金额高达 68 亿元。2018 年 4 月 25 日，中国证监会、住房城乡建设部联合发布了《关于推进住房租赁资产证券化相关工作的通知》。截至 2018 年 5 月 11 日，我国市场上已成功发行或已获交易所审批通过的住房租赁资产证券化产品共 14 单，涉及融资规模达 786.4 亿元。目前长租公寓主要的融资方式为建立资产支持计划、债权融资和股权融资,其中较多的是建立资产支持专项计划。

3. 典型案例

多家房企抢滩住房租赁市场,打造业务新增长点。根据《2018年中国房地产百强企业研究报告》,截至2017年年底,已有超过30家房企积极拓展长租公寓业务。多家房企将长租公寓业务作为公司战略的一部分,万科、龙湖、金地、旭辉等百强企业积极抢滩长租公寓业务,并分别建立了泊寓、冠寓、荣尚荟、领寓国际等产品线。如万科作为长租公寓的先行者,2017年已成功在全国范围内开发8.4万间公寓,三年内要做15万套长租公寓,长期将提供100万套公寓,年收入达到155亿元;龙湖将冠寓作为继住宅、商业、物业后的第四大主航道业务,至2017年年底已成功开业逾1.5万间;旭辉领寓国际社区将涵盖服务式公寓、白领公寓和青年公寓等产品,从而覆盖不同的客群需求;未来域未来将在每个省会城市核心地段都建立门店,达到重点发展布局全国的目标;绿地计划全面铺开长租公寓、服务式公寓等运营型产品(表3-9)。

房企长租公寓品牌城市布局 表3-9

房企	品牌	城市	规模
万科	泊寓	北京、广州、上海、深圳及杭州等	截至2018年上半年业务覆盖30个主要城市,累计获取房间数超过16万间,累计开业超过4万间,开业6个月以上项目的平均出租率约92%,每间房租金在1800元左右。已形成青年公寓("泊寓")、家庭公寓、服务式公寓三类产品
龙湖	冠寓	北京、上海、广州、武汉及成都等	截至2018年上半年在16个城市开业52个项目,8个是自持项目,总房间数量超过2万间,整体出租率为76.2%,开业半年以上项目平均出租率达90.1%,2018年底累计开业房间数量将达到6.5万间。计划于2020年实现长租公寓租金收入达20亿元
旭辉	领寓	北京、上海、杭州、重庆等	截至2018年上半年于19座城市落地70个项目,管理规模达到3.5万间,已形成博乐诗、柚米、菁社三条产品线,平均出租率达80%以上。计划用5年时间布局15~16个城市,2021年运营20万间公寓
招商蛇口	壹公寓	北京、上海、重庆、南京、杭州等	截至2018年上半年于8个一二线城市布局长租公寓近2万间,管理规模总计约90万m²

续表

房企	品牌	城市	规模
朗诗	朗诗寓	北京、上海、广州、深圳、杭州等	获取项目数 55 个，确认房量 15040 间
金地	草莓社区	深圳、杭州、上海、昆明等	将于未来两年内实现 3 万间公寓的管理与运营
金地	荣尚荟	深圳、苏州、武汉等	目标是实现 2020 年内，国内开业公寓 80 余家，持房量达到 30000 间
碧桂园	BIG+ 碧家国际社区	北京、上海、广州、深圳、厦门、武汉、东莞等	在营门店 15 个、房源 3098 套，平均出租率 91%；在建房间数已经达到 29185 间，已获取项目的总房间数超过 32283 间；计划在三年内打造 100 万间长租公寓
远洋	邦舍	北京、大连、杭州等	已运营的项目共 5 个，提供 1000 间公寓

资料来源：课题组整理

（1）万科泊寓等

万科是中国最早进入租赁住房市场的开发商。最早于 2006 年即建造了面向城市低收入务工人群和新毕业学生的广州万汇楼项目，该项目虽具有一定的公益性质，但也为公司在长租公寓领域的发展积累了宝贵经验。2014 年年末，公司在长租公寓领域的布局开始加速，于 2015 年推出长租公寓品牌"万科驿"，并在 2016 年 5 月更名为新品牌"泊寓"。万科目前已成为中国首屈一指的集中式长租公寓企业。

一是万科泊寓——致力于满足城市青年人群的中长期需求。截至 2017 年年底，长租品牌"泊寓"在全国 29 个城市开业 96 个项目，已开业房间数超过 3 万间，获取房间数超过 10 万间。2018 年计划新获取 10 万间以上租赁住宅，新开业 5 万间以上。泊寓围绕青年群体及其租赁习惯进行公寓的设计及开发，在提供"产品和空间"的同时提供"服务与生活方式"，一年四季的社区活动满足青年群体的社交需求。在房源获取方面，泊寓以集中租赁为主，其租赁来源为国企、政府、村集体等手中的废旧厂房、办公楼或者住宅，改装为公寓后出租，租期一般为 10～15 年。泊寓盈利主要来自于租金及服务费，虽租金较高但受益于万科品牌及社区化运营仍受市场青睐。2016 年下半年以来，万科积极持有自持地块作为未来长租公寓的载体，基于资金实力、市场资金吸纳力、资本运作能力等方面的优势，万科以自持物业的重资产运营方式建设长租公寓底气相对较足。

二是万汇楼和棠下。万汇楼原为廉价出租房，通过市场重新定位、精简管理、数字化平台搭建，项目很快运营回正，展现了租赁公寓中管理能力对盈利的重要性。其次，广州棠下项目是万科极具战略眼光拿下的，临近网络科技公司的高潜力旧厂房项目。通过对棠下项目的改造，万科泊寓成功盘活老旧厂房，成为供不应求的炙手公寓，同时也为沿街店铺带来了租金涨幅。

万科发展长租公寓具有四方面的优势：

①公司作为千亿级的地产龙头，具有发展长租公寓的渠道和资源优势。比如，公司能够优先包租旧厂房改造成长租公寓项目，同时公司成熟的招商、工程和材料供应体系也能够降低长租公寓的改造和运营成本，并保障其快速扩张。

②发展长租公寓需要充裕的资金支持，公司作为地产龙头无疑具有低成本的融资优势。

③发展公寓能够更好的带动住宅销售业务。以重庆西九·万科驿为例，其之前推出的"用租金抵房款"项目即是为了更好地带动住宅销售。

④依托于万科卓越的产品品质和品牌优势，公司可以吸引更多的合作伙伴，以管理输出的模式加速长租公寓扩张。

（2）招商蛇口壹公寓

壹公寓是招商蛇口旗下的长租公寓业务，隶属园区开发与运营部门，早期为配套宿舍项目，在2009年对部分旧楼进行改造，之后一步步演变成了现今的长租公寓业务。目前长租公寓业务有三条产品线：壹栈、壹间和壹棠，定位各有不同，壹栈主要面向青年白领，壹间定位城市中产，壹棠目标群体是企业高管，更类似于高端酒店式公寓。目前壹公寓总规划建面约50万m^2，对应约1.6万套公寓，全部位于深圳蛇口区域（表3-10）。

招商蛇口壹公寓产品线　　　　　　　　　表 3-10

品牌	壹栈	壹间	壹棠
定位	青年白领公寓	城市中产公寓	服务式公寓
客户	青年白领	城市中产	企业高管
产品户型	40m² 以下	50m² 以下	60m² 左右
价格（元/m²·月）	60～90	100～150	160～250

资料来源：课题组整理

紧密结合"前港—中区—后城"开发模式，定位高端人群。招商蛇口公司定位"中国领先的城市及园区综合开发和运营服务商"，确立"前港—中区—后城"的 PPC 开发模式，该模式以港口先行、产业园区跟进、配套城市新区开发，实现片区的整体发展。招商蛇口基于 PPC 模式打造的长租公寓处于"后城"社区居住环节，港口与园区为片区吸引高端人群。片区内居住人口可实现就业创业、生活服务、商业配套甚至休闲旅游的生命周期服务。

立足先天优势，打造标准化产品。招商蛇口持有大量自有房源且公寓运营经验丰富。招商蛇口旗下长租公寓壹间、壹堂成为世界 500 强企业为员工提供公寓的选择，因此拥有长期稳定的 B2B 客源，相比 C2C 与 B2C 的模式具备租期稳、空置少、溢价高的优势。在目标客户群方面，壹间主要面向都市白领，壹堂的客户约 75% 为境外客户。目前，招商蛇口三个产品线的入住率均超过 95%，其公寓品质与服务得到了广泛的认可。

（3）龙湖冠寓

"冠寓"始于成渝，通过精细化分类运营成为公寓中的精品。龙湖冠寓于 2017 年 3 月在成都、重庆相继开业，两地房源合计 500 间，开业前的出租率均已达 80% 以上。冠寓秉承了龙湖在地产开发上对品质的一贯追求，依托母公司强大的融资能力，希望通过精细化运营与客户细分，将长租公寓这一业务打磨得更有可持续性。目前，"冠寓"已布局北、上、广、深、成、渝等 12 个核心城市，房源数接近 2000 间，计划每年新增 1 万～1.5 万间。公司在成渝区域的品牌影响力是现阶段开拓长租公寓市场最大的竞争优势，同时公司广泛的融资渠道和雄厚的资金实力将助力"冠寓"快速地进行全国化扩张。

（4）旭辉领寓

旭辉的集中式公寓产品"领寓"运营仅半年时间，就已成功进入上海、苏州、杭州、南京等城市，房源数量超过5000套，并提出5年内持有20万间公寓，进入行业前三甲的目标。"领寓"在房源的获取上优势明显，公司将一二线城市项目中自持的部分转化为"领寓"产品，保障了领寓的扩张速度及可持续性。同时，公司与华东师范大学正式签订战略合作，成为了第一家走入校园的公寓，开创了校企合作新模式。

（5）酒店系铂涛窝趣公寓

酒店系运营商主要采取轻资产运营，经营分散式公寓充分发挥其管理能力。铂涛集团于2015年设立了"窝趣"长租公寓品牌，共有两条产品线：针对80、90后都市"新享乐"青年的长租公寓产品——窝趣轻社区，以及针对80后金领精英的长短租兼容产品——窝趣服务式公寓。其目前在北京、上海、广州、深圳以及重庆、杭州、珠海等一二线城市开业12家门店，房间数量接近2000间，已成功签约项目超50个，房量超5000间，其中高达90%是加盟的。窝趣首创公寓行业的加盟模式，采取"直营+托管保底"的方式经营。直营方提供物业或加盟方投资物业，窝趣可在全流程提供专业的投发、筹建、运营团队，确保产品的品质，保证投资收益，窝趣从中提取一定管理费用。

从铂涛窝趣分析，酒店系运营商在长租公寓领域有两大特点：一是强大的连锁管理能力支持分散式公寓，优化经营效率。连锁酒店在IT系统、选房选址、经营人才方面有着广泛基础，窝趣延续做连锁酒店的业务模式，凭借优质的采购供应链和线下管理服务打造分散式公寓；二是海量酒店会员作为客户基础，便于扩张业务群体。铂涛会有8000万会员，与锦江整合后有超过1亿会员，目前已经将一部分人群进行转化，未来还将继续转化会员，提高窝趣的流量入口。

（6）中介系链家分散式自如友家与集中式自如寓

中介系如链家等主要采取轻资产运营，依托中介背景快速获取分散房源。2011年，链家地产成立了定位为资产管理业务的自如事业部。自如做全程代理出租业务，通过住宅精装修为租客提供增值服务。自如2016年从链家独立出来，正式开始独立运营，截至 2018 年 3 月，自如已进入了北京、上海、深圳、杭州、南京、成都、天津、广州、武汉 9 座城市，为超过 25 万业主委托管理 50 万间房源，累计服务 120 万租客（自如客），管理资产规模超过 6000 亿元。

自如长租公寓业务主要包括两条产品线，一是自如友家，是指分散在各小区中的单套精装修普宅，房源整合自链家的租房业务，从业主手中收取房屋再租出，赚差价；二是自如寓，链家统一租赁、经过改造装修再对外散租的集体式公寓，目前在北京、上海两城市共有 10 栋。

从自如来看，中介系运营商经营分散式公寓的优势在于，依托强大的线下门店分布，快速拿到分散的房源。自如的房源主要基于链家的门店网络以及链家和自如自身品牌效应，包括链家导入、自我拓展、第三方合作三种方式。绝大多数房源靠链家经纪人挖掘和推荐，极少数是转介绍或者直接找到自如的。2017 年开始注重直收，专门成立了直收部门，逐渐摆脱对链家的依赖性。但另一方面，作为租赁机构要找到合适的整栋物业不容易。

（7）优客逸家分散式长租公寓

"优客逸家"是定位于房屋租赁管理增值服务的分散式长租公寓品牌，隶属于四川优客投资管理有限公司，成立于 2012 年 3 月，目前在成都、武汉、北京、杭州经营。2015 年 5 月，优客逸家与保利地产签订战略合作协议。2017 年 5 月，优客逸家成都公司净利润转正，创造公寓行业首家盈利先例，为分散式长租公寓做了良好示范。通常选址在城市 CBD 核心商圈、地铁沿线、500m 即达吃喝玩乐的优质生活圈，选择租赁核心地区小面积的住宅房屋特别是毛坯房，进驻后进行统一宜家风格的装修。

重点面向对生活有一定品质要求、愿意为梦想去努力去实践的年轻人出租。租赁流程通常是：租客通过微信账号申请租房，优客根据学历、生活习惯筛选合格租客，过审率约 60%（约有 40% 新客来源于租客推荐），有签约租客认证，即：身份证复印件、租客学生证或单位名片、工牌复印件备案。为了合租室友的稳定性，优客拒绝大多数短租需求的租客，年龄控制在 18～35 岁，带小孩不租、养宠物不租，严格控制每套房的总人数，面积小的房间两个人不租。优客逸家暂时没有男生/女生的公寓，如果同一套房子入住的大多为男生/女生，会尽量匹配同性别的租客。

4. 转型挑战

受限于商业模式和运营模式，当前房地产企业旗下长租公寓在投资收益、项目寻源、运营管理、资产证券化退出等环节面临着严峻的挑战。受投资回报期长、运营难度大、资金需求量大、盈利困难等运营壁垒影响，企业的规模化运营面临较大障碍。

（1）投资回报率低、周期长，需要长期低成本资金支持

当前，全国排名前30的房地产企业已有超过1/3进入了长租公寓市场，然而盈利情况普遍不乐观。根本原因在于当前房企旗下的长租公寓普遍低收益、长回报周期的商业模式，且租金收入是主要盈利点，其他增值服务尚未能匹敌。根据披露信息，旭辉领寓当前租金回报率在4%～5%；万科泊寓仅有2%～3%，至今尚未实现盈利；龙湖则对外公开表示三年内不考虑盈利；很多一线城市的回报率相较重点二线城市更不乐观。

除了较低的投资回报率以外，重资产运营模式还面临着回报周期长、融资渠道少、流动性风险突出、租金涨幅动力缺乏、税收优惠力度小等问题。对于习惯了在新房市场赚快钱的房地产企业而言，无法快速收回资金，将大大限制其在长租公寓市场上的扩张步伐。

（2）中心地段集中式房源获取困难

房企旗下的公寓，主要是自持的闲置房源升级，或通过收购/租赁等方式拿来改造而成。其中，自持的闲置房源大多偏离市中心地段，无法满足租客日常工作出行的需求：包括龙湖、朗诗、金地等主流企业，在一二线城市开发的长租公寓，距离城市中心地段基本都在30分钟车程以上。考虑到租金定价与距离之间的正相关性，较远距离的房源，将会积蓄潜在租赁库存问题。

一方面，由于获取中心地段的集中式房源极其困难，房企只能通过整租偏远地区的工业用地、废弃厂房等非住宅用房进行升级改造。另一方面，中介机构却在房源获取上占据优势。链家目前在全国拥有约8000家门店，超13万经纪人团队，覆盖28个城市；我爱我家在全国拥有2000多家门店和5万多名经纪人团队，共覆盖15个城市。密集的门店、庞大的地推团队，让中介机构能

有效获取市场上的一手业主信息,从而占据核心地段的优质房源。

(3)快速规模化扩张带来运营管理问题

绝大多数房企都制定了短期内快速扩张的目标:万科计划在2018年达到45万间、旭辉计划5年内达到20万间、佳兆业计划3年内达到10万间。如果目标实现,大规模的公寓管理问题,将无可避免。公寓管理包括销售看房、合同签约、物业服务、租金收取、日常保洁、期末收房等一系列工作,而这也将直接影响到租客的居住体验。

一方面,房地产企业自身的运营团队较小,且多以原地产业务人员为主,缺乏相关管理经验。在重资产运营模式下,房地产企业很难像中介机构、酒店等市场参与者一样聚焦于运营管理层面。另一方面,公寓扩张到一定规模后,固定成本将会分摊稀释,而可变成本有可能上升,进而会降低企业利润率。

(4)资产证券化退出面临难题

房地产企业能否继续在重资产运营模式下实现规模化经营,形成资本从投入到退出的闭环的关键因素,在于如何盘活存量资产,将未来稳定可期的现金流兑现。然而,国内资产证券化起步较晚,从2012年试点至今依然不成熟,相关政策落地低于预期,在物业业权、募集范围、收益来源及分配方式等方面仍需完善。例如,部分国内房产项目在竣工很长时间后都未获得房地产证,无法及时满足REITs要求。此外,资产证券化还面临着多重征税、多头监管、法律和会计制度不支持等限制。因此,上述差异将会是未来资产证券化成功退出亟待解决的难题。房地产企业需解决三方面的挑战:如何培养年轻人对长租公寓的兴趣,如何在客群端创造上升的租赁需求,以及如何稳定租金收益率。

(二)办公地产细分:联合办公

联合办公是指提供商为办公物业需求方共享办公设施、观点和知识,及一整套体系化办公增值服务,如日常物业管理、投融资撮合、孵化加速、工商税法外包等,而提供的高效运行的办公空间。联合办公提供商主要通过对存量商办物业更新改造、创新办公形式,通过空间、社群、服务的打造,实现存量盘活。该行业的产业链主要分为三层:上游资源提供者,主要包括土地资源、空间布置和运营系统；中游服务提供者，主要包括联合办公空间和个性化服务提供商；下游是服务使用者,主要可以分为初创企业、独角兽企业、传统企业等（图3-1）。

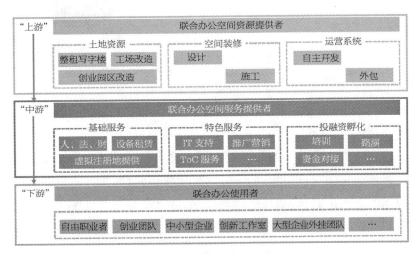

图3-1　联合办公产业链

资料来源：艾瑞咨询

1. 发展机遇

（1）政策驱动：顶层政策支持激活双创热潮

2015年9月，国务院印发《关于加快构建大众创业万众创新支撑平台的指导意见》，提出包括众创平台、众包平台、众扶平台、众筹平台四个概念，其中众创平台指的是可以帮助广大创业者聚集和链接各类创业资源的孵化平台，能够提供部分或全方位的创业服务，创业者可以专注于核心业务，利于创意和创新成果的快速转化。来自顶层政策的支持极大地刺激了我国市场中的创业热情，据工商总局数据显示，2016年一至四季度，全国新登记市场主体分别同比增长10.7%、14.8%、14.8%、6.1%。全年新登记1651.3万户，同比增长11.6%，平均每天新登记4.51万户。至2016年年底，全国实有各类市场主体约8705.4万户，其中，企业2596.1万户，个体工商户约5930万户，农民专业合作社179.4万户。大量新登记市场主体掀起的创业热潮激活了对联合办公空间的需求，从而推动了我国联合办公市场的迅速发展（图3-2）。

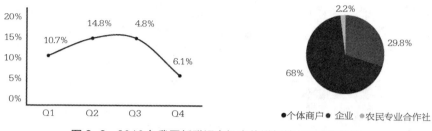

图 3-2　2016 年我国新登记市场主体增长情况和结构情况

资料来源：工商总局

（2）需求驱动：小型化新兴办公需求逐步扩大

双创政策催生了数量庞大的创新、创业企业的出现，办公物业需求趋势正向小型化、移动化和交互化演进。随着接受联合办公形式的公司类型增多，客户群体逐渐向多样化的方向发展，进一步促进了联合办公空间的发展。以氪空间为例，北京氪空间约有 600 家企业入驻，其中约 70% 为科技、互联网企业。与此同时，在剩余约 30% 的传统企业中，较为知名的有顺丰速运、新东方等。而武汉氪空间共入驻约 40 家企业，其中有 15% 左右的公司为传统行业，例如绿格环保、二航路桥的研发部门、海开教育等。由此可见，随着传统行业公司或大企业开始向互联网转型，逐渐将一些特定部门放到这类空间中办公，联合办公空间的用户群体也在不断扩大，这也成为联合办公的又一驱动力。

（3）供给驱动：联合办公更加匹配市场新需求

联合办公运营模式比传统办公楼具有更大的灵活性。与传统办公写字楼相比，联合办公空间可为企业提供多种共享资源，如 Wi-Fi、打印机以及各种不同的工作环境，并且都拥有灵活的签约、使用方式。联合办公空间的用户通常只需按照每周或每月支付工位费，几乎没有订金方面的要求（表 3-11）。

联合办公空间与传统服务式办公楼的对比　　表 3-11

	传统服务式办公楼	联合办公空间
品牌	TEC、Regus、ARCC、Servecorp 等	WeWork、SOHO 3Q、裸心社、优客工场、We+ 等
典型设置	私密办公空间，分配作为，开放空间少，有茶水间，可预订的正规会议室	开放式空间更多，固定分配座位少，无吊顶、分割墙少，有吧台/咖啡厅/多功能区域

续表

	传统服务式办公楼	联合办公空间
文化环境	私密、排他、职业、严肃、安静	开放、协作、轻松休闲、充满乐趣、富有活力、多功能
成本	月租金、需付订金	会籍费、投资初创企业租户
物业类型	传统的甲级、乙级写字楼	办公楼、创意空间、商场等

资料来源：课题组整理

联合办公与传统办公租赁方式相比，具有起步投入成本低（无需投入装修及硬件采购费用）、租赁周期灵活（日付、周付、月付）、沉淀资金少（押金少、付费周期短）等优势。联合办公最常见的收费模式是以工位形式按周期收费，对 15 人以下小团队而言，办公成本相比于传统办公租赁会更加低廉。大型团队入驻联合办公空间，可以获得低于中小型团队的优惠价格，仍然可以获得一定的办公成本节约。因此，ofo（入驻优客工场）、PING++（入驻纳什空间）、钉钉（入驻 Workingdom）、中粮（入驻梦想加）等大型企业也纷纷开始入驻联合办公（图 3-3）。

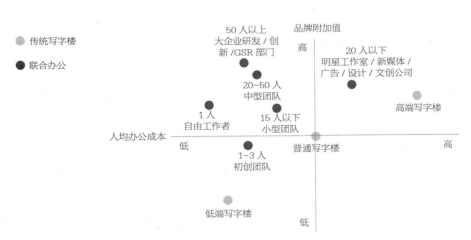

图 3-3　2017 年中国传统写字楼与联合办公用户权衡矩阵示意图
资料来源：艾瑞咨询

2. 发展特征

（1）区位选址：联合办公多选择一线及热点二线城市

不同类型的联合办公空间，选址考量因素不同。整体来看，联合办公多选择一线及热点二线这类经济体量大、经济增速较高、产业及科技发展良好、人口聚集力较强的核心城市，联合办公空间的选址根据其服务的客户不同，选址的倾向与考量均有不同，如金融类、服务类客户，其选址更偏向于城市中心地段的优质物业，一般无需太大面积，但要有较多共享空间；特定产业服务类联合办公空间，其选址更倾向于相关产业园中，方便产业链对接，依靠辅助服务平台快速发展；而大学生创业公司或其他小微公司，选址倾向于非城市中心，但交通方便的地段，容易找到较大空间尺度的闲置物业。

（2）盈利模式：联合办公以收取租金为主

联合办公的盈利模式包括：收取租金、通过提供服务收取相关费用、股权置换、场地溢价等。我国的联合办公现处于起步阶段，盈利模式正处于探索阶段，当前仍以收取租金为主。目前联合办公行业的主要支出在于拿地成本和人员支出，主要收入在于租金，增值服务与政府补贴占收入比例较小。目前联合办公的收入结构中，租金收入占比在 80% 左右，增值业务收入和政府补贴各占 10% 左右。联合办公空间依靠提供低成本的办公环境吸引用户，后续增值服务的提供是其高估值贡献所在。所以，在租金收入占比过大的情况下，只有少数企业能够做到盈利。未来的探索中，需要不断发展具备差异优势的增值业务，使增值业务收入占比上升至 50% 左右，形成体系化的盈利模式（图 3-4）。

（3）运营要素：空间运营、成本控制和融资能力

联合办公空间运营成功的核心要素有空间运营、成本控制和融资能力。空间运营能力是需要通过对原有空间进行改造，提升其空间使用率，在此基础上通过提供不同种类的、优质的增加服务以体现了自身的服务价值，而平台的综合服务质量将成为该类企业的核心壁垒之一。资本的介入可协助企业迅速扩大自身规模，并形成规模效应，建立壁垒。此外，较高的入驻率可以为提供商带来稳定的现金流，降低其服务成本，从而提高平台整体竞争力。

第三章 开拓房地产新领域

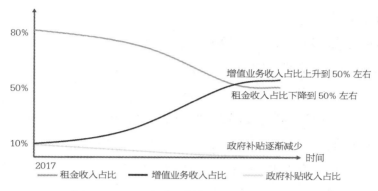

图 3-4　2017 年我国联合办公收入结构示意图

资料来源：艾瑞咨询

（4）融资渠道：投资以天使轮、A 轮为主

从 2015 年起联合办公行业融资事件增加，投资热度上升。投资多以天使轮和 A 轮为主，少数企业发展到 B 轮融资和新三板挂盘阶段。同时，联合办公行业内的战略合作明显增加，业内出现了整合趋势。目前联合办公行业中已出现了一部分领跑者，行业领跑者的业务布局和客群规模都已形成一定优势。但由于潜在市场规模庞大，各个参与者都有较大生长空间（图 3-5）。

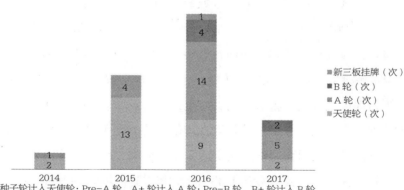

注释：①种子轮计入天使轮；Pre-A 轮、A+ 轮计入 A 轮；Pre-B 轮、B+ 轮计入 B 轮。
②2017 年数据截至 2017 年 6 月 21 日。
③统计口径按此报告对联合办公的定义，剔除不能同时提供办公场地与办公服务的从业企业。

图 3-5　2014—2017 年中国联合办公行业融资轮次

资料来源：艾瑞咨询

3. 典型案例

一些传统地产公司目前也在逐渐涉足联合办公这一领域，如 SOHO 中国旗下的 SOHO 3Q、金地集团的 ibase 原点等。

（1）SOHO 3Q 依托自持地产涉足联合办公

SOHO 3Q 目前在北京和上海两座城市共 19 个 SOHO 3Q 中心，提供近 17000 个工位。同时，SOHO 3Q 也会在自己的联合办公空间提供诸如主题沙龙、路演、相关技能培训等活动。在盈利模式方面，SOHO 3Q 目前收入来源主要有：一是办公座位的租金收入。二是提供办公服务收取费用。三是未来潜在的物业增值。

——产品特色：租赁时间以"周"为单位，租赁机制灵活

SOHO 3Q 是专门为短租需求打造的新型办公产品。其特色体现在租赁时间"短"的特性上，租赁时间以"周"为单位，租赁机制十分灵活。场地选择可以是一个办公桌，也可以是一个办公间。从客户定位来看，SOHO 3Q 是一款服务于有短租办公需求的人士，如有临时短期办公、短期异地出差以及创业起步有创业交流的需求者。产品的定位偏向北京、上海一线城市的高端办公且有短租需求的人士。

——运营方式：依托自持物业改造作为联合办公场所

SOHO 3Q 与其他地产公司旗下的联合办公空间类似，多依托公司原有的自持物业，对其进行装修、改造，然后作为联合办公场所出租。这样的运营方式通常能够降低土地开发成本，但部分地产公司不仅仅是提供联合办公的场所，还会附带提供一些较为重资产的支持服务，例如 SOHO 3Q 还建立了包括能源管理、设备管理和互联网信号管理在内的资源管理平台。这样的做法反而会增加其运营成本，同时在业务扩展初期可能会影响其品牌的灵活度。

不过，根据近日公开发布的消息，即将进驻深圳的 SOHO 3Q 将"考虑采用合作方式进行运营"。考虑到时间、人力等成本，地产公司旗下的联合办公品牌未来或将更多地采用自持地产改造加合作的运营方式。

——运营效果：入市效果较好，后期推广有待考察

从已经上线的运营产品来看，SOHO 3Q 尽管租金相对较高，但其在市场

上的认可度较高。从运营以来，北京的望京SOHO 3Q已经满租，而上海的SOHO 3Q产品也入驻了50%~60%。从规模扩张上，SOHO 3Q已经成功地在北京、上海上线19个项目，总共推出约1.7万个工位。

（2）万科地产——广州万科云工坊

——产品特色："硅谷式"的创业办公空间，强调空间效能最大化

万科云工坊属于开发商主导模式的典型代表。作为万科首个联合办公产品，为其下一步向新一代创业者提供全生命周期的产品奠定了良好的基础。其产品特色主要体现在以下两个方面：一是打造"硅谷式"的创业办公空间。主要服务于互联网科技、设计创意类产业，以线下办公产品作为入口，逐渐培育出开放共融、互通有无的生态型社区，进而与万科的其他业务产品互为补充。二是强调实现了空间效能最大化的提升。其目标是云工坊30平方米的空间设计可达到天河其他办公区域100平方米的实际效用。

——运营模式：自建自营的重资产模式，低租金拎包入住

万科采取自建自营的模式，总体量不大，略带试水意味，而且在前期推广阶段，入驻者可享有较大优惠，单独卡位约每月租金500元，做到全装全配、拎包入住。万科云工坊还推出了企业服务体系1.0版本，从基本服务和增值服务两方面来为企业的生存发展保驾护航。就其盈利模式而言，与优客工场差别不大，除了租金、物业费之外，主要是依靠收取增值服务费来运营，但是因其为重资产运营模式，后续若无新的盈利途径，可能会面临入不敷出的风险。

——运营效果：入驻以互联网科技企业为主，后期效果待检验

2015年7月18日下午，广州万科云工坊举办了产品发布会，作为广州万科旗下首个联合办公空间，迎来9家创业企业的正式入驻。此次首批入驻的9家创业企业，以互联网科技企业为主，入驻的具体效果有待后期检验。

（3）花样年依托园区生态圈的联合办公——花创联合

2015年9月，花样年推出WEWORTH模式，重点打造三大模块：一是由花创咖啡、花样创客、花创基金组成的花创空间（WEMAKER），旨在打造初级孵化器，满足创业刚需客户；二是由联合办公、小企业总部组成的花创联合（WEWORK），主要为改善型客户提供甲级柔性办公；三是由青年公寓、

芝麻唐商业等组成的花创社区（WELINK），三者将形成集工作、生活、休闲于一体的园区生态圈。2015年10月15日，作为花样年创客空间——花创WEWORTH在深圳的首个落地项目，国家集成电路设计深圳产业化基地安博园——ICPARK开园。该园区以"互联网+创投"为特色，通过各种资源和要素整合为入驻企业提供创投服务，除了基础设施和配套的创业咨询外，还包括以物业使用权置换股权的孵化器模式来扶持创业企业。

——产品：空间+服务+创投，产业园3.0+模式打造创业新平台

一是空间：ICPARK在园区功能定位上旨在打造集产业研发、商务办公、商业社区于一体的国家级IC产业基地。这不仅丰富了产品线以满足不同客群的需求，包含了31～53m^{2}精装小空间、75～130m^{2}全景商务办公空间及250～1500m^{2}独立IC设计总部空间，还融合了众创空间、企业公社、联合办公等多种办公形态，来构建园区价值链和生态圈。

二是服务：除了基础的办公服务之外，园区针对初创企业还提供创业导师服务，为创业企业进行方向指导。另外配设了三番哥咖啡，为园区企业提供技术交流与资本对接的开放平台。

三是创投：花样年以ICPARK作为一个孵化器平台，同时对接两方的资源：一方面连接创业者，目前已与创新谷、创客空间、安博电子等拥有优秀资源的企业达成战略合作，目的在于构建渠道，为产业园区输入高质量的项目；另一方面连接金融资本，引入合和年、虎童基金都是为了解决企业从入孵到成长最后到IPO的全程金融服务。

4. 转型挑战

（1）盈利模式尚不成熟

我国的联合办公现处于起步阶段，盈利模式正处于探索阶段，尚不成熟，当前以收取租金为主。联合办公的盈利模式包括：收取租金、通过提供服务收取相关费用、股权置换、场地溢价等。主要支出在于拿地成本和人员支出，主要收入在于租金，增值服务与政府补贴占收入比例较小。由于初创型公司的盈利本身就很少，从中抽到的分红微乎其微，而通过给创业企业提供增值服务获得盈利的通道仍有待打开。虽然联合办公企业都想通过增值服务来实现创收，

但事实上租金收入仍占据联合办公收入的绝大部分。能否建立体系化盈利模式，是行业内企业持续发展的关键所在。

（2）招商缺乏稳定持续客户渠道

品牌建立之初，创始团队往往依靠自身人脉就能实现空间较高的招租率。但随着扩张，创始团队人脉资源的消耗殆尽，挖掘市场客户成为了重点。各大联办空间与中介渠道合作、服务商合作、开发众包系统、老客户激励推介等多种手段去挖掘市场客户，但在实际招商中很难出现一个能够持续稳定的客户渠道。如何打造一支专业的招商团队来应对是值得所有联合办公空间去考虑的。

（3）产品存在同质化竞争

如今联合办公市场的同质化竞争可谓激烈。毛大庆的优客工场、万科云工坊、SOHO3Q、花样年ICPARK等项目都开展得有声有色，但提供的产品和服务类似，都在瓜分着同一个市场份额。如何在众多的市场主体和市场产品及服务中开辟出差异化的品牌，是各个联合办公运营主体未来需要关注的方向。

此外，人才紧缺、行业标准缺失、概念大于实际等问题也不同程度上制约着联合办公空间的发展。

二、补足供给短板

补齐短板是指针对过去房地产业发展的弱项而未来需求增大的业态，诸如养老、旅游、物流等地产领域，缺乏真正有效、有品质的供给，开发企业依托自身优势，通过植入跨行业的资源并升级延伸后续服务，来打造真正符合市场需求的产品，弥补这类地产领域的短板。以养老、文旅和物流等领域为例，由于过去均有开发企业涉足，但项目产品多为营造噱头、实为传统地产开发，并不具备带动效应明显、满足新需求的设施、功能或服务，存在明显的短板。而消费者对养老、度假及经济发展对新兴物流行业的需求持续增长且不断升级。因此，当前部分开发企业谋求通过植入跨行业的资源、升级社群服务来打造真正符合市场新需求的新产品,补齐这类地产领域的短板,如养老地产、文旅地产、物流地产等。

（一）养老地产：适应老龄化加速新趋势

国内养老地产具有投资额大、开发周期长、低密度、产品类型多样等特点，多以租售方式为主，可分为三大类——社区型养老、机构型养老、医养结合型养老，落点城市主要围绕在消费水平较高的一二线城市，大部分定位较为高端，主要为中高经济实力老年群体打造CCRC持续照护服务。有些项目择址在城区，走在市中心养老的概念，有些项目则择址在偏远的郊区，配备完善的设施，主打生态养老。

1. 发展机遇

（1）政策驱动：养老地产相关政策支持力度持续加大

国家对于养老产业政策支持力度持续加大，加快养老地产专业化、规范化发展。养老政策从养老服务体系构建、养老金融机制、养老保险制度、养老地产、医疗养老等多方面指导养老产业的平稳有序发展。据观点指数的不完全统计，2016年共出台了19条养老相关政策，2017年至今制定发布了十余条养老相关政策。2017年，"十三五"国家老龄事业规划落地，未来以居家为基础、社区为依托、机构为补充、医养相结合的多层次养老服务体系将更加完善。2017年12月29日，国家标准委集中发布了《养老机构服务质量基本规范》等1090项国家标准。此次发布的国家标准数量大、涉及面广，包括了养老服务、旅游服务等许多重点领域的国家标准。此外，各地方政府也纷纷出台相应养老规划，比如与居家养老、智慧养老、健康养老、创新土地利用模式等相关的政策法规，加快养老产业化、多元化发展步伐（表3-12）。

国家支持养老产业发展的政策　　　　　　　　　　　表3-12

时间	政策	公布机构
2017年1月23日	关于加快推进养老服务业放管服改革的通知	民政部
2017年2月28日	"十三五"国家老龄事业发展和养老体系建设规划	国务院
2017年3月28日	民政部 财政部关于做好第一批中央财政支持开展居家和社区养老服务改革试点工作的通知	民政部 财政部
2017年6月29日	国务院办公厅关于加快发展商业养老保险的若干意见	国务院

续表

时间	政策	公布机构
2017年8月24日	民政部 国家标准委关于印发《养老服务标准体系建设指南》的通知	民政部
2017年10月17日	民政部办公厅 发改委办公厅关于确定第二批公办养老机构改革试点地区的通知	民政部 发改委
2017年11月10日	关于确定第二批中央财政支持开展居家和社区养老服务改革试点地区的通知	民政部
2018年3月26日	关于对养老服务体系建设福利彩票公益金激励名单进行公示的通知	民政部

资料来源：课题组整理

（2）需求驱动：我国养老需求规模不断扩大

中国老龄化持续加速，供需不均将持续影响养老产业市场。截至2016年底，我国超过65岁的老龄人口突破1.5亿人，占总人口的10.8%。而各类养老床位合计730.2万张，每千名老年人拥有养老床位31.6张。到2020年，65周岁及以上老龄人口占比预计达到12%，85岁以上高龄老年人将增加到2900万人左右，独居和空巢老年人将增加到约1.18亿人，老年抚养比将提高到28%左右。据相关统计预计，"十三五"期间，我国养老市场消费将超过10万亿元。

（3）供给驱动：养老地产市场供给存在缺口

老年公寓的建设供不应求是我国养老地产面临的一大困境。在国外发达国家，住进老年公寓和养老机构的老年人约占老年人总数的5%~7%。以2017年末数据计算，2017年末全国养老机构床位数为714.2万张，而65岁及以上的老年人口为1.58亿人，约占总人口的11.4%，床位总数除以65岁及以上的老年人口约为4.5%，以5%的标准计算的话，仍有约75.8万张的床位缺口，随着人口老龄化的发展，若养老项目跟不上老龄化的速度，未来仍将处于供需不平衡的状态。

我国目前养老项目产品层次较低、服务属性不足。养老地产是集餐饮、娱乐、养生、保健于一体，将住宅、服务、医疗、旅游、度假、教育等产品全方位结合起来，核心并非住宅产品，而是完善的配套设施和增值服务。但就目前情况而言，大多养老项目产品层次较低，国内开发商在建设养老项目时更关注开发而非服务，使得养老项目最终成了针对老年人的普通住宅项目，丧失了老年住宅最本质的意义。在微观设计上，许多建筑中仍然存在较多不符合规定的过陡或过长的无障碍通道，给老人生活带来了极大的不便；在产品设计上，开关使用和电器安全性有欠考虑；住宅内缺少专门针对老年人的智能化硬件设备，比如紧急电子呼叫系统、电子门锁等。由于养老地产客户群体的特殊性，其核心必然在于地产之外的种种增值服务，比如管家式服务、医护服务、活动组织、日常课程以及饮食护理等，而这些对于现在的养老项目而言是一大缺失，亟待完善。

2. 发展特征

在养老产业布局上，房地产开发商为第一大参与主体，其拥有的不动产所有权、强大的资金后盾、丰富的开发运营经验、客群资源为最大的优势，能促进养老地产蓬勃发展。从房企的养老地产布局中可看出，基本以机构养老和社区养老为主，结合不同的创新模式和产品概念贴近不同老年人的需求，打造复合型、生态型的综合养老服务项目。

（1）开发模式：房企多以合作开发、并购为主

目前，房地产开发企业通过直接合作以及并购相关专业养老企业是主要的养老地产开发模式。不仅可以降低成本及风险、拓宽资金渠道，同时还能整合多方资源优势，促使养老项目向专业化、系统化、创新多元化的方向发展。常见的有房企与其他企业合作、房企与险资合作开发、房企与养老机构合作开发、险资与养老机构合作开发等类型。此外，还有政企合作模式。如万科借助自身优质的养老运营经验，通过实践摸索出一套行之有效的政企合作养老模式。2016年，万科随园嘉树与深圳市福田区民政局签署福田区福利中心PPP试点项目协议，于2017年正式接管福利中心，接收原有运营服务团队，负责现有老人的日常照护服务，打造集托养、日间照料、居家养老、医养结合"四位一体"的"没有围墙的养老院"（表3-13）。

房企转型养老地产的开发模式　　　　　　　　表3-13

合作开发类型	开发模式	养老项目	项目内容
房企与险资	合作成立基金用于产品运营	—	—

续表

合作开发类型	开发模式	养老项目	项目内容
房企与其他企业	万科与北控合作开发	怡园光熙长者公寓	医养结合，以康复为主的持续照料型长者公寓
房企与养老机构	中国天地控股与澳洲退休社区开发运营企业 AVEO Group 合作开发	天地健康城	高端型退休生活式养老社区
	远洋与投资商 CPM、美国最大的养老运营商之一 Emeritus 合作开发	椿萱茂－凯健	高端养老公寓
	绿地与上海和佑养老集团合作开发	和佑万家居家养老服务中心	养老服务中心
险资与养老机构	中国人寿与美国最大的非上市养老运营管理机构 Merrill Gardens 联手开发	苏州阳澄湖养老社区	跨代型中高端养生养老社区

资料来源：中国指数研究院。

（2）产品特征：提供多元化优质服务

养老地产是集餐饮、娱乐、养生、保健于一体，将住宅、服务、医疗、旅游、度假、教育等产品全方位结合起来，核心并非住宅产品，而是完善的配套设施和增值服务。由于养老地产客户群体的特殊性，其核心在于地产之外的种种增值服务，比如管家式服务、医护服务、活动组织、日常课程以及饮食护理等。如远洋的椿萱茂引入源自美国的养老服务理念、运营体系、照料经验，面向全龄长者，提供全生命周期的各层级服务、护理，包括生活服务、生活照料、失智照护、康复服务、医疗护理、临终关怀、健康管理、养生保健以及日间照料和居家服务等全周期、链条化的养老服务。

（3）盈利模式：有长期持有型、销售型和租售结合型三类

——长期持有型。持有型养老地产是指项目的产权仍在经营者手里，出售使用权给消费者。优势在于投资者能够保障项目的管理效果和服务水平，在长期的持有中根据市场反应调整运营策略，积累项目口碑和知名度，投资者也能获得持续稳定的回报。但劣势在于养老地产的运营收益率在8%～12%，收益率并不是太高，致使投资回报周期长，前期资金投入压力大，容易导致投资者资金缺乏退出困难。

持有型养老地产目前常见盈利模式有三种：押金制、会员制、保单捆绑制。

押金制是指老年人先缴纳一笔押金，然后每月支付租金，押金最后返还。但这种模式会导致前期回笼的资金很少，容易面临资金链断裂的危险，因此需要保证前期有足够的现金。北京市首个"医养结合"试点养老机构——双井恭和苑正是采用这种模式。会员制一般是前期缴纳高额会费，这部分收入可以回收一部分的房屋建设成本，再根据所住房型每年缴纳管理费，这部分则成为养老产业的主要收入。其盈利是以房屋出租收益为主，配套产品经营收益为辅。上海亲和源正是典型会员制高端养老社区。保单捆绑制则是指入住的养老项目与寿险公司的保单挂钩，投保者在购买保险计划的同时获得入住养老社区的权利，保险合同产生的利益可用于来支付社区每月的房屋租金和居家费用。如泰康人寿的"泰康之家"养老社区是保险产品挂钩养老社区。

——销售型。销售型的养老地产，是相对于普通住宅增加一些适老化设计，或者在社区增加嵌入式的养老服务中心，然后通过销售物业来回笼资金，且没有后续管理问题。国内初期发展阶段的养老地产大多是采取销售型的运作模式，既能给房地产开发商一个试水养老产业的机会，又能降低因投资回报周期过长而带来的资金风险。如绿城乌镇雅园、平安和悦·江南、天地健康城等都是此类项目。

——租售结合型。租售结合型的项目通常是包括住宅和老年公寓两部分，住宅包括普通公寓和别墅以用来销售，是回收资金的主力并对持有型物业形成支持，而老年公寓则嵌入普通社区用于出租。项目社区内通常都配备专门的养老设施，如护理中心、照料中心以及老年娱乐生活设施等。如万科幸福汇老年公寓。这种模式能够降低资金风险，并进行更为灵活的管理。

3. 典型案例

养老地产成房地产转型升级新热点。随着一系列政策的落地，老龄化社会催生的"银发经济"促使众多保险企业和房企纷纷进军养老地产项目，通过跨界合作、资源共享创新养老地产运作模式。国内上市房企中涉足养老地产的有20余家，入行较早和发展较成熟的企业主要有三家：万科集团、远洋集团、复星集团，三家企业所涉项目各有特色。从城市布局来看，三家企业的策略基本一致，布局一二线重点城市。由于大城市的消费水平普遍较高，而人们的消费观也较为超前,小城市的老人则更倾向于居家养老,故目前国内养老项目布局主要集中在一二线城市。从项目数量来看,万科的项目总数多达181个,平均最低收费约4714元/月;远洋的项目共20个,已开业的为12个,平均最低消费约6221元/月;复星的项目共计37个,平均最低消费约5500元/月。从类型上看,万科涵盖了国内养老地产的三大类——社区型养老、机构型养老、医养结合型养老,大部分项目实行租售并举的模式,销售部分能够有效快速回笼资金,但因前期投入资金巨大,故现金流转正需要很长时间;远洋集团主要开展机构型养老业务,实行只租不售的模式,收取用户会员费和月服务费用,现平均入住率已满60%,实现了收支平衡。复星则以社区型养老为主,同时开展一部分养老护理机构,提供床位总数量超过4000张,旗下拥有近30个居家一体化照护中心等社区项目,一般实行只租不售的模式,按月收取服务费用。

(1)远洋创新服务模式、专注高端养老和社区养老

远洋集团与美国拥有30多年先进运营管理经验及服务体系的专业养老机构Meridian Senior Living于2012年展开深度合作,成立了专业养老业务公司——远洋养老运营管理有限公司。2013年,远洋集团正式推出旗下高品质养老服务品牌"椿萱茂"。2016年,远洋·椿萱茂已成为国内高端养老行业的标杆品牌。远洋·椿萱茂陆续进入上海、广州、武汉、成都等城市,开启品牌连锁化的布局版图。

聚焦社区养老,远洋首创"公益养老"新模式,推出全国首个短期托老服务项目。2016年7月,远洋之帆公益基金会与远洋服务旗下椿萱茂、海医汇、远洋亿家三大服务品牌联合推出全国首个短期托老服务公益示范项目——颐和之家,首创"公益养老"新模式,聚焦社区养老服务,项目依托远洋椿萱茂老年公寓,为社区老人提供最长7天6晚的高质量免费短期托老服务,为子女因短期出差或出游、老人无人照料的家庭提供一站式解决方案,开创养老服务新模式。

(2)万科养老地产涵盖三大类型

万科从养老地产到养老产业,实现产品线与服务体系构建。2016年万科养老拓展市场化道路。万科深耕北京、上海、广州、深圳、杭州、成都等核心

城市，重点布局10个左右"三高"（老人基数高、人均可支配收入高、医疗水平高）城市，养老业务将发展成独立业务板块。万科已明确其机构型、CCRC型、社区嵌入型三大养老业务方向（图3-6）。

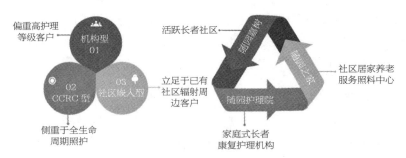

图3-6　万科养老三大业务方向与三大产品线

资料来源：中国指数研究院

万科整合了随园嘉树、随园护理院、随园之家三大产品线，成立了浙江随园养老发展有限公司。随园嘉树、随园护理院、随园之家既作为各自独立的业务体系，同时又互为支撑，从而形成覆盖全龄、全域长者养老服务以及自身业务体系之间的产业链闭环。

（3）复星成立养老子公司探索CCRC模式

作为复星首个养老项目——星堡中环养老社区，是中美合资的高端养老项目，采用的是国内尚处试水阶段的持续照料退休社区模式（CCRC），为老年人提供自理、介护、介助一体化的居住设施和服务。为更好地推进养老产业的发展，复星成立了全资子公司星健。作为复星地产旗下的大健康投资和运营平台，星健聚焦"医、康、养"整合式照护体系，全方位探索养老产业模式的创新和运营能力的提升。星健尝试寻找机构型养老的效率，以及社区、小微、居家型养老服务客户体验之间的平衡，而宁波的星健兰庭项目（CCRC）则是其养老服务项目代表之作。

（4）小结：项目数量不多，尚处于试水阶段

国内做养老地产的房企，项目数量不多，尚处于试水阶段。随着市场规模

的壮大与规范，项目定位方面逐渐分为三大派，一是以万科为代表的涵盖大中小型养老机构，针对不同的人群开发不同等级的项目，这将有利于长远的发展。二是以复星、远洋为代表的，主要开发高端养老机构，规模普遍较大，覆盖了不同年龄段的老人需求。三是小型社区护理中心，这类型机构需要的投资相对较小，风险也较低。

4．转型挑战

（1）养老地产政策顶层设计尚待完善

由于养老地产作为给特殊人群提供的产品，带有一定的社会福利性质，所以政府的政策扶持对其发展至关重要。虽然自2013年以来与养老相关的政策频频出台，但是要促进养老相关产业、企业快速发展，中央政策法规顶层设计仍待完善。土地方面，"医卫慈善用地"仍然存在不允许贷款抵押等融资限制，养老设施用地在地方仍未纳入用地计划之中；政策优惠方面，营利性养老机构尚未纳入政府支持中，致使社会资本参与养老企业的信心受挫、动力不足；医养结合方面，医保门槛过高、医疗资源配置不合理、安全环节监管不力等问题仍然未能消除，导致医疗资源与养老资源无法真正实现互通。

（2）开发资金需求量大、资金回收期长、金融支持不足

养老地产初始开发资金投入量大。目前大多数养老项目的土地都是居住、商业用地，土地成本高昂。此外，养老地产中还包括医疗、康复护理、交通等重要配套设施投入，以及还需要向医护人员培训、物业经营领域等延伸。养老地产不同于传统的住宅和商业项目，能够实现快周转，现金流能够及时得到补充。若计算土地及前期投入的建安成本，养老地产项目资金回收期可能长达30年。因此资金回收周期长导致房企面临着很大的资金压力。

而就融资方面而言，我国养老地产面临的困境之一便是缺少足够的金融工具支持，特别是长期的、较低成本的资金支持。中国目前养老市场融资渠道虽然多，但路径依然狭窄。由于投资量大、周期长、盈利模式不清晰，从事养老地产项目开发的企业往往很难获得银行贷款。融资又受到整个股市环境影响，民间融资成本太高，刚起步的信托基金尚不够成熟。近年来，国家对于养老地产的扶持力度加大，从土地、资金、税费等方面出台相关政策，养老地产在资

金方面的阻碍将会越来越少。

未来，养老产业基金、养老保险基金、养老地产 REITs 或许将成为金融创新的重点方向。企业可通过拓展多种外源性融资手段来补充资金。公司合作：多家公司共同合作开发项目，能够更好地整合资源，利于专业化分工。BOT 模式：该模式指政府通过契约授予企业有期限专营权，准许企业融资建设公用设施并赚取利润，期限满后，公用设施将无偿移交给政府。BOT 项目的债务不计入企业的资产负债表，企业可借此筹集更多的资金。ABS 模式：以项目的资产和未来收益为基础，通过发行证券募集资金。

（3）盈利模式仍待创新

目前养老地产的盈利模式主要有销售、持有和销售持有并存的三个模式。销售模式虽然风险小，但是其放弃了居住之外的衍生价值，导致和普通住宅开发同质化，对"养老地产"长期运营服务理念的体现不明显。持有模式虽然可以通过增值服务带来额外价值，但是需要雄厚的资金支持，且增值服务获得高利润需要人才、完善的配套设施作为保障。持有加销售模式针对前期资本投入和后期盈利问题而产生，虽然在一定程度上缓解了难题，但是仍然阻碍了大部分房企涉足养老地产领域。

（二）文旅地产：适应深度体验新需求

文旅地产，指所有与旅游业相关的物业类型。主要包括三类：旅游景点地产、旅游商业地产、旅游住宅地产。其表现形态有休闲度假村、主题公园、旅游培训基地、会议中心、产权酒店、分时度假酒店、高尔夫度假村、风景名胜度假村等旅游房地产项目。旅游度假类项目通常远离市区，完善配套是项目开发的前提，先做旅游后做地产，增强休闲娱乐项目的丰富性和参与性，变观光为度假，实现旅游资源向地产价值的转变是项目成功开发的关键。

1. 发展机遇

（1）政策驱动：政策频繁出台促进文旅地产专业化、规范化发展

文化旅游方向政策利好频现，引导文旅地产市场规范化、专业化发展，一定程度上缓解发展商面临的资金压力。由国家发布的针对文旅地产的政策来看，

分为三大类：一是坚持旅游个性化、特色化发展方向，大力发展具有地方特色的商业街区，积极发展老年旅游、支持研学旅行发展、积极发展中医药健康旅游，鼓励发展特色餐饮、主题酒店；二是规范文旅地产，合理开发旅游资源，经营、管理旅游景区；三是对文旅地产项目提供财政、土地支持，支持旅游企业发展多元化融资渠道和方式，鼓励有条件的上市公司上市融资。其中在金融支持方面，从2009年至今，国家共出台超过50条支持文旅产业发展的相关财政政策。同时，随着文旅地产的兴起和快速发展，许多问题开始浮现，国家开始明文规范文旅地产市场。2018年4月，国家发改委等五部门联合印发《关于规范主题公园建设发展的指导意见》，该意见要求严禁以主题公园建设名义占用各类保护区或破坏生态，严格控制主题公园周边的房地产开发，不得与主题公园捆绑供地和审批。

（2）需求驱动：深度体验型消费需求规模不断扩大且持续升级

我国文旅地产需求开始由观光游览向深度体验转变且不断升级。近年来，我国旅游市场发展迅猛。2015年，我国旅游人数达40亿人次，出境游1.2亿人次，总收入超过4万亿元。世界旅游组织预测，到2020年，我国将成为世界第一旅游目的地和第四大客源市场。据中国旅游协会公布的数据统计，我国58%的旅行者在计划明年的旅行时，表示更愿意把钱花在"体验"而非"物质"上，45%的旅行者出行目的地选择上会更加偏"冒险"一些，而47%的人则想要抢"鲜"涉足周边朋友都不曾去过的地方，40%的旅行者对体验SPA或疗养之旅感兴趣，而38%的旅行者则想要尝试养生、健身之旅。国内文旅正在由纯观光向深度体验游转变。在未来，文旅项目当中诸如生态游、探险、深度游将越来越受到市场欢迎，各种健康SPA、健身活动、冥想场地和户外设施也将变得更为常见。

（3）供给驱动：以服务和设施经营为核心的文旅地产供给不足

同质化、纯粹地产销售型项目供给难以匹配以服务和设施经营为核心的文旅新需求。过往文旅一直被用来作为拿地或营销的噱头，概念强于落地。不少开发商打着旅游的口号圈地，而实质只是依靠卖房子、卖门票来赚钱。国内大部分文旅项目还是以"销售"为导向，不注重运营只着重于卖房子，导致云南、青岛、秦皇岛等地出现大量的文旅地产库存。随着在线旅游、分时度假等模式兴起，未来将会出现更多的度假方式可供选择，消费方式与需求也随之发生变化，很多人不再愿意拿钱去买度假房。三亚、云南、巽寮湾等区域的文旅地产项目均遭遇销售缓慢、后续缺乏人气的问题，给开发商带来很大的资金压力。由此可见，"以地产形式短线套取暴利"的发展模式已经难以为继。作为以服务为核心的文旅地产需要注重和关注消费特征及市场需求变化、市场环境变化等诸多因素，依靠良好的运营使资产保值、增值，逐步实现旅游业、文化产业、房地产业密切结合，告别以往单一的房地产业态和文旅概念，真正着眼于资产运营层面而非营销层面，真正解决市场所面临的需求。

2. 发展特征

（1）项目种类：主要以山地、滨海、湖滨、主题公园为主

按照项目卖点来区分，我国文旅项目种类主要以山地、滨海、湖滨、主题公园为主。近年来特色小镇的发展也较为迅猛，相信未来特色小镇也将成为文旅地产的主流之一，其中文旅小镇占4%、主题公园占13%、滨海占13%、山地占24%、湖滨占29%（图3-7）。

项目类型	资源特征	核心产品	开发要点	典型案例
滨湖类	主要分布在江浙地区，以水域为核心景观，项目表现为滨湖区域、湖心岛	酒店、别墅、公寓、游艇	注重湖泊的文化价值挖掘和区域品牌营销，打造游艇类亲水旅游项目，以高星级酒店带动整体项目的高端开发	■千岛湖开元度假村 ■绿城千岛湖度假公寓
滨海类	海南、环渤海区域，资源稀缺，客户辐射范围广	酒店、别墅、公寓、高尔夫、游艇	规模性开发，国际化营销，优先完善海滩景观，产品类型丰富，产品线长，注重后续经营托管	■半山半岛 ■雅居乐清水湾
温泉类	分布在地热资源丰富区域，目前有人工温泉可利用	酒店、别墅、公寓、休闲养生项目	产品由"小而精"向"大而全"的复合型旅游地产发展，目前多采用温泉和其他功能复合开发	■九华山庄温泉度假酒店 ■中山温泉宾馆
高尔夫	以广州和海南为主，需要高端客户群支撑，用地受到严格控制	高尔夫球场、酒店、别墅等	项目在资金、资源整合、客户等多方面均有很高的门槛，需要与高端别墅嫁接，完善高端服务体系	■深圳观澜湖高尔夫社区 ■南京中山国际高尔夫

图3-7 文旅地产项目类型

资料来源：课题组整理

——滨湖类项目。主要依靠自然湖景资源，采用万豪、希尔顿等高星级酒店提升项目档次，酒店由专业公司运营。高档次的项目集中分布在湖泊密集经济发达的长三角区域。品牌价值上升最快，营销最为成功，开发成熟的当属千岛湖，较成熟的项目为千岛湖开元度假村、绿城千岛湖度假公寓。

　　——滨海类项目。主要依托大海与沙滩，丰富度假内容，形成旅游度假与居住的结合体。滨海项目集中在海南、青岛、威海等滨海区域城市，

　　——温泉类项目。主要依托地热温泉资源，通常与养生、休闲娱乐、会展商务相结合，形成以温泉资源为核心，集旅游、休闲、度假、居住为主要功能的复合型文旅地产项目。代表项目：九华山庄、上海太阳岛高尔夫温泉度假村、珠海海泉湾。

　　——高尔夫类项目。主要结合旅游和房地产两个方面进行开发，在球场周边建设别墅和酒店，通过房地产盈利。产品选择上，以高端客户为切入点，打造别墅+酒店+配套关联性开发，提高综合服务水平，提升高尔夫项目吸引力。

　　（2）产品类别：主题型、景点型、酒店型

　　按照产品类别来区分，国内的文旅地产类型可分为：主题游乐型、景点依托型、度假酒店型。主题游乐型主要用主题公园带动配套商业和地产项目，华侨城便是应用此模式的代表，欢乐谷就是国内著名的主题乐园案例；景点依托型是一度被批评为利用旅游的幌子疯狂圈地的一派，自然资源永远是稀缺的，但最关键的还是如何协调地产和旅游产业比例的问题；度假酒店型解决的是旅游度假最基本的住宿问题，一般与其他类型共同建设，但不通过其他类型地产项目来弥补经营缺口，而是独立运营。

　　（3）盈利模式：地产销售+旅游经营

　　国内文旅地产的盈利来源可归纳为两大板块：一是地产销售；二是旅游经营。地产销售是依附在旅游经营上面的，旅游经营聚拢人气、带动地产销售，卖房可以快速回笼资金，然后再投入文旅项目的开发中。地产业务的利润率高，就华侨城而言，地产业务每年为其贡献约80%的利润。但间接的价值创造核心还是旅游业务，优秀的文旅项目都具有鲜明的文化特色、独有的产业、服务等，

能够很好地带动配套住宅的销售。而旅游经营的盈利模式则可细分为"高尔夫庄园"模式、"温泉会都"模式、"文化度假酒店综合体"模式、"休闲 MALL"模式、"主题文化小镇"模式、"特色景区综合体"模式、"多元休闲综合体"共七大模式。通过各类旅游设施的经营，提升品牌效应和吸引力，带动文旅地产的租售。如万达的长白山国际旅游度假区、深圳的东部华侨城等专注于做旅游，通过建设优秀的度假区带动周边房地产销售；又如一些影视小镇，结合文化产业来做旅游通过影视产业带动景区的人气，实现商业收益。

3. 典型案例

目前已有超过 1/3 的百强房企进入了文旅地产领域，如恒大、碧桂园、万科、华润、蓝光等百强企业纷纷布局文旅地产，分别打造童世界主题乐园、吉林松花湖、"水果侠"主题文旅乐园等项目。

（1）万科重点推进滑雪度假主题文旅地产

在万科三十多年的发展过程中，文旅地产项目并不多，外界比较熟知的是万科滑雪度假项目。万科吉林松花湖度假区项目于 2014 年 12 月开业。整个度假区占地 20 平方公里，总投资 400 亿元，共分 3 期开发，一期主要开发滑雪场、索道、酒店、商业街和公寓等产品，整个项目开发周期长达 20 年。吉林万科松花湖之后，万科又相继签下了桥山北大壶以及北京石京龙两个滑雪项目。

此外，2007 年来，万科还在三亚接连开发了万科森林度假公园、万科湖畔度假公园两个文旅地产项目。三亚万科森林度假公园总占地面积 2000 亩，其中三亚国际康体养身中心 1464 亩。万科森林度假公园分六期开发，网上楼盘动态显示，该项目五期已全部体售罄，六期产品于 2017 年底推出。三亚万科湖畔度假公园位于三亚市主干道迎宾路中段，整个项目总占地面积约为 655 亩，总建筑面积约 63.1 万 m^2，由酒店式公寓、产权式酒店、湖畔特色商业街、自行车赛道、足球基地、运动聚集地等组成。

2017 年 6 月，万科收购云南澄江太阳山国际生态旅游休闲度假社区项目。项目位于抚湖边、太阳山上，总占地面积 6618 亩，距离昆明市 70 余公里，是一个集生态保护、体育运动赛事、养生保健、文化娱乐、商务会展、美食购物、短憩长居为一体的综合性生态旅游休闲度假社区。该项目分三期建设：一期近一千亩,位于环湖路内侧,三面临湖,包括了希尔顿酒店及澜湖云南会所、高尚体育运动公园等;二期云梦谷位于环湖路东侧,占地 4000 余亩,有别墅、公寓、峡谷公园以及观澜湖高尚体育运动公园;三期天晴湾正在规划中。

(2)恒大文旅项目注重一体化植入大规模复合式配套设施

目前,恒大已先后打造中国海花岛、海上威尼斯、海口文旅城、海上夏威夷等多个度假项目。2015 年,恒大集团斥资 1600 亿元打造了世界最大人工岛——海花岛。2016 年,恒大集团斥资 500 亿元,推出北京恒大文化旅游城度假胜地。北京恒大文化旅游城项目占地 15000 亩,集超五星白金酒店集群、五国顶级温泉小镇、世界儿童水上乐园、顶级商业集群等 17 大配套于一体,涵盖商业购物中心、世界主题美食街、恒大影视中心、顶级文化博物馆等配套于一体,同时配备国际双语幼儿园、国际双语精英小学等优势教育资源。

(3)佳兆业以主题乐园先行打造复合功能的文旅项目

2016 年,佳兆业开始正式发力文旅地产,重点推进两个文旅地产项目——深圳金沙湾国际乐园和葫芦岛绥中佳兆业东戴河。

金沙湾国际乐园位于深圳大鹏半岛金沙湾畔,其占地 150 万平方米,总投资近 300 亿元,为粤港澳大湾区内规模最大的主题乐园之一。该项目未来以中心公园为核心,中部是博物馆、艺术馆、美术馆及小尺度商业构成的滨海人文小镇,西部是以冰雪世界、演艺中心、展览馆为主的滨海游乐综合体,东部则是以临海酒店、会议中心为主的高端滨海酒店群,各园区预计将于 2020 年左右陆续建成开放,年接待游客数量将达到 230 万人次。

(4)阿那亚提供场所与内容、形成社群概念

阿那亚位于秦皇岛市昌黎黄金海岸腹地,秦皇岛市南部的北戴河新区,距离南戴河旅游度假区 10km,高铁北戴河站 15km。项目占地 228 万 m^2,建筑面积 71 万 m^2,容积率为 0.3。阿那亚从一个默默无闻的项目做到了年销 10 亿元的文旅地产项目。阿那亚项目团队于 2013 年 9 月接盘,用一年半打造项目体验区,直到 2015 年夏天才开始真正大规模地开展营销。阿那亚价格高出周边楼盘均价 1 倍,销售额占同片区的 80%,销售季拉长至 4—11 月份,90%的推荐购买率。与此对应的是,广告费用每年仅有 300 万元,不做大面积推广

与渠道拓客,没有电商分销,不推老带新,不做圈层促销活动。

开发商定位为"生活方式的提供商"而非传统开发商,摒弃了以营销为导向、快速周转的开发模式,真正从运营、服务做起。与一般开发企业把配套设施(如会所、商业街等)作为营销工具不同的是,阿那亚考虑的不是依靠配套多卖房,而是真正运营这些配套设施,从而为用户提供一种不同于都市生活的生活方式。业主在阿那亚,可以去有机农场,去"孤独图书馆"看书,去海边充满仪式感的教堂活动,也可以打高尔夫,在沙滩酒吧社交,在食堂吃饭,晚上去参加篝火晚会,阿那亚的48个微信群更已形成社群圈层概念。项目从原先单一的不动产,变成了提供场所和内容、可供交际的社群概念。

阿那亚创新模式的本质,是从赚快钱转型到赚慢钱,从追求利润到追求稳定现金流,从营销导向到运营导向。在消费者价值观发生巨大变革的背景下,无论是消费品,还是房地产,都要实现从创新产品、单纯满足消费者对产品功能需求的层面跨越到为消费者创造生活方式的一个全新的发展定位,运营优先、社群管理未来将成为文旅地产重要的开发模式。

4. 转型挑战

(1) 旅游地产项目同质化

我国的旅游地产项目面临着的是共性问题是项目之间相似度过高、同质化现象严重。一是旅游地产与普通住宅项目之间的同质化。我国大部分的旅游地产更像是在旅游景区附近开发的大型住宅项目,并未真正体现出旅游地产所应具备的休闲娱乐性质。开发商依旧是站在住宅开发、项目去化速度的角度来开发项目。大部分旅游地产项目中的配套更多适用于住宅项目而非旅游地产配套,比如休闲会所、健身馆、SPA、餐厅等。这类"旅游地产"不能称之为真正的旅游地产。二是旅游地产项目本身之间的同质化更为严重。很多开发商做成了标准化旅游地产产品线、品牌线,并在全国复制。但优秀的旅游地产应当是因地制宜的,旅游地产的文化标签、配套设施应当是由项目所依靠地域的人文资源和景观资源来决定的。

(2) 运营管理水平低、配套服务滞后

目前,大部分旅游地产项目盲目"做大求全",没有考虑后期持有运营。

很多旅游地产成为有多种业态的"复合型地产",成为拼盘式配套设施、功能和服务的罗列、堆砌,缺乏旅游 IP 的植入和凸显。项目的业态涉及多种多样,有居住、商业、写字楼、旅游集散地、休闲度假会议、自然人文风貌、球场、会展、运动、温泉酒店……几乎囊括了所有的休闲配套业态。但目前旅游地产开发商经营水平良莠不齐、鱼龙混杂,没有形成品牌与规模。旅游地产公司对多种复合业态旅游地产项目的长期持有运营经验还有限,无法把控风险,造成很多项目运营不善,系统化配套服务没有成型,本质上没有体现休闲度假主题,更没有体现出旅游地产的价值。

（3）缺乏相关制度支持

带薪休假制度尚未落实。目前只有两个旅游黄金周,但黄金周具有旅游消费高度集中的特征,使旅游地严重超载,造成了旅游区资源和环境的严重破坏,降低了旅游质量,同时也形成旅游地产在淡季的闲置,从而影响旅游地产的长期可持续经营。带薪休假制度可以将假期错开,使集中的旅游消费变为分散分时的消费,可以缓解对旅游地的压力,提高旅游质量,促进旅游地产项目的吸引力。虽然《劳动法》规定了劳动者可以享受带薪年休假,但目前我国的带薪休假制度只在少数城市、少数单位实行,还没有具有法规性的实施办法进行落实。

（三）物流地产：适应线上线下链接需求

20 世纪 80 年代,物流地产由美国的普洛斯公司率先提出并实践。物流地产是根据物流企业客户需要,选择一个合适的地点,投资和建设企业业务发展所需的物流设施,范畴包括物流园区、物流仓库、配送中心、分拨中心等物流业务的不动产载体,属于工业地产领域范畴。物流地产作为整个物流供应链中重要的周转环节,是物流服务与房地产服务一体化的产物,二者是相辅相成、相互促进的。现代物流地产不仅包括物流相关土地和设施,还包含为客户提供物流基础设施开发和相配套的专业物业管理服务,如园区租赁、园区运营、配送服务、增值服务、基金运营等。从物流流通节点上划分,对仓储需求有三类:一是处于起点的大型配送中心,二是分布在主要城市和集合城市的主干道路上中等规模转运设施，三是城市的小型仓库。高标准仓库比较适用于前两类需求。

1. 发展机遇

（1）政策驱动：国家出台政策支持物流地产专业化、规范化发展

2011年8月，国务院办公厅印发《关于促进物流业健康发展政策措施的意见》（国办发〔2011〕38号）。2013年10月，国家发展改革委员会、住房城乡建设部等12部委发布《全国物流园区发展规划（2013—2020年）》，明确了全国物流园区的发展目标和总体布局，为物流园区发展画出"路线图"。2014年9月，国务院印发《物流业发展中长期规划（2014—2020年）》，指出物流业是融合运输、仓储、货代、信息等产业的复合型服务业，是支撑国民经济发展的基础性、战略性产业。2015年8月，财政部、国家税务总局联合发布《关于继续实施物流企业大宗商品存储设施用地城镇土地使用税优惠政策的通知》税。2017年8月，国务院发布《国务院办公厅关于进一步推进物流降本增效促进实体经济发展的意见》，提出推动物流降本增效对促进产业结构调整和区域协调发展、培育经济发展新动能、提升国民经济整体运行效率具有重要意义。2018年6月，财政部发布《关于开展2018年流通领域现代供应链体系建设的通知》，要求强化物流基础设施建设，夯实供应链发展基础。可以看出，近年来物流地产政策的主要方向是，提升物流现代化水平，提升物流运营效率，助推专业化水准物流地产企业发展。

（2）需求驱动：高端仓储需求规模不断扩大

随着中国国内消费升级以及电商崛起带来了大量仓储需求，高端仓储市场需求强劲。过去10年间，随着经济发展，物流地产迎来爆发式的增长，需求日渐旺盛。数据显示，我国物流地产整体市场规模从2005年的不足3亿元增长到2016年的超过100亿元。社会物流总额不断增加，2017年上半年全国社会物流总额为118.9万亿元，同比增长7.1%，增速同比提高0.9个百分点。国内零售行业目前维持10%以上的速度增长，大大带动仓储需求的增长。电商比传统零售行业需要的物流仓储面积更大，且电商更倾向于使用高端的高标仓库以提升效率，降低物流成本。普洛斯数据表明，同等交易规模下电商对物流仓储的需求是传统零售的3倍左右，每平方米的物流仓储面积约能支撑7万元

左右的交易额，按这个测算目前电商业规模为 4.7 万亿元，对高标准仓库的需求就在 6700 万平方米左右，远超目前供给。

（3）供给驱动：物流仓储市场供给存在结构性短缺

我国物流仓储供给侧结构性短缺严重，存量仓储以传统低端仓储设施为主，高标准的现代物流仓储则供不应求。据统计，现有的物流仓储设施约 70% 建于 20 世纪 90 年代之前，难以满足现代企业的需求，高端物流仓储供应显著不足。2015 年我国高端仓储设施总量 0.2 亿 m^2，仅占仓储总量的 2.33%，远低于美国 20.9% 的占比，以未来高标准仓库占仓储总量 20% 测算，我国静态看高标准仓库发展至少有 7~10 倍空间（表 3-14）。根据戴德梁行测算，我国高端物流设施供给每年新增的缺口在 200 万 m^2 左右，预计至 2020 年，我国高标准物流仓储设施的需求将达到 1.4 亿~2.1 亿 m^2，现代物流设施需求规模将达到 266 亿元，而到时供应量或只有 5600 万~6600 万 m^2，供应缺口或超过 1 亿 m^2，在相当长一段时期内，我国物流地产市场将维持供不应求的态势。

中美物流仓储面积对比　　　　　　　　　　　　　　　　表 3-14

仓储类别	中国	美国	相差倍数
通用仓储面积（亿 m^2）	8.6	17.7	1.1
高端仓储面积（亿 m^2）	0.2	3.7	17.5
人均通用仓储面积（m^2）	0.66	5.55	7.4
人均高端仓储面积（m^2）	0.015	1.17	77

资料来源：世邦魏理仕、CRIC

2. 发展特征

（1）区位选址：一线城市周边卫星城及一带一路沿线城市是首选

从物流地产的区域分布上来看，长三角地区的物流地产规模远超全国其他地区，其次是京津地区、两湖地区、川渝地区以及珠三角地区。其中单普洛斯一家企业在长三角地区就布局了近百个物流园区。

从其城市分布上来看，大多物流地产分布于一线城市周边卫星城以及一带一路沿线城市。一线城市拿地成本居高不下、物流用地供给短缺，而其周边城市在土地供给、地价以及用工成本上均有较高的性价比，且租金未必低，利于承接核心城市外溢需求。如一线城市的卫星城——京津冀的廊坊、珠三角的佛山、长三角的无锡等，"一带一路"起点的西安，处于交通大动脉且人均可支配收入较高的成都、南京、沈阳、杭州等。物流园区一般紧邻国道、省道、高速公路或空港、水港，距离市中心一般不超过一小时车程，这些地区地价较低且交通非常发达。以长三角地区为例，昆山、常熟等城市是物流地产企业的必争之地。物流园区布局城市可根据实际需要建设不同类型的物流园区，包括货运枢纽型、商贸服务型、生产服务型、口岸服务型和综合服务型。

（2）产品特征：智慧化、仓储能力高有利于提升效率、节约费用

高端物流地产能提升物流效率，节约物流费用。与传统的仓储设施相比，高标准仓库能有效提升物流环节效率。主要有四个原因：① 高标仓库发展较晚，选取的地理位置一般位于交通节点，而很多传统物流设施建设早，当初合适的地理位置可能已经随着城市的扩张与发展不再便利；② 高标准仓库层高更高，地面载荷能力更高，与传统仓储设施相比单面面积的仓储能力更强，预计达 1.5 倍以上；③ 高标准仓库库内和外部道路布局更合理，便于车辆进出和装卸，提升装卸效率。根据普洛斯（GLP, Global Logistic Properties）的公告，测算高标仓储相较传统仓储设施能为整个物流环节节约约 20% 的费用；④ 通过智慧互联向机械化、自动化方向发展，普遍应用条码、电子标签等技术和自动化立体仓库、自动分拣设备等装备，对物流园区实体元素的自动识别、自动感知、自动定位、自动管控、过程追溯、在线追踪，实现物流园区作业和管理的自动化和智能化（表 3-15）。

现代物流设施与传统物流设施对比　　　　　　　　表 3-15

特征	传统物流设施	现代物流设施
总建筑面积	规模不一（4000m²）	≥ 8000m²
屋顶净高	4 ~ 7m	≥ 8m
结构	单层：非标准混凝土/钢结构 多层：无通道，极少有多层结构	单层：高品质钢结构 多层：混凝土/钢结构 附带通道/电梯

续表

特征	传统物流设施	现代物流设施
承载力	1楼：≤3吨/m²	1楼：≥3吨/m²
	2楼：≤2吨/m²	2楼：≥2吨/m²
立柱间距	5~7m	≥8m
消防	消防栓	消防栓、灭火器、火灾报警装置
地面漆	非标准，如水泥地面或素填土	耐磨性环氧树脂/混凝土地面涂装
监控系统	公共警卫室或无	24小时安保及集中监控
采光顶	非标准	装备条形照明灯
集中供暖	无	办公室及仓库装置（可选）
通风设备	手控通气或无	每小时两次（可选）
信息系统	无	WMS/ERP等

资料来源：天风证券

（3）盈利特征：收益回报率较高且稳定

与商业地产和住宅地产相比，物流地产租期较长且回报稳定，一般在5~10年。在整体供不应求的状态下，我国物流仓储设施的空置率相对较低，并且租金水平逐年呈现稳定增长。我国物流地产租金从2009年起持续上涨，年化增幅约为4.3%，平均空置率持续下降。截至2017年第一季度，平均空置率约17.7%。2017年初统计数据显示，我国北京、上海、深圳、广州的二手房租金回报率分别为1.49%、1.59%、1.53%和1.92%，写字楼5%左右，而目前我国一线城市物流地产基本收益在6.5%~7.0%，高端物流地产的回报率可达8.0%，物流地产收益明显高于住宅地产和商业地产。此外，高端仓储的成本主要集中在拿地成本、建安成本、运营费用和税费等，目前行业内单层高标准仓库的建安成本在1800元/平方米左右，以上海为例，预计在"出租+出售"模式下，项目出售时综合回报率能达到34.9%。

（4）运营主体：外资企业、传统房企、电商企业及其他企业

按照运营主体主要可以分为四类。一是外资企业进入中国进行发展，如丰树与安博，外资企业在国外有着较为领先的仓储设施技术、管理水平以及充足的资金，进入中国市场后可以复制既有的模式和经验，在21世纪初物流地产

行业方兴未艾之际起到了领路人的作用；二是传统房企跨界发展，如万科万纬物流与远洋集团等，传统房企拿地能力较强、土地储备丰富而且规模庞大，依托房地产规模与资金的加持，利用手中的工业用地兴建物流园区的同时大量收购，并且正在向外资企业学习，是外资企业最强大的对手；三是电商企业为满足自身发展建立产业链，发展物流地产，以京东为代表，电商企业有着齐全的上下游链条与源源不断的仓储需求，对整个物流行业有着更为深刻的理解，对物流园区的区位和价格也更为敏感；四是独立经营物流地产的其他企业，往往在某一领域方向有着较强创新能力，比如民熙的金融物流园、环普的产业物流园以及际链的际享仓等新模式物流地产。

（5）房企运营模式：自主开发、收购物流商及与其他企业合作

第一类是房企主导运营。目前房企布局物流地产较为主流的模式是房企主导，通过设立独立的物流地产板块开发运营物流地产，如万科、招商等。万科作为房企进军物流地产的先行者之一，早在2014年就涉足物流地产。2015年6月，成立万科物流地产发展有限公司。目前万科累计获取物流地产项目50多个，并设立物流地产基金。招商物流作为招商局子公司于2000年正式组建。截至2015年底，招商物流拥有仓库面积217万平方米，运作网点1148个，分布在全国65个城市，已形成遍布全国的物流网络实体。2016年招商根据国资委部署和集团要求与中外运长航实施战略重组，并于当年8月将招商局物流版块整合并入中外运长航的上市平台。招商局集团与中外运长航战略重组之后将在综合物流、园区开发及港航联运等多领域显现其协同效应和规模效益。

第二类是房企收购参股物流地产商。房企通过收购物流地产商股权、与国内的外资物流企业合作开发经营的模式布局物流地产。在目前中国物流地产的存量项目中，早期进入行业的物流地产商拥有绝对优势。对于传统房企而言，通过收购现有的物流地产商股权，结合双方的资源和优势，进行进一步合作开发布局物流地产并获得回报是最直接方式。万科经过近两年的布局，联合厚朴投资、高瓴资本、中银投以及新加坡普洛斯的创始人梅志明先生共同参与了普洛斯的私有化。其中万科占股21.4%成为第一大股东，目前普洛斯已正式完成私有化退市。与万科自己获取工业物流用地并通过基金运营不同，参股普洛斯

私有化更多的是一种协作发展的战略。而同样是收购参股新加坡物流地产商，海航实业股份于 2017 年 4 月以总价 76.9 亿港元现金收购了新加坡上市的物流集团 CWT 集团共 98.1% 股份。CWT 集团是新加坡仓库及物流房地产资产的最大拥有人及管理人之一，截至 2016 年末管理新加坡近 1030 万平方英尺自有及租赁仓储空间。同时，CWT 集团也管理新加坡境外约 610 万平方英尺的仓储空间。

第三类是房企与物流企业合作。房企与物流企业战略合作，资源互补、协同开发存量土地资源。这种模式并不涉及股权收购，房企所选择的合作企业一般是有较大规模物流地产储备，且布局优质的国内企业。在这种模式下，双方共同出资，共同承担风险，并且负责各自擅长领域。房企负责项目开发，项目建成后转租物流商，而物流企业租赁园区，负责运营和管理。合作过程中，结合房企本身在基础建设领域的经验与优势，通过开发存量工业物流土地及新获取土地的方式谋求共赢。目前已有碧桂园、绿地等房企通过这种战略合作的模式进军物流地产。

2017 年 7 月，碧桂园与中集集团就中集企业产城业务板块签署增资协议，中集集团以近 9.3 亿元引入碧桂园作为战略投资者。碧桂园与中集合作的关键是存量土地和产业资源。中集目前拥有上海中集冷箱、深圳前海和深圳太子湾、东莞松山湖中集智谷等多个项目，土地资源优质，并已布局珠三角、长三角和环渤海近 10 个城市的产业园区、商业及住宅综合开发项目，土地储备面积近千万平方米。未来碧桂园和中集将就这些有价值的存量土地资源，以合作开发的形式整合项目实施落地。

而绿地集团早在 2014 年就已逐步将工业物流地产作为房地产主业转型升级的主要方向加以推进。作为实现涵盖地产、消费、基建、金融等多元化产业的一部分，绿地积极通过合作和参股等多种形式加大在物流板块的资源布局。2017 年 2 月，绿地控股与中远海运签署战略合作，将在全国主要港口城市获取土地开发建设物流产业地产项目。物流地产作为多业务板块一部分对绿地的重要性不言而喻，并将为企业的持续增长提供动力。

第四类是房企与电商平台合作的模式。传统住宅开发企业在这类合作中可以发挥在园区投资建设、招商引资以及成本管控上的优势，电商平台则凭借其庞大的商户资源和良好的客户口碑，以达到园区招商及品牌集聚的效果。荣盛发展2017年8月与菜鸟网络签订了战略合作。根据协议，荣盛兴城与菜鸟网络首个合作项目拟定于荣盛兴城旗下的固安产业园区，用地面积525亩。荣盛产业新城在园区投资建设、招商引资、联盟运作、项目运营等方面优势突出。在此次合作中荣盛兴城负责园区一级开发并推进土地供应，并在项目建设过程中和项目落成后负责协助菜鸟网络，保障菜鸟网络的各项业务正常运营。而阿里巴巴菜鸟网络则在物联网、云计算、网络金融、电商平台整合构建等多方面都具有优越资源。

（6）管理服务：综合业态集聚度提高、综合服务功能增强

一是物流地产与制造业、流通业和金融业等多业的联动，整合高附加值增值服务和拓展延伸个性化创新服务。随着互联网时代的到来，物流地产借助互联网，积极搭建整合物流资源平台，使产业合作层次从运输、仓储、配送业务向集中采购、订单管理、流通加工、物流金融、售后维修、仓配一体化等高附加值增值业务，个性化创新服务拓展延伸。未来，物流园区将以某个产品或产业为核心，高度聚集相关的研发、采购、设备、制造、维修、销售、物流、回收以至于金融、保险等各产业业态，形成协同发展的"产业融合体"。

二是物流地产采取市场化的经营方式和企业管理制度，使物流园区的综合服务功能显著增强。在基础物流服务方面，物流地产组建专业的招商团队，吸引与园区发展相适应的企业入驻。在政务服务方面，打破部门和地区分割，探索网上服务、上门服务、代理服务、预约服务，开展联合办公和跨区域合作，协调各部门简化办事手续，实行一站式、一条龙服务。在商务服务方面，积极开展商贸运营、流通加工、商品展示、电子商务、教育培训、集中采购等延伸服务，提高园区的供应链设计、物流金融、科技研发、管理咨询等增值服务能力。

3. 典型案例

近些年，国内物流地产进入快速成长期。2001年，外资物流企业进入国内物流地产市场，引起多方企业追捧，其中地产商成为物流地产开发的主要力量。在国内市场上，不仅有平安、KKR、黑石、凯雷等金融界巨头看好物流地产，

而且2014年以来万科、富力等房企也将物流地产作为业务拓展的方向。比地产开发而言，物流地产具有土地价格较低、政策支持、土地增值、租金回报、服务费用等未来收益空间，因而成为房企争相布局的战场。

（1）万科地产：借助财团支持收购普洛斯

2014年，万科涉足于物流地产，先后在廊坊、贵阳和武汉三地拿下物流项目。2015年6月，万科撤销物流地产事业部，设立独立品牌"万纬"。虽然万科在2017年7月与银团斥资790亿元收购了普洛斯，但是万纬和普洛斯没有合并，而是以万科为共同股东，协同发展。经过四年的布局，万纬在上海、天津、广州、武汉、成都、重庆等36个核心物流节点城市运营管理88个项目，目前已经形成环渤海、长三角、珠三角及中西部地区的物流地网。2017年4月份以来，万科每个月都会新增接近40万平方米的物流地产项目，以极其迅猛的速度扩张发展。截至2017年末，在营高端仓储设施达到390万平方米，在建面积277万平方米。

2017年7月14日，万科与厚朴投资、高瓴资本、中银投等组成财团，拟以790亿元收购物流地产行业巨头——普洛斯，其中万科出资约168亿元，占股21.4%。11月30日，普洛斯私有化方案在股东大会获得批准，交易完成后万科将成为普洛斯第一大股东。这是继2017年6月初中投公司以123亿欧元收购美国黑石旗下的欧洲物流地产公司Logicor之后，物流地产领域又一大规模收购。此次收购不仅显示出万科想要做大物流地产的决心，更预示着以万科为代表的中国传统房企对于物流地产的青睐和野心。

相较地产基金投资者和传统的物流公司，万科做物流地产有三方面的优势：第一，万科的生产制造优势。作为龙头房企，万科每年开工和销售的房屋面积接近或超过2000万平方米，且已经完成全国化布局。可以想象，万科在每个城市新开拓物流地产，进入成本基本为零，建造成本在房企中处于领先地位，产量无限制。第二，万科的拿地优势。物流地产属于工业地产的一类，土地基本来源于协议出让。企业能否取得优质的物流地块，很大程度上取决于政府对企业的认可度。这方面，万科较一般的中小房企明显具有优势，更受地方政府的青睐。与政府合作的一大优势是拿地代价低廉，万科初尝物流地产，发现投资回报率颇高，于是就顺势做大。第三，万科的合伙人制度优势。之所以要指出这一点，是因为万科自身毕竟不是专业做物流地产出身。如果没有专业的物流地产运营经验，企业就只能做做代建、出租等外围、低附加值的业务。但有了合伙人制度之后，万科就无需担心专业领域的短板劣势。万科可以引入国际先进的外部战略合伙人，弥补物流园区设计和运维方面的不足。借助其他外部合伙人的专业力量，万科理论上可以涉足物流行业整个产业链。

万纬物流采用重资产模式扩张市场。与普洛斯的轻资产模式不同，万纬以及大部分国内物流地产企业现阶段采用的仍然是典型的"持有和运营服务"的重资产模式，靠着大量的开发与收购在全国迅速布局。开发与收购的资金大部分依靠自筹或者基金，至于盈利方面，万纬由于起步较晚暂时还处于扩张积累阶段，主要靠租金与增值服务支撑。虽然万科在2017年10月与4家公司共同出资设立了总额为60亿元人民币的物流地产基金（珠海市坤元兴投资发展合伙企业基金），随后又在2018年5月4日委托中航信托发行了三类共8200万元人民币的万科物流地产存量基金。但这两个物流基金的投资方向为"中国境内拟建、在建及已建成的物流地产项目"，也就是说是用来收购其他企业的物流地产项目来扩大版图。

万纬注重提供精细化的完整产业链服务。一是提高物流供应链信息化水平和管理能力。从物流网络到设施设备全部纳入信息服务平台，实现了集约化和自动化的高端物流仓储。特别是在冷链方面，2018年3月万纬与锐特信息签约成为战略合作伙伴，实现了冷链物流全程可追溯的技术解决方案；在2018年7月，万纬又收购了太古冷链，加速了在全国范围内冷链的布局。二是提供面向客户员工的长租公寓及配套娱乐运动等设施，满足了客户的长期驻扎需求。精细化服务在吸引了客户的同时也创造了更多的业务需求，形成了一条较为完整的产业链。截至2018年6月，万纬的客户约有60家，覆盖电商、零售、第三方物流公司、快递快运、冷链等领域。

（2）华夏幸福：联姻京东共建电商产业园

2014年11月27日，华夏幸福与京东达成战略合作协议，双方将共建电商综合产业园，由华夏主导分期开发。该园区以京东物流仓储为主，以商务办公、金融服务、企业孵化、电商物流等综合服务为辅，打造电商产业集群。一期项目已先期落户河北固安、香河两县。

（3）富力地产：聚焦空港物流发展潜力

2010年，富力在广州花都空港经济圈内，以30亿元投资建设集仓库、研发基地、酒店、商办等为一体的广州国际空港物流园，占地面积152万m^2，其中物流仓储面积100万m^2。该物流园主要为境内外物流公司、跨国制造企业、国际采购商提供服务，业务可涵盖航空快递、IT、服装、鲜活产品等。

（4）荣盛：携手阿里·菜鸟构建智慧物流平台

2017年8月16日，荣盛产业新城集团与菜鸟网络科技有限公司签署《战略合作意向协议书》，双方将在固安打造首个京津冀智慧物流示范新城，共同为电子商务企业、物流公司、仓储企业、第三方物流服务商、供应链服务商等各类企业服务。此次双方合作有助于促进园区内中小企业的孵化成长，同时推动物流行业向高附加值领域发展和升级。

4. 转型挑战

（1）土地等政策扶持体系还有待完善

对物流园区有针对性的优惠政策，如土地、资金等政策还较少，形成对物流园区发展的资金约束、土地约束和环境约束。由于物流地产地价便宜，且对地方经济、税收没有明显的带动作用，各地方政府在对仓储土地的供应上，积极性不高。2014年全国工矿仓储用地为15万公顷，较2013年下降29.9%，物流用地难以保障。即使土地出让也常常设置了较为严苛的出让条件，比如在项目容积率、单亩投资强度以及单亩税收等多个方面均设置了硬性要求。如何获取足够多的土地储备是切入物流地产领域的关键能力之一，政府一手地供应偏少，导致越来越多的物流地产开发商寻求二级市场并购获取项目资源。

（2）提供增值服务和后期招商运营是盈利关键

物流地产与传统房地产的本质区别是，更加注重功能定位和后期的招商运营。不同于商业地产、住宅地产的选址、建设、销售，物流地产的运作程序更为复杂。物流地产是采用先进的管理模式，提供一系列增值服务，包括人才培养、行政支援、信息服务、物流金融等全方位的服务。物流地产运营商追求的是持续而稳定的利润回报，因此后期招商运营要求具备更加专业、更加复杂的管理能力。

此外，物流园区必须拥有强大的客户资源和维持客户的运营管理经验才能保持持续盈利。而目前我国物流园区在开发运营过程中，政府、开发商、投资商、运营商及入驻园区的物流服务商角色混乱、职责不明、运营管理不善，园区内企业恶意竞争，造成物流园区低水平、低效率运营，降低了其他企业进驻意愿，导致园区空置较高。国外经验，一个物流园区必须在 5% 以下的空置率才能保持 10% 的利润回报。

（3）人才匮乏困扰企业运营的突出问题

传统地产企业进入物流地产领域，对未来物流客户的需求知之甚少。目前，部分园区投资企业或运营企业的高管来自传统物流企业或地产开发企业，但存在综合能力方面的短板。随着大量新建园区的落地实施，专业的高管人才问题变得愈加突出。特别是对园区选址、规划、招商、运营及管理，甚至于资本运作、金融、政府政策协调都要了解的专业复合型人才短缺是困扰物流地产投资公司的最大问题。

小结：目前来看，我国物流地产虽然前景广阔，但房企进入仍然面临不少挑战和困难：物流工业用地供应受限，投资回报周期长，运营专业化欠缺。此外，我国物流地产行业竞争激烈，外资企业稳占行业半壁江山，国内物流商、电商平台及金融机构正迎头追赶。房企涉足物流地产行业，应该由"易"到"难"，层层推进、稳步扩张，采用更加灵活多变的战略手段实现优势互补，丰富和提升运营服务内容及水平，才有可能在物流地产市场上牢牢占据一席之地。

三、整合优势资源

整合资源是指因在城镇化、产业转型等方面，国家频繁出台相关顶层制度带来的房地产开发机遇，如特色小镇、城市有机更新及田园综合体等，部分开发企业开始依托长期政府沟通合作优势、大型项目开发运营经验、资本整合优势和跨界资源嫁接优势等强大资源整合能力，介入小城镇、市民农庄的开发建设运营和旧城改造。近年来,小城镇建设、城市更新和新农村建设等领域都开始由传统的拆旧建新开发模式转向在物业升级改造基础上注入新业态、新功能的综合运营,更加注重产业落地发展、跨界资源的整合、原居民利益的保障、项目的长期可持续运营。

(一)城市有机更新

城市更新分为两个阶段,第一阶段是拆除重建,第二阶段是实行城市有机更新。城市有机更新是对城市中已不适应一体化城市社会生活发展的地区进行必要的改建,使之重新发展和繁荣。主要包括对建筑物等客观存在实体的改造,以及对各种生态环境、空间环境、文化环境、视觉环境、游憩环境等的改造与延续。从城市有机更新的内涵看,既有建筑原用途转换的更新,如仓库更新为办公楼、工厂更新为公园、办公楼更新为公寓、商场更新为酒店等,也有在建筑原用途不变基础上的功能提升。从城市有机更新的外延看,既有单体建筑的更新,也有社区、片区的更新。

当前,我国核心城市纷纷步入存量时代,新增土地稀缺,城市更新走过"大拆大建"进入新阶段,对城市功能重新定位优化、存量资产改造升级的需要日益旺盛,城市有机更新成为城市发展的新增长点、成为中国房地产的热点。

1. 发展机遇

(1)政策驱动:多目标的综合性顶层政策催生复合式发展新领域

多目标导向的城市有机更新政策促使传统以住宅开发为主的开发商转型为多元复合化的运营商。2016年2月,中共中央国务院印发的《关于进一步加强城市规划建设管理工作的若干意见》提出有序实施城市修补和有机更新,解决老城区环境品质下降、空间秩序混乱、历史文化遗产损毁等问题,通过维护加固老建筑、改造利用旧厂房、完善基础设施等措施,恢复老城区功能和活力。2016年底至2017年,深圳市先后公布了《深圳市城市更新办法》《关于规范城市更新实施工作若干问题的处理意见》等城市更新政策。"规范化""专业化"和"精细化"是深圳城市更新项目运作的方向。2017年7月,上海市人民政府印发了《关于深化城市有机更新促进历史风貌保护工作的若干意见》。最近深圳、广州、济南等大城市纷纷成立城市更新管理机构,这表明在当前高速城市化的发展时期,城市化先进地区的大城市政府已将城市发展的关注点从外延式的发展转向了城市内部的空间质量的提升,研究包括城市空间结构、经济产业结构、文化延续性、自然景观等社会、经济、文化多元复合分步实现的城市更新目标体系,指导城市有序更新。

(2)城镇发展规律驱动:存量时代催生城市内涵式更新的新时期

当前,我国城镇化正从重数量的外延式扩张到重质量的内涵式发展转变的新型城镇化发展阶段,即城市更新正由拆除重建进入有机更新的新时期。我国在改革开放后各地进行了几轮旧城改造,进行了大规模、快速化城市更新,基本上采取的是"拆一建多"、"退二进三"的推倒重建式的更新方式。这种方式虽然使城市空间职能结构、环境等问题得到一些改善,但也产生了大量负面影响,如破坏了城市的肌理,各类保护建筑遭到破坏,城市的文脉被切断,城市特色消失,造成千城一面等。近年来,随着城镇化水平的提高,大城市边界的扩张受到限制,城市内相对容易拆除重建的基本完成,如同西方城市走过的发展历程,我国的城市必将进入有机更新的新时期,体现在进一步提升城市更新的质量,从传统的物质层面、拆旧建新式的城市更新发展到以人为本、反映新时代要求的涵盖满足经济社会发展、传承历史文化文脉等综合层面的城市有机更新。当前部分城市中出现了一些经典的有机更新案例,就是客观发展之必然。

此外,当前实施城市有机更新符合存量房时代新趋势,有利于城市可持续发展。一是存量时代的房地产总是伴随着城市功能的改变而不断变化着承载的形式,实现着资产的升值。如 1998 年英国提出创意产业,以从事文化活动及文化产品生产消费为功能的文化产业集聚区成为文化主导城市更新的新形式,存量的房地产被大量改造更新,成为文化经济集聚中心区,实现了更新地区的文化、创意式转型,促进了城市文化产业空间布局的调整,为新兴产业起步发展提供了孵化空间,房地产的价值重新得以提升。二是处于城市核心地段的旧建筑存在与土地级差地租同步提升的经济空间。对核心区域存量楼宇升级改造,改变其趋于老化的现状,有利于最大限度挖掘区域价值,提升核心区域形象,吸引优质企业落户,提高政府税收。

（3）需求驱动：旧城区改善提升的新需求推动城市高质量发展

新时代、新产业、新生代对生活工作环境有新需求，实施城市有机更新有利于改善居民生活条件，提升区域价值。城市中有待更新改造的街区往往是人口最为密集的地区，尤其是历史街区一般位于老城区的核心区域，历史形成的商业吸引力促成了人口的高密度。传统的街区由于历史的原因成为混杂居住的大杂院几户人口住在一个院落里面，因此，消除大杂院和外迁人口成为历史街区保护与更新工作面临的首要问题。我国城市旧街区、旧居住区普遍存在基础设施落后、生活条件差、安全性较差、环境质量较低、缺少公共空间的问题。这些问题都制约了历史地段特色风貌的表现和环境质量的提高，只有在更新改造中克服这些问题，才能使历史地段重新焕发活力。在存量商业地产更新方面，互联网时代催生开放、交往、多元、融合的办公新需求，传统的封闭式的办公写字楼必须要不断改造更新提升才能满足市场需求。因而，有远见的运营商都会阶段性对写字楼、商场、公寓进行适当的提升改造。改造中非常注重对已经建成并使用多年的楼宇的个性化、生态、节能、环保、开放、交往、互动、共享、文化、舒适性环境的创造，重新定位出租，提升价值后，再销售给投资者。

2. 发展特征

（1）改造主体：有政府、开发商和项目公司三种主导模式

一是政府主导模式。政府运用城市规划审批权力对历史街区的改造开发进行宏观的管理。开发资金的投入主要依赖地方财政。但是对公共设施的投入引入相关的市场机制，对游客收取费用（古城保护费）。对具体的旅游开发项目不作具体干预，丽江大研古镇旅游开发就属于这种模式。完全的政府主导模式，在当前已经非常少见。这类模式中，政府很难紧跟市场形势进行改造开发。工作重心往往是基础设施的改造、楼宇屋面的更新。而由于商业价值没有得到充分的挖掘和体现，对于原住民的拆迁和安置也面临着非常大的阻力。

二是开发商主导模式。地方政府将管辖范围内的历史街区资源，通过出让土地或旅游开发经营权的方式，吸引投资商介入历史街区的改造开发。由投资商根据自身优势，结合市场需要对外融资，实施历史街区的改造开发进程。政府只在行业宏观层面上对投资商进行管理。这一类型的典型代表是湖南凤凰古

城,以及在国内引起重大影响的上海新天地。开发商模式一般适用于大型的旧城改造项目。开发商以重金进行居民安置、街区改造,为了是在后期大规模的住宅、商用物业中,获得城市名片的价值背书和巨大的土地升值收益。这种纯商业化的运作模式,很少在历史文化积淀极浓厚的地区出现。原因有二:第一,历史文化积淀极浓厚的地区,涉及的文物、古建非常多,政府不可能完全交给开发商进行过于商业化的开发运作;第二,正因为超高的历史价值,这类地区的原住民安置代价非常之高,以开发商一己之力,运作的难度是非常大的。

三是政府主导的项目公司模式。政府成立相应的旅游开发项目公司,相关资产以政府财政划拨的形式注入项目公司(或者以资产作价形式出资,资产所有者拥有项目公司相应的股权)。项目公司以政府组织注入的资产为抵押,向银行借款,获得的资金用于历史街区、古镇旅游项目的开发。北京的南锣鼓巷、浙江乌镇和成都的宽窄巷子,都是这一模式的主要代表。政府主导、企业化运作的模式,能够中和前两种模式的弊端。法律的制定与执行、文物抢救与保护、居民搬迁都离不开行政的力量。而资金的投入、项目的经营又离不开市场。因此,政府主导开发,企业负责执行与实施的模式,在传统古镇、历史悠久的街区改造项目中,是最为适用的。

(2)更新改造:修旧如旧、脉络延续、适度插建

城市有机更新往往以原有的历史遗存为基础进行渐进式的保护性更新改造,既能创造舒适宜人的城市空间,又有助于体现城市历史文化特色,释放历史地段的潜能。如上海思南公馆对48幢历史建筑作原地修缮,原貌重现。在修缮或重建的过程中,项目开发商尽量保留建筑的原有构件和风貌,并提升建筑的设施和使用功能,以满足现代城市生活所需。天津意式风情区的更新改造选择国际化与本土化相结合的整修工作方式,按照"基本保护城市结构脉络,重点保护适度插建,保留原有建筑尺度和风格、修旧如故"的原则,在意大利Sirena公司的设计指导下,对于保留建筑进行原汁原味的整修。万科对广州永庆坊的微改造遵循"修旧如旧,建新和谐;交通梳理,肌理抽疏;文保专修,资源活化"的原则,对现存的李小龙祖居、永庆大街24~28号两处文物保护建筑进行结构加固,沿袭传统工艺,修复屋瓦面、青砖墙、红砖墙、灰雕、彩

塑等传统元素。

（3）运营模式：统一产权、统一运营管理

根据国外成功的城市有机更新经验，旧街区需要保持一个完整的整体产权并且有长期持有的打算，以租赁为主，真正有效地进行统一经营、统一管理是保证项目做成功的关键。这就要求开发商必须通盘考虑，在进行项目开发之前，必须充分考虑如何做到与历史文化内涵相契合、与商业运营商有效对接，做好产品的整体规划和业态的通盘策划，为项目后期经营与管理提供有力的支撑与保障；然后根据各方的需求开发建设；投入使用之后，必须做好持续的营销和维护。

（4）盈利特点：后期租赁运营获得长期回报

城市有机更新项目主要是以通过租赁运营获得长期回报为目的，其价值充分体现在后续的经营收益价值上。城市有机更新不同于一般住宅项目可以在开发销售短时间内实现其资金的回收，项目销售收入只是资金回收的很小一部分，更多的是长期的经营租金收入、物业本身的升值收入等，影响租金收入的重要因素在于物业价值的提升。因此，商业项目的开发仅仅迈出了第一步，是实现城市旧街区、旧有物业价值的基础，后续的商业运营才是价值提升的关键。

3. 典型案例

（1）万科——城市更新新阶段全面参与者

万科总部、地方城市更新介入模式探索各具特色。万科从多种方式积极切入城市更新，总部、地方公司均积极尝试，轻重模式、基金模式综合参与：一是设立专门基金万丈资本寻求一线城市的存量物业改造，主要是寻求旧商业体改造为新型商业体；二是各地方公司自行探索，一线城市多方试水，逐步形成城市特色战略，积极寻求旧商业体或旧厂房、仓库等进行更新改造。

万丈资本——地产基金运作模式：以上海企业天地3号项目为例。万丈资本采用地产基金方式瞄准核心一线城市存量物业增值型投资，目前已收购两个上海项目，企业天地3号项目是万丈小股操盘的首个落地项目。由万丈资本设立基金获取项目、负责操盘，并联合万科物业共同进行运营管理。

北京万科——"曼哈顿计划"：以北京西单商场改造为写字楼为例。北京万科 2015 年启动"曼哈顿计划",旨在以相对低价获取北京稀缺地段的存量物业,改造后获取溢价。北京西单商场是"曼哈顿计划"产业办公战略的首个作品,万科估计三年培育期后其资产回报率(ROA)超 6%。

上海万科——产业地产改造战略(重资产模式):以张江国创中心为例。在上海万科产业地产战略下,将旧工业物业改造产业办公综合体成为其切入城市更新的主要方式,轻重模式皆有尝试,设立上海万科产城发展负责产业园改造后的运营管理,同时成立星商汇产业地产服务平台为进驻企业提供服务,其中典型案例有张江国际中心,采取的是重资产模式。

上海万科——产业地产改造战略(轻资产模式):以哥伦比亚公园为例。上海万科与原业主签订 20 年整租协议以轻资产方式获取物业,对项目更新局部改造后,重新定位为商办综合体,仍由上海万科产城发展空星商汇负责运营管理,目前正在招租。

深圳万科——"万村计划",将城中村改造成长租公寓。2017 年 7 月 5 日,万科出资 1000 万元成立深圳市万村发展有限公司,开始介入深圳城中村的改造运营。"万村计划"以城中村综合整治 + 引进物资营管 + 城市化商业运营的模式开展工作,旨在升级城中村公共设施配套,在城中村尝试将部分旧楼改造为长租公寓,提供租赁服务。该计划是万科长租公寓进一步扩张的主要途径之一。

广州万科——永庆坊旧改,对城市更新、旧城改造和文化保护的一次探索。2016 年万科中标广州恩宁路中段的永庆坊旧改项目,创新"政府主导、企业承办、民众参与"微改造城市更新模式。作为广州市危旧房集中辖区之一的永庆片区,位于荔湾区恩宁路中段,永庆坊是具有独特历史文化的建筑,在城市改造过程中,需要在保留历史建筑特色的前提下进行修葺。目前广州万科已完成对永庆坊的微改造。永庆坊改造面积约 7000m^2,而每平方米改造成本高达 1 万元,总投入资金约为 1 亿元,成本回收周期长达 12 年半。万科只拥有永庆坊 15 年经营权。目前,永庆坊已营业,出租率大约为 80%,入驻企业以文创类及科技创新类为主。收益主要来自于租金,根据 15 年收回成本倒推租金,目前每月平均租金为 100~120 元 /m^2。为了提升运营能力以及更好利用现有文化背景进行变现，万科利用李小龙等历史文化元素不断活化永庆坊形象，如举办音乐会、摄影展、画展等各类活动吸引人流，扩大永庆坊的知名度和影响力。

（2）OCT—LOFT 华侨城创意文化园

OCT—LOFT 的所在地原是华侨城东部一片建于 19 世纪 80 年代的工业厂房，当初规划为一个模仿"蛇口模式"的工业开发区，随着城市的发展，这个地区面临着规划调整和功能改造。2004 年起，华侨城地产以 LOFT 为启动，促进深圳华侨城东部工业区厂房建筑向以创意产业为主体的新空间形式转换。

OCT—LOFT 华侨城创意文化园通过对华侨城东部工业区的部分工业建筑进行重新定义、设计和改造，营造出一个呈现出鲜明的后工业时代特色的新型工作、生活空间，为活跃在珠江三角洲和港澳台的文化人、设计师、先锋艺术家提供一个创意工作场所，并吸引文化创造与设计企业的进驻，使该区域逐步发展成为画廊、艺术中心、出版、演出、艺术家工作室、设计公司以及精品家居、时装、餐饮酒吧的聚集地，填补华南空白，成为融合"创意、设计、艺术"的创意产业基地。首期项目进驻顶尖创意机构近 30 家，包括艺术、设计、传媒、广告、摄影、文化等诸多创意机构。

4. 转型挑战

（1）具有整体性，操作难度大

城市有机更新的开发模式和住宅地产完全不同，圈地、盖房以及产权分割出售——这种简单的住宅开发策略，很难使城市有机更新项目获得成功。城市有机更新不是商业与地产的简单叠加，它是众多不同业态的经营者与开发商、政府、居民在共同追求社会效益与经济效益基础上形成的相互依存的复杂结合体，因此不可避免地会产生各种矛盾与问题。城市有机更新对投资环境有更高的要求，因为其不仅是地产投资，还是商业投资，更是城市更新，不仅要适合地产开发，还要适合商业经营，更要实现历史街区复兴和文脉传承，这样对投资环境自然有更高的要求。城市有机更新还包含多种业态复合投资，包括：购物、办公、休闲、餐饮、公寓、酒店、展览、文化中心以及其他商业服务业经营场所等。一个城市有机更新项目的成功需要专业的开发、运作及经营管理技能，操作难度很大。

(2) 投资规模大、经营回收期长

虽然投资金额高是房地产开发投资的共性，但城市有机更新对资金的要求尤为突出。旧街区改造需要政府和开发商垫付高额资金。据有关资料统计，2007年旧城改造的成本，每平方米造价高达8000元，历史文化街区内改造成本突破了1万元。另外，城市有机更新还必须花巨资去培育整个街区的商业氛围和文化氛围，维护整个商业的长期持续经营，整个投资资金的回收期相当长。如此高额的开发运营成本，政府无力支付，开发商也望而却步。为了追求片面的经济效益，开发商只有提高容积率，因此对历史街区造成了不可逆转的伤害，历史风貌伴随着高楼的矗立也永远消失了。

(3) 产权不统一、经营不统一、商业氛围差

目前，我国城市有机更新项目的运营风险表现为产权不统一、经营不统一、整体商业氛围差以及房屋贬值等。比如，天津意式风情区产权复杂难以形成统一业态氛围。由于历史原因，意风区内建筑产权非常复杂，既有公产，也有私产、企业产、军队产、宗教产等其他产权形式。受腾迁政策限制，除公产外的其他产权房屋只能通过协商方式解决，如在过户补偿问题上与原房产主不能达成一致，则易导致产权过户办理受阻，无法进行腾迁整修利用。目前区域内仍有30余座风貌建筑属非公产房屋尚未腾迁整修，现用于办公、居住或档次较低的商业等多种用途，业态混乱，与整体氛围不匹配，影响整体招商工作的顺利开展。意式风情区管委会作为区政府派出机构，因没有相关授权，对该部分房产统一规划招商和管理难度较大，直接影响意式风情区的整体开发和高档商业氛围的形成。

(二) 特色小镇

特色小镇是构建新型城镇化新格局的关键举措和推进全面建成小康社会目标实现的重要手段。特色小镇不是传统意义上的"镇"，它既不是行政区划单元上的一个镇，也不是产业园区的一个区，而是一个集产业、文化、旅游和社区等功能于一体的一个新型聚落单位，是以产业为核心，以项目为载体，生产、生活、生态互相融合的一个特定区域。特色小镇既可以是大都市周边的小城镇，

又可以是较大的村庄，还可以是城市内部相对独立的区块和街区，其中部分服务功能可以和城市共享。

1. 发展机遇

（1）政策驱动：顶层政策支持是特色小镇快速发展的根本保障

自2014年以来，中央、国务院以及相关部门、地方政府出台了一系列有利于小城镇发展的重大政策，为特色小镇发展定位、产业培育、规划建设、体制机制创新、投融资渠道拓宽打下了坚实的基础，是"十三五"期间特色小镇快速发展的主要动力和根本保障。2016年7月21日住房城乡建设部、国家发展改革委、财政部（以下简称"三部委"）联合发出《关于开展特色小城镇培育工作的通知》，欲再加强特色小城的培育工作，到2020年争取培育1000个左右各具特色、富有活力的特色小镇。

国家在田园综合体领域也出台了一系列支持政策。2017年中央一号文件《中共中央国务院关于深入推进农业供给侧结构性改革加快培育农业农村发展新动能的若干意见》首次提出田园综合体。2017年5月24日，财政部发布《关于开展田园综合体建设试点工作的通知》（财办〔2017〕29号），提出要逐步建成以农民合作社为主要载体，让农民充分参与和受益，集循环农业、创意农业、农事体验于一体的田园综合体。2018年2月4日，国务院发布了《中共中央国务院关于实施乡村振兴战略的意见》，提出实施休闲农业和乡村旅游精品工程，建设一批设施完备、功能多样的休闲观光园区、森林人家、康养基地、乡村民宿、特色小镇，利用闲置农房发展民宿、养老等项目，大力发展乡村共享经济、创意农业、特色文化产业。

（2）城镇发展规律驱动：特色小镇是城乡统筹发展、就近城镇化的新载体

特色小镇打破"城市—乡村"二元结构的界限，是新型城镇化建设的方向。无论是特色小镇还是特色小城镇，在城镇体系中是末端，是农村的首端，是城市与广大农村之间的重要连接点，是城乡要素双向流动的交汇点。住房城乡建设部公布的第一批127个特色小镇中，东部地区51个，中部地区35个，西部地区41个。特色小镇既可以位于大城市市区，也可以地处偏于地区。比如，一线特大城市北京、上海各有3个列入127个特色小镇名单，基金小镇就位于

省会城市杭州市区内,而边城镇则位于交通不便的湘渝黔三省交界地区。这些特色小镇可以容纳不同层次、不同专业背景的人才,实现低成本就业,特别是吸引外出务工人员回流,实现就地、就近城镇化。

(3)需求驱动:消费升级和产业转型推动小城镇高质量发展

产业转型与消费升级是特色小镇最主要的推动力。发展特色小镇是推进供给侧结构性改革的重要平台,也是深入推进新型城镇化的重要抓手,契合青年返乡的创业需求和城市人口消费方式升级,有利于推动经济转型升级和发展动能转换,有利于促进大中小城市和小城镇协调发展,有利于充分发挥城镇化对新农村建设的辐射带动作用。2016年梅山海洋金融小镇固定资产投资额最高,达到24.84亿元,义乌丝路金融小镇等12个特色小镇的固定资产投资额也都在15亿元以上,成为经济新的增长极。

特色小镇也是承接社会投资的新热点。发展特色小镇有利于减少原有的无效供给,提升发展效率。宽松货币政策周期下,旺盛的投资需求寻找洼地、机会和热点。宏观政策上,避免大量的资金集中和集聚在城市稀缺的土地上,化解房地产泡沫风险。随着国家培育、支持、鼓励特色小(城)镇发展,随着一些产业转移到小(城)镇、一些新兴产业落地小(城)镇、部分人群向往小(城)镇,资金纷纷投向特色小(城)镇。通过财政资金的引导,吸引带动民间资金进入小城镇建设,各种基金、债券支持特色小(城)镇建设,允许以农村土地的法人财产权为抵押,撬动银行贷款和社会资金投入特色小(城)镇建设。

2. 发展特征

(1)目标导向:打造特色产业、产城融合发展

特色小镇开发有三大基础:① 特色产业纵向延伸,横向打造小镇产业生态系统;② 旅游产业为辅,吸引大量外来游客聚集,从而形成大量的复合消费;③ 人口的聚集必将产生生产、生活、休闲、娱乐等多种需求,打造基础设施配套完善、社会公共服务健全、生态环境良好的宜居环境。其中,特色小镇的核心是特色产业,一般是新兴产业,如私募基金、互联网金融、创意设计、大数据和云计算、健康服务业,或其他智力密集型产业。特色产业的形成可以为小镇经济发展、基础设施改善、城乡居民收入提高做出重要贡献。比如湖南省浏

阳市大瑶镇通过花炮产业的发展，既加大了镇区基础设施投入，完善风貌设计，强力推进基础设施建设，又对小镇经济发展贡献巨大。2016年其全年财政总收入完成2.53亿元（其中地方收入1.54亿元），超额完成目标任务；完成固定资产投资47亿元，增长2.2%，规模工业总产值74亿元，增长20%。

（2）区位选择：多为大城市依托型、节点型小镇

目前在特色小镇方兴未艾的初级阶段，房企选择了大城市近郊建设特色小镇，优先承接大城市外溢的人口及产业疏导需求。从国内房企布局小镇的区位特征来看，大城市依托型特色小镇数量最高，占比48.2%，高于国外25.8个百分点，网络节点型次之，占比为28.9%，孤点分布型占比为22.9%，分别低于国外16.2个、17.4个百分点（图3-8）。

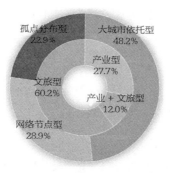

图3-8 房企主导特色小镇的区位分布与产业类型

资料来源：中国指数研究院

一是首选北上广深等一线城市以及杭州、苏州、南京、天津、重庆、成都和武汉等重点二线城市，注重大城市产业外溢、周边游市场需求旺盛等机遇，发展产业类或产业+文旅类特色小镇。大城市周边小镇无论是在政策规划、区位交通、消费市场等方面均具有突出优势，开发经营的风险也相对较小。例如华夏幸福主导的香河机器人小镇精准对接京津企业产业转移，聚焦机器人核心产业，已进驻德国尼玛克、伊贝格、汇天威、柏惠维康等40多家企业，其中20多家已经投产，2016年产值近10亿元；碧桂园紧密围绕深圳，以产业溢出效应为突破口，在惠州、东莞落点4个科技小镇，其中潼湖科技小镇已获创新

工厂、名将集团、深圳无人机协会等机构的签约入驻。

二是选择具有产业基础的网络节点型小镇，深挖其基础产业特色，并围绕产业特色引入旅游维度，通过与地方政府或知名企业进行战略合作，打造产业+文旅业特色小镇。此类小镇，房企可围绕基础产业深挖、培育和演绎文化，依托基础产业构建拓展文旅业态体系，发展产业+文旅型特色小镇。

（3）功能特征：文旅特色小镇占绝对优势

从产业特征来看，文旅型占比偏高，达60.2%，较国外高15.4个百分点；产业型占比为27.7%，较国外低8.1个百分点；产业+文旅型的占比为12.0%，较国外低7.4个百分点。大多房企重点选择了文旅型特色小镇，注重挖掘城市周边具有自然资源禀赋或历史文化基础的区域，打造文旅类特色小镇。这主要基于自身已有的开发运营经验，对于产业导入及运营的要求相对较低，更容易获得成功、见效更快。例如华侨城在深圳和成都周边布局的特色小镇，均建立在本地资源禀赋挖掘的基础之上，深圳龙岗区甘坑小镇主打客家文化、深圳光明新区特色小镇主要围绕公明水库及光明森林公园等绝佳生态资源进行开发，成都的安仁古镇、天回古镇则均是依托当地的文博、历史文化背景等资源；荣盛也紧抓机遇不断加大文旅版图，先后在河北、河南和山东等地布局圣诞小镇、雾灵山文旅小镇、云台古镇和温泉小镇等项目。

（4）运作模式：开发企业整合自身资源条件积极导入产业

强大的产业资源配置能力和管理运营能力是特色小镇是否成功的关键。开发企业通过整合企业自身相关资源（如教育科研机构、金融机构、行业协会及企业孵化机构等）形成小镇产业发展核心战略联盟，为小镇产业顺利发展搭建主导产业资源平台。确定主导产业后，结合产业应用及服务、相关延伸产业、产业配套的打造，形成完整的泛产业生态链结构，同时利用特色IP打造、文化运营、高科技运用三大创新模式，提升小镇产业的价值链。由于产业培育周期长且需要产业资源与人才的高度整合，目前大多数房企并不具备产业经营能力，与产业资源方合作成为优选方案，产业资源方主导产业培育、经营，房企负责特色小镇开发建设。例如，碧桂园与全球IT巨头思科合作共建科技小镇，思科负责IT产业运营，为小镇带来上下游完整产业链；华夏幸福通过打造机器人制造的完整产业链条为小镇孵化出来自美国硅谷的技术创新企业FilmPower并实现投产运营;保利结合自身资源优势,依托保利文化、中航科技、保利安平确立了特色小镇文创、主题乐园以及养老产业的三大发展方向。

(5)投资模式:PPP模式是主要投资方式

据克而瑞测算,特色小镇规划面积多在$2\sim4km^2$,平均投资强度27亿元$/km^2$。特色小镇各项建设支出巨大,与传统的房地产投资相比,换算2700元$/m^2$的投资强度不足以支撑一个特色小镇的开发建设,未来资金将成为特色小镇发展的重要因素。

在特色小镇的开发过程中,普遍的问题之一是企业作为开发主体,需代替政府供给公共配套服务。特色小镇选址通常位于远郊,可能面对的是县级与乡镇政府,政府职能与小镇的定位匹配度不够,给予的支持与服务有限。从零开始的造城,在居民入住之后随即产生交通、餐饮、教育、医疗等方方面面的配套需求,开发商需要全额承担,并且后期经营回收过程中具有不确定性。万科在建设良渚文化村的过程中,除了承担科教文卫等基础服务,由于早期的社区无派出所,万科还组建了物业团队承担治安及城管功能。对此,PPP模式是主要解决途径之一。

特色小镇的建设资金来源包括中央补贴、地方政府补贴、社会资本等几方面,但考虑到部分特色小镇当地财政收入有限,支柱产业发展不清晰,为了打造特色产业,需要较大的投资,因此,引入社会资本将是一个必然的选择,PPP模式将成为一个较为普遍的应用方式。据统计,第一批127个特色小镇中,有52%的小镇开展了PPP项目,有73%的小镇政府已购买了市场化服务。可以看出,已经有较多的特色小镇开始采用PPP模式开展建设,相信未来将有更多的小镇采用该模式投资项目。

3. 典型案例

房地产与特色小镇有着密切的关系。尤其在政府大力推进特色小镇的背景下,企业可充当建设者、运营者,甚至是发起者。多家房企在积极推进特色小镇的建设,建设主题各具特色,覆盖养老、农业、科技等主题。目前,已有38家房企进入特色小镇领域,落地特色小镇数量超140个。截至2017年年底,克而瑞销售排行榜单中 TOP 100 房企进入比例达 6 成，公开发布小镇战略计划的房企有 20 多家，包括绿地、华夏幸福、蓝城、华侨城、时代地产、碧桂园等，共签约项目已超过数百个，特色小镇已成为房企新增土储的重要方式（表3-16）。整体而言，特色小镇建设仍处于初级阶段，房企应切实提高运营能力，真正实现产业聚合、产城融合，避免"千镇一面"。

房地产开发企业进入特色小镇领域情况　　　　表3-16

开发商	小镇类型	发展规划
华侨城	文旅小镇	通过文旅＋城镇化模式实施 100 个美丽乡村计划，以 PPP 模式打造 100 个具有中国传统民宿文化的特色小镇
华夏幸福	产业新城	重点布局京津冀，计划在环北京、长江经济带和珠三角等大城市周边布局百座特色小镇
碧桂园	科技小镇	五年内投资 1000 亿元，目前已签约五个科技小镇项目
绿城	理想小镇	三到五年在上海、杭州和北京周边打造 5～10 个样板
蓝城	农业小镇	五年内打造 100 个农镇，辐射带动 1 万个小镇
时代地产	未来小镇	五年内投资 9000 亿元，目前已签约 2 个未来小镇项目

（1）碧桂园：联合思科打造产城融合科技小镇

2016 年 8 月，碧桂园提出产城融合战略，推出了科技小镇计划，开始在全国一线城市周边和强二线城市范围内布局科技小镇，打造"主导产业突出、全产业链覆盖"的科技生态小镇。未来五年计划投资 5000 亿元，建设数个智慧生态科技小镇。碧桂园选择思科等科研机构和科技企业作为打造科技小镇的战略合作伙伴，是强强联合做产城融合模式，力促更多高科技企业进驻，形成产业集聚发展态势。

截至目前，碧桂园已完成 5 个科技小镇布局，分别是惠东稔山科技生态城项目、惠州潼湖创新小镇项目、惠州潼湖科学城项目、东莞黄江创业小镇项目和河北三河市科技小镇项目，其中 3 个位于惠州，1 个位于东莞，1 个位于三河。前四个"科技小镇"都临近深圳，旨在承接深圳外溢的创新产业及购房需求。每个科技小镇占地约 2km^2，计划总投资超过 300 亿元，未来还将新增 15

个科技小镇项目。

碧桂园"科技小镇"重点选取一二线城市的周边土地和项目,一般选址一线城市周边和强二线城市的 30～80km 重要区域或不超过 60km,占地 2～5km^2,拥有垂直绿化、立体分层交通的城市面貌,产业上能满足科技创新人才的产学研需求,而房价只有一线城市的 1/3。"科技小镇"涵盖总部经济、金融、生物健康、医药等多个高新产业,碧桂园自身拟设立规模 20 亿元的基金对园区内企业提供资金支持,每个小镇预计年产值为 450 亿元,年税收 40 亿元,就业人口超过 8 万人(表 3-17)。

碧桂园布局特色小镇情况　　　　表 3-17

小镇	投资规模	占地面积	定位
惠州潼湖科学城	5 年内投资千亿元,其中潼湖创新小镇超 300 亿元	6km^2	产城融合,承接产业转移,吸引科技人才集聚,发展实体经济
惠州潼湖创新小镇		2.3km^2	
惠东稔山科技生态城		20.8km^2	
东莞黄江硅谷小镇		5.05km^2	

资料来源:课题组整理

(2)华夏幸福:打造百座产业特色小镇

2016 年 11 月 4 日,华夏幸福(600340.SH)首次向外界宣布该公司的特色小镇战略,其将与公司的产业新城业务协同发展,旨在成为公司推动区域经济发展的两个重要引擎之一。华夏幸福将围绕科技、健康、财富、文创四大主题,聚焦主导产业,从产业链、人才、技术、资金等方面,谋划打造足球小镇、健康小镇、葡萄小镇等一系列小镇。未来三年计划在环北京区域、沿长江经济带以及珠三角区域等大城市、核心城市的内部以及周边布局百座特色小镇。目前河北省公布的首批特色小镇创建和培育类特色小镇中就包括由华夏幸福开发的五个产业小镇,包括永清县幸福创新小镇、霸州市足球运动小镇、香河县机器人小镇、任丘市白洋淀水乡风情小镇和任丘市中医文化小镇(表 3-18)。

华夏幸福布局特色小镇情况　　　　　　　表 3-18

小镇	投资规模	占地面积	定位
大厂影视小镇	100 亿元	6km²	中国影视第一镇
嘉善人才创业	75 亿元	6.4km²（一期）	以商务办公、研发创新为主导，服务业嘉善区域的总部基地和生产性服务中心的上海人才创业园
香河机器人	——	——	以机器人产业为核心的全国机器人小镇标杆
南京空港会展	80 亿元	2km²	构建展城融合的新会展模式

资料来源：课题组整理

截至 2016 年年末，华夏幸福在大厂、嘉善、香河等地打造的影视小镇、人才创业小镇、机器人小镇等已初具规模。其中，定位于"中国专业化影视第一镇"的大厂影视小镇，通过建立影视产业生态圈，吸引了相对论、金海岸影视、baseFX 等龙头企业在内的 40 余家企业签约入驻，覆盖项目孵化、前期拍摄、后期制作、宣发交易全产业链；位于嘉善的上海人才创业小镇，一期已建成 6.4 万 m²，已有超过 30 家企业入驻，小镇格局已初步完善，路网畅通，嘉善规划展示馆、云湖公园、上海人才创业园、新西塘水街等项目串联成丰富的小镇亮点。此外，包括会展小镇、足球小镇、健康小镇、葡萄小镇等在内的一系列特色主题小镇，也都在有序推进中。

（3）华侨城：打造百座文旅小镇

2016 年 11 月，华侨城提出发挥文化旅游产业的传统优势，通过"文化＋旅游＋城镇化"模式实施"100 个美丽乡村"计划，以 PPP 模式在全国打造 100 座特色小镇。立足于文旅产业经营和房地产及酒店开发，提出了"文化＋旅游＋城镇化"和"旅游＋互联网＋金融"的创新发展模式，并已经形成以文化为核心，以旅游为主导，布局全国各区域的运营思路。

目前，已累计投资 5000 亿元，在广东、四川、云南、海南、山西、河北等地快速落地，创建了众多唯一，包括博物馆小镇——四川安仁、南方丝绸之路的起点——四川天回、最美"水"主题古镇——四川黄龙溪、中国文创第一镇——深圳甘坑、民族英雄文天祥后人聚居地——深圳凤凰古镇、明清南中国海防军事要塞——深圳大鹏所城、深圳生态后花园——光明小镇等。以四川为例，已与成都金牛区、大邑县、双流区三地政府以及成都文旅集团签署合作协议，拟投资

1200亿元打造天回、安仁、黄龙溪三大旅游名镇，三个项目占地面积分别为10km^2、15km^{2}以及16.68km^2。2017年4月11日，海南省三亚市与华侨城签署战略合作意向书，将引入华侨城打造"天涯特色小镇"项目（表3-19）。

华侨城特色小镇情况　　　　表3-19

小镇	投资规模	占地面积	定位
甘坑	500亿元	12km^2	中国文创第一镇
安仁	100亿元	15km^2	以文化博览为标签的文博小镇
黄龙溪	500亿元	16.68km^2	整合古镇、水特色、文化资源打造"水"主题古镇
天回	600亿元	10km^2	国际丝路文化新城
光明小镇	500亿~1000亿元	12km^2	集生态观光、度假休闲、文化体验、科技创意于一体的生态文旅小镇

资料来源：课题组整理

从目前华侨城布局的深圳甘坑新镇、成都天回、安仁、黄龙溪三大名镇等文旅小镇，其打造小镇的思路大同小异，都是以当地特有的文旅资源为基础进行建设运营，这一类小镇属于消费型小镇，更多的将带来富民效应。凭借华侨城在打造主题乐园方面积累的大量经验，其文旅小镇有望成为重要产品之一。

（4）新华联：依托"古镇+"的文旅小镇

新华联主打以文化旅游项目发展古镇市场，即以古镇为平台，提供文化景点、演艺、亲子、餐饮等业态。同时，为了增加旗下文化旅游项目人流量和盈利能力，未来新华联将加强与旅游机构、演艺机构等合作伙伴的联动。公司已经明确表示，特色小镇是未来城镇化发展的重要方向，以"古镇+"为开发模式的文化旅产业是公司未来发展的核心方向，是特色小镇的重要组成部分（表3-20）。

新华联布局特色小镇情况　　　　表3-20

小镇	投资规模	占地面积	定位
长沙铜官古镇	100亿元	3000亩	低密度生态环保文化旅游小镇

续表

小镇	投资规模	占地面积	定位
涿州拒马河	100亿元	——	集特色小镇、养生养老、创客小镇和智慧新城于一体的大型高端文旅项目
西宁多巴哥	40亿元	130万m²	文旅特色小镇

资料来源：课题组整理

（5）绿城中国：打造农业、康养、文旅小镇样板

绿城重点聚焦农业、康养、文旅三类核心产业小镇，建设生产、生活、生态融合的乐活小镇，营造幸福、美丽、活力的人居小镇，构建生长、自给、自足的特色小镇。目标是未来5～10年打造5～10个小镇样板，主要位于上海、杭州和北京周边约30～50km包围圈，实现年百亿的销售规模，形成开发规模化、产业系统性的运营格局。

绿城的农业小镇，承接一二线城市经济产业外溢、中产阶层人群居住外溢，以及城市化进程中农村人口城镇化。以农业或文化等产业作为主导，深度整合教育、医疗、养老、园区服务等跨界资源，在城市近郊形成一个完整的城镇化解决方案。目前一个小镇规划面积5km²，其中约3km²是农业，1km²开发建设，形成3万人的小镇，城市与农村人口各占一半，35～55岁的城市白领和中产占居住人口的60%左右。农业小镇依靠着小镇房地产开发建设部分获得的收益，带动周边的农业改造，建成大型农业基地，并带动周边的农民转化为现代农业工人（表3-21）。

绿城布局特色小镇情况 表3-21

小镇	投资规模	规模	定位
杭州龙坞茶镇	51亿元	土地217公顷，建筑面积79万m²	茶产业特色小镇
杭州湾花田小镇	200亿元	23km²	集现代农业、休闲旅游、养生养老等于一体的复合型美丽小镇

资料来源：课题组整理

从目前绿城布局的小镇实质形式来看，龙坞茶镇与以往"产业外衣、开发内在"的小镇不同，这是绿城第一次布局拥有特色产业的小镇，未来有望通过深度开发使小镇具有真正活力的核心产业，从而形成"西湖龙井"茶文化特色小镇。

（6）阳光城：战略扩张试水影视特色小镇

阳光城 2017 年 5 月 3 日发布公告称，公司与阳光控股、北京电影学院三方将依托自身优势，在全国范围内合作发展影视产业及特色小镇项目，开展影视全产业链合作及影视园区建设等经营事项，战略合作关系有效期为 10 年。据了解，阳光城先期以环北京、大福建等区域为起点，打造集影视娱乐、艺术创作、文化旅游、商业休闲、生活居住于一体的国家级示范小镇，在全国核心一、二线城市通过模式复制及产业联动，发展启动 10 个以上影视小镇项目。

（7）绿地：积极推进康养、文旅小镇

绿地集团自 2016 年启动对"特色小镇"项目的投资布局，在西安、武汉、成都、杭州、南昌、宁波、廊坊等地积极推进项目落地。2017 年，明确将"特色小镇"模式纳入企业发展战略，大力发展以智慧健康城、文化旅游为主题的特色小镇。2017 年 4 月 1 日，绿地集团和山东省莱芜市政府在上海签署战略合作协议。未来 10 年内，绿地集团将在莱芜雪野湖旅游区斥资逾 600 亿元，总用地面积超 4 万亩，规模化打造文化旅游、健康养生特色小镇。莱芜项目是绿地集团资金投入大，持续时间长的项目，可见特色小镇战略是绿地的一项长期投资战略。

（8）时代地产：计划打造 30 个未来小镇

2016 年 12 月，时代地产集团也正式宣布启动"时代未来小镇战略"，宣布在未来 5 年内将从珠三角起步，投资 30 个"未来小镇"项目，总投资金额约 9000 亿元。契合了公司进入城市 4.0 价值城市的发展理念，目前已签约佛山南海全齐创客小镇、广州白云空港小镇两个项目，创客小镇项目已于 2017 年启动，预计 6~8 年完成开发建设。未来小镇的物业开发，一种是根据产业需求规划建设，以自持经营为主；另一种则是为进驻园区的大型企业提供定制化服务，这部分物业可整体转让。

4. 转型挑战

地产类特色小镇投资周期长、资金需求量大、回收缓慢。特色小镇基于产业逻辑，建设期从立项到运营普遍需要十年以上，项目所需资金规模大都在千亿元以上，对于重视现金流的地产企业而言，是一项时间长且风险巨大的投资，需要打造产业"十年磨一剑"的决心。

（1）保障各方利益均衡的可持续开发运营模式尚在探索

如何保护各主体利益、完善开发运营体系将成为保证小镇建设顺利推进的关键要素。政府与企业在特色小镇合作过程中最大的难点在于，如何平衡土地整理、基础设施建设、公共服务及小镇开发运营等层面的商业计划。特色小镇前期基础设施建设投入大，绝大多数的土地资源又集中在村集体手中，因此小镇建设必须平衡政府、企业、村集体和村民之间的利益关系。在小镇建设的过程中，需要坚持市场主导，不断吸引多元投资主体，构建小镇建设的利益共同体，完善合作及退出机制，根据不同开发时序提供多元化融资和盈利方式，保障政府、原住民、开发商及金融机构在特色小镇发展中共同开发、共同收益，最终实现小镇开发价值最大化。因此，具有利益共享、风险公担、长期伙伴关系、保障投资者利益等特点的 PPP 模式已成为小镇合作开发的首选模式。

（2）可持续的综合性政策支持是关键

为实现小镇的产业导入，政府针对开发方、入驻企业、服务中介、高端人才均会提供相关奖励，但开发方也可着重在产业、金融、土地三方面争取更多的政策红利，为不断引入和集聚高端行业龙头企业以及高端人才，推动小镇产业的可持续发展提供充足的政策保障。在产业政策方面，如产业准入政策（需要特殊牌照的产业，如金融等）、产业奖励政策（技术奖励、人才奖励等）、产业补贴政策（创业补贴、孵化器建设和运营补贴等）；在金融政策方面，如税收地方留成部分的返还（主要是企业所得税和个人所得税）、金融支持（共同出资设立产业基金、行业贴息贷款等）；在土地政策方面，土地打包出让并确定价格、土地指标的确保、产业用地上建筑的分割权和预售政策、报批报建绿色通道、对于人才的住房补贴等。小镇的兴建完全依仗于相关政策及优惠条件的扶持，一旦这些利好消失，将面临产业发展停滞、产业人口流失的局面，之前引进的房地产项目很容易沦落为下一个大拆大建的典型。

（3）资金支持影响小镇可持续发展

对开发方及投资者而言，小镇建设面临资金投入大、回收周期长的巨大挑战。特色小镇基于产业逻辑，建设期从立项到运营普遍需要10年以上，项目所需资金规模大都在千亿元以上，具有前期资金投入量巨大、回收周期长等特点。目前来看，中央财政对特色小镇尚无明确的直接支持，后续政策出台尚需观察。政策性银行的低息贷款争取还存在一定难度，省级财政的直接拨款数额不足，中央财政无直接拨款（仅对工作开展较好的小镇给予适当奖励，无具体办法），这些都说明特色小镇建设将会更多依赖于市场。目前，有几个大型银行已经就特色小镇项目和发改委、住房城乡建设部开展了合作，但具体的落实办法尚待观察。对于重视现金流的地产企业而言，特色小镇是一项时间长且风险巨大的投资，如何形成良性的盈利模式是必须解决的命题。但就目前来看，大部分的特色小镇盈利模式缺失，以出租店面+配套房产开发出售作为盈利模式过于单一，无法全面地拉动产业和经济发展，提高当地居民生活质量。

第四章 升级房地产产品和服务

产品是指能够供给市场,被用作使用和消费,并满足某种需求的东西。具体到房地产产品,从广义上看,是"空间+内容"的组合。所谓"空间",是传统意义上的建筑载体本身,而"内容"本质上是其所承载的配套与服务。以空间为载体,叠加不同的内容形成了不同的房地产产品。例如,用于居住的建筑是住宅,用于办公、商业等的建筑分别是办公楼、商场,与产业相结合就是产业地产,如以养老和文化旅游等为内容的地产就是养老地产、文旅地产。

一、房地产产品升级

按照使用功能和用途,房地产产品分为三大类:住宅产品、商业地产产品和办公地产产品。虽然三类房地产产品都处在迭代升级之中,但又有着不同的升级模式和特点。

(一)住宅产品的升级

改革开放以来,我国住房市场快速发展。住房市场已从解决短缺、满足从无到有过渡到对高品质住宅产品的需求,这种需求的变化对应的是住宅产品的迭代升级。一方面,不同年代有不同的代表性住宅产品;另一方面,即使在同一年代,住房市场上也会出现各代产品并存的现象。如当前新建住宅中也是毛坯房、普通精装修房和高品质住宅共存。伴随经济社会发展,部分低端的住宅产品与家庭人口结构、消费理念、节能减排要求等不匹配,难以满足人民群众日益增长的美好生活需要,未来升级空间还有很大。

根据我们的研究,住宅产品大致经历了从无到有、从有到优、从优到智、

从重物到重人等4个阶段的发展,具体如下:

1. 从无到有:实现住有所居

住房的本质是供人居住的产品,住有所居主要是满足从无到有的升级,匹配居住需求。改革开放初期,绝大多数城镇居民租住在公房(政府房屋管理部门或者单位)之中,只有极少数家庭才拥有自己的住房。例如,1984年,城镇居民居住在公房的比重达88.2%,而居住在自有房屋的比重仅为9.4%。不仅如此,住房户型也不合理、面积普遍偏小、功能不齐全;住房,特别是设施完备、功能齐全的好房子,是极度短缺的。

改革开放以来,我国通过深化住房制度改革,大规模建设住宅,基本实现了住有所居。2017年,城镇居民人均住房建筑面积比1978年增加30.2平方米;2016年,居住在钢筋混凝土或砖混材料结构住房的户比重为93.5%,有管道供水入户的户比重为97.7%,城市的燃气普及率达到95.8%(《2016年城乡建设统计公报》),使用本住户独用厕所的户比重为93.5%。国家统计局2015年全国1%人口抽样调查资料显示:平均每户住房间数已达3.54间,基本实现人均一间房,居住条件明显改善。

这种住宅升级主要特征是:解决从无到有、从差到优,增加住宅存量。具体表现为从没有住房到拥有自己的住房,从小房子到大房子,从户型差到户型更加合理适用的房子,从不成套住房到成套住房,从不独立住房到独立住房,从功能不足到设施齐全,对应的产品是现代化住宅,包括前期的住宅产业化相应产品,到后期的普通精装修住房、抗震节能住房、绿色建筑等等。

专栏一:建筑工业化与住宅产业化

传统的住宅产品建造方式落后、生产效率低下,其升级的方向是建筑工业化、住宅产业化。1999年,《国务院办公厅转发建设部等部门关于推进住宅产业现代化提高住宅质量若干意见的通知》(国办发〔1999〕72号)发布,号召房地产业推进建筑工业化。其本质在于改变传统的建筑"现场施工"作业模式,致力于预制和装配式建筑，以期提高效率、管控质量、减少对劳动力的需求。例如，万科地产率先推动了建筑工业化进程。在1999年成立了建筑研究中心，通过多年的实践和积累，推动了"新五四运动"。包括：预制外墙、铝膜板和现浇筑墙、装配式内墙、自升式爬架、整体卫浴五大技术；产品定型、全装修、精细化管理、项目评估和交付评估四大保障（图4-1）。

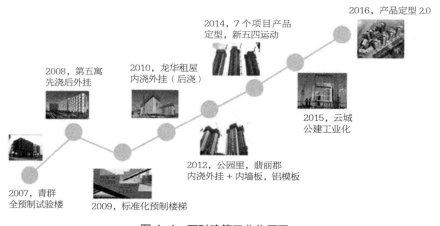

图4-1　万科建筑工业化历程

资料来源：万科建筑研究中心公众号

实际上，住宅产业化是指用工业化的生产方式建造住宅，是建造方式的升级。运用现代化管理模式，通过标准化的建筑设计以及工厂化的部品生产；实现建筑构部件的通用化和现场施工的装配化和机械化，降低对人工的使用，以提高劳动生产率。住宅产业化是指将住宅分为构件和部品，用工业的方式进行生产，然后现场进行组装。在这种模式下，原来在现场建造过程可以转移到标准化的工厂进行，通过规模效应促进技术创新，将住宅分为部品，提高了质量、降低了成本，并且能够有效地提升住宅建筑的安全性、舒适性和耐久性。在国际上，住宅产业化较为典型的代表是日本，其住宅产业化从20世纪50年代就开始起步。

在建筑之外，从无到有的升级还包括提供必要的物业服务。物业服务内容正逐渐完善，包括房屋维修、清洁卫生、园林绿化、安全护卫等，到机电维护、环境设计、企业策划、家政服务、社区文化、商业代理等，力求满足业主从办公、学习、安全、环境到居家生活、邻里交往、文体活动等一系列需求。除本身的建筑载体以外，物业服务也已成为衡量住宅产品优劣的重要指标。同样区位的住房，消费者愿意为具有更好物业服务的住宅产品买单。

2. 从有到优：匹配住有宜居

解决了"有房住"的问题之后，接下来的升级方向就是要实现"住得好"。住宅产品的建设标准不断提高，体现在从毛坯房到精装修住房，再到配有优质服务的绿色环保住房的升级过程。

住宅产品的使用价值在于满足人们的居住需求，因此，住宅产品的规划设计应以提高居住舒适性和方便性为出发点，注重房型、配套设施、景观等因素。无论是住宅产品的空间利用还是精装设计，都应更加注重细节。整体来看，宜居住宅应该包括以下几个方面：

（1）产品更加绿色

党的十八大以来，绿色发展理念已经深入人心，推进生态文明建设成为新时代国家发展战略。而落实到建筑本体，就是遵循绿色发展的理念，以生态保护为前提，坚持建筑产品的绿色化方向，发展绿色建筑。从广义上看，绿色建筑指在建筑的全寿命周期（或全生命周期）内，最大限度地节约资源，包括节能、节地、节水、节材等，保护环境和减少污染，为人们提供健康、舒适、高效的使用空间，最终实现与自然和谐共生的建筑物。

——第一代：四节一环保住宅（注重节约资源和能源）。

建筑领域对资源的占用较高，除了稀缺的土地资源、水资源等，还有能源消耗也巨大，同时也是碳排放的主体，占到总排放量的1/3，建筑领域的低碳绿色发展已经成为未来方向。绿色建筑技术注重低耗、高效、经济、环保、集成与优化，是人与自然、现在与未来之间的利益共享，是可持续发展的建设手段，而资源的节约主要表现在各种技术手段的利用上。

建筑的布局和设计方案会对资源的利用效率会有巨大影响。整体来看，绿色化方向要求建筑采用适应当地气候条件的平面形式及总体布局，减少对资源的使用，提高利用效率，力求使资源可再生利用。在能源系统上：一是能源结构上充分使用可再生能源和清洁能源。如利用太阳能转化成热能，为建筑提供有效的节能利用方式。屋顶太阳能板等就是一种有效的利用方式，这在我国南方地区建筑中应用比较普遍。为了保障屋顶美观和安全，甚至可以用太阳能电池板打造房子的屋顶（图4-2）。二是减少能源使用。根据自然通风的原理设置风冷系统，使建筑能够有效地利用夏季的主导风向，如可以在建筑外立面装遮阳百叶（穿孔透光铝板）。三是提高能源效率。利用节能围护结构及暖通空调系统，减少建筑碳排放量。

图4-2　太阳能电池板屋顶
资料来源：http://www.cheyun.com/content/12037

——第二代：绿色住宅（更加注重与自然和谐共生）。

绿色建筑的要求是室内布局十分合理，尽量减少使用合成材料，充分利用阳光等自然资源以达到节省能源的目的，并且为使用者创造一种接近自然的感觉。以人、建筑和自然环境的协调发展为目标，在利用天然条件和人工手段创造良好、健康的居住环境的同时，尽可能地控制和减少对自然环境的使用和破坏，充分体现向大自然的索取和回报之间的平衡。在绿色化的发展方向上，建筑不再仅仅是钢筋水泥的组合，需要增添很多绿色的元素，体现"心中有绿"、回归自然的和谐理念。

例如，按照规范要求，绿色建筑对建筑的地理条件有明确的要求，土壤中不存在有毒、有害物质，地温适宜，地下水纯净，地磁适中。绿色建筑还要根据地理条件，设置太阳能采暖、热水、发电及风力发电装置，以充分利用天然可再生能源。绿色建筑外部要强调与周边环境相融合，做到保护自然生态环境。建筑内部不使用对人体有害的建筑材料和装修材料，考虑室内空气清新，温、湿度适当，令使用者感觉良好，身心舒畅。

绿色是建筑的重要标志，从国外到国内，许多标志性绿色建筑都与绿色植物相结合，如米兰垂直森林、新加坡 Jardin 项目、墨西哥 Falcón II Headquarters 等，无一例外地"屋里长草"。而在现代建筑的打造中，建筑师把绿色植物当作一种设计元素融入住宅设计中，赋予了整个房子会呼吸的生命力，清新灵动，也拉近了人与自然的距离（图4-3）。

图4-3　意大利垂直森林外观与内部

资料来源：https://www.sohu.com/a/196608522_739203

专栏三：朗诗地产的四代绿色住宅产品体系

从成立之初，朗诗就确立了绿色科技地产的差异化战略，之后十几年间，朗诗始终专注于健康、环保、舒适、节能的绿色地产之路，先后形成了四代绿色住宅产品。

朗诗1.0：率先试水绿色科技住宅。十几年前，很少有开发商在我国建造绿色住宅，朗诗打造了高舒适度、低能耗的创新产品，率先为建筑穿上绿色科技的外衣，再配上设备系统营造高"恒温·恒湿·恒氧"高舒适度的居住体验，带来全新的居住生活体验。

朗诗2.0：重构绿色人居空间。朗诗不再只满足"恒温·恒湿·恒氧"的需求，从人居角度，大量采用模拟技术和微环境的分析，每一个项目都会有大量对声、风、日照，甚至是春夏不同降雨的分析，对空气中有害物质进行隔离，产品不仅仅是房子本身，更多的是围绕家的全新生活方式和全面解决方案。

朗诗3.0：绿色科技住宅体系。朗诗3.0产品按照国际最先进的被动式建筑标准打造，其中朗诗绿色建筑研发基地"布鲁克"被动房项目就是很大的一次尝试，利用建筑本身而实现节能减排。除此之外，朗诗3.0还涵盖了4大技术革命，15大科技系统，从此告别地暖空调、终结黄梅天的潮湿、三效新风过滤、高效隔音、多种场景灯光模式、零甲醛环境。

朗诗4.0：以人为本的新住宅。与前几代产品比较，更加注重人本身的需求，为居住者营造健康、舒适、节能、环保、智能五个维度平衡发展的高品质住宅和社区。例如，在健康维度上，朗诗的最新产品已严格将甲醛浓度控制在芬兰S1级最高标准内，而住宅气密性及新风系统的应用则使室内PM2.5过滤率达95%。在人居舒适维度时，"润而不燥"、"四季如春"等关键词将成为第四代城市住宅的标配。随着智能科技飞速发展，住宅的智能属性也日益受到重视，成为美好生活的重要支撑。

——第三代：被动式住宅（要求更高、更严格的绿色住宅）。

"被动式建筑"中的"被动"是针对"热能"而言。其主要通过住宅本身的构造以达到高效的保温隔热性能，例如使用超厚的绝热材料和复杂的门窗，利用太阳能和家电设备的散热为居室提供热源，减少或不使用主动供应的能源（图4-4）。

在我国，被动式建筑（即被动式超低能耗绿色建筑）是指通过最大限度提高建筑围护结构保温隔热性能和气密性，充分利用自然通风、自然采光、太阳辐射和室内非供暖热源得热等被动式技术手段，将供暖和空调需求降到最低，实现舒适的室内环境并与自然和谐共生的建筑。

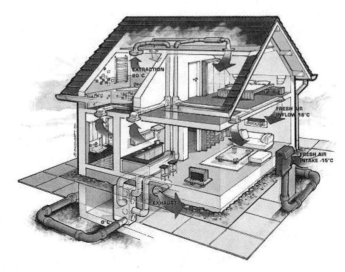

图 4-4　被动式住房工作原理

被动式房屋采用各种节能技术构造最佳的建筑围护结构，极大限度地提高了建筑保温隔热性能和气密性，使建筑物对采暖和制冷需求降到最低。在此基础上，通过自然通风、自然采光、太阳能辐射等来实现室内舒适的热湿环境和采光环境。

——贯彻住宅产品升级过程的理念：全生命周期住宅。

全生命周期住宅是基于从过去主要考虑降低设计和建造成本，转变为综合考虑全生命周期建造和使用成本理念的住宅产品。建设全生命周期住宅，是对相关建筑资源的最大利用和对能源的最大节约，有效贯彻了绿色发展理念。

全生命周期住宅同时也考虑了不同阶段家庭对住宅产品需求的阶段性特点。例如，从单身阶段到结婚生子，再到最后的退休养老阶段，居住者都会有不一样的家庭活动特点及特定的空间和功能使用需求。因此，在建造初始就应减少室内承重墙，实现大跨度空间，为将来户型的可变调整预留可能性和自由度，实现在不同家庭人口模式下，空间可以根据需要进行自由分割。例如，全生命周期住宅采用户型内无"承重墙"的方式，将建筑骨架与内部使用空间分离，可实现真正意义上的"空间百变"（图 4-5）。

图 4-5　全生命周期的住宅格局变化

（2）物业服务升级

传统的物业服务包括环境清洁、绿化养护、安全防护、工程维护和公共秩序维护等工作。目前，传统物业服务的升级除了硬件上的升级，如更加智能的停车设备、更好的绿化环境外，更多的升级来自软件和服务，其中最为典型的是物业服务 APP（图 4-6）。通过物联网、云技术、大数据及人工智能的创新科技，实现社区数字化、线上化、数据化，对接商业服务和公共配套，可以为住户提供更快捷、更贴心的增值服务。例如，千丁 APP 提供的基础物业服务包括：门禁通行、房屋急修、生活缴费、物业报事、社区公告、社区活动等。服务物业的同时，也为业主的便利生活提供了线上对接平台。

物业服务升级的内在逻辑是：一方面，通过现代化技术手段的使用提高了服务效率；另一方面，物业服务可以更快、更好、更准的满足业主的多样化需求。

图 4-6　物业服务 app

专栏四：绿城服务：基础服务与增值服务

绿城物业服务集团有限公司成立于1998年，是一家以物业服务为根基，以服务平台为介质，以智慧科技为手段的大型综合服务企业，是全国同行业中物业类型最多、服务区域最广、服务面积最大的物业服务企业之一。2016年7月12日，绿城服务集团有限公司在香港交易所主板正式挂牌上市交易。目前，绿城服务品牌价值达68.68亿元，并多年获得"中国物业服务百强满意度领先企业"第一名等殊荣，得到业内高度认可。

2018年上半年绿城服务收入、毛利、服务面积持续稳健增长，收入29.27亿元，同比增长32.9%。其中，物业服务收入20.15亿元，园区服务收入5.12亿元，咨询服务收入4.00亿元，毛利5.51亿元，同比增长34.3%；在管面积1.51亿平方米，同比增长28.3%；储备面积1.60亿m^2，同比增长19.2%（图4-7）。

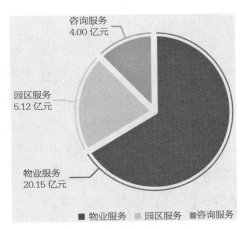

图 4-7　绿城服务收入构成

资料来源：绿城服务官方网站

绿城服务主要管理的社区物业种类以住宅园区为主，同时包括非住宅园区和兼具住宅及非住宅部分的混合用途物业。绿城服务通过提供较高品质低毛利率的基础社区服务获得良好的品牌知名度和客户满意度后，再通过高利润的园区增值服务和顾问咨询服务实现盈利。

增值服务收入包括除基础物业服务收入（物业费收入）外所有对业主提供服务的收入。顾问咨询服务主要是为开发商和物管公司提供咨询服务，帮助其提升品牌价值，并熟悉了解更多的客户，咨询业务是公司利润的主要贡献点。园区服务主要是通过打造的智慧园区服务体系、打造综合服务平台，来整合园区的基础服务能力、园区硬件设施能力、商业资源整合能力以及政府提供的具有黏性和便利性的公共服务能力，最终形成依托互联网技术手段的智慧生态服务系统。

公司通过服务标准化、信息化、智慧化改善提供服务的效率，减少对人力的依赖。利用物联网"智慧硬件管理"平台连接设施、设备及装置，进行远程感应及控制，提高效率和准确度，例如利用园区扫码技术，减少门卫岗位，节约人力。通过"智慧物管"，安装"鹰眼"监控系统、智能访客通行系统、智能快递柜等，大量节省基础人力成本。

（3）宜居综合配套

住宅产品的本质是为使用者提供更加舒适的居住环境。因此，宜居的住宅产品不仅包括住宅本身，还要有完善的社区服务配套。伴随消费需求升级，住房不仅要满足居住需求，还要满足消费者的商业、文化、医疗、养老等多种需求，为居民创造方便、快捷、舒适的生活环境。除了传统的物业服务外，社区内的社会化服务体系，如文化活动中心、老年看护机构、托幼所、教育配套等，也是高品质住宅产品区别于其他产品的核心要素。其内在逻辑是以住宅为核心，把与之相关的配套服务综合化实现，使其更加宜居。

例如，中粮与万科联合开发的长阳半岛项目，位于北京房山区长阳镇京良路南侧 CSD（中央休闲购物区）的核心区域，总建筑面积超百万平方米。该项目打造的理念为"一生之城"，即以构筑最适合居住的理想人居为使命。在商业配套上，项目自建 16 万 m^2 的商场、大型超市等；在教育资源上，推动一站式教育，引进北京小学、北京四中等知名教育品牌；在医疗服务上，深化区域医疗合作模式，建立社区医疗机构；在养老服务上，万科建立了第一个居家养老服务机构——中粮万科长阳半岛橡树汇长者服务中心。此外，除自营商业外，还引入了战略同盟模式，主要运用在银行、便利店、洗衣店、药店等方面，构建了"5分钟——10分钟——15分钟"生活圈。

专栏五：社区餐饮服务——万科"第五食堂"

万科开设的社区餐饮服务——"第五食堂"。指的是在家庭、单位、学校、街市酒楼之外，为社区居民开设的第五个就餐空间，是万科物业利用现有的物业资源实现多种经营的模式（图4-8）。

秉承"微利经营、服务社区"的理念，专业为社区居民提供一日三餐，每餐提供菜品达20个以上。菜品总数多达600多种，餐餐不重样，月月有新品。为社区及社区周边写字楼、企事业单位、家庭、社区、商超等提供营养、超值、便捷、安全的餐饮服务。

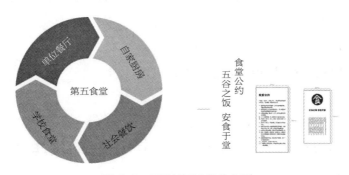

图4-8 万科第五食堂的定位

实际上，物业服务的升级是与住宅紧密相连的，其物业服务主要是利用信息化技术将与居住相关的产品和服务串联起来，提供更加高效、快捷、匹配需求的服务。例如，通过线上平台，可以实现家政维修、电梯抢修，24小时服务，投诉与维修响应及时。在此之上，通过与其他业态相结合，还可以产生商业模式的升级。

3. 从优到智：迈向住有智居

伴随科技发展，建筑正变得越来越智能。在住宅产品中，从原来的毛坯住房到传统的精装修交房，确实给用户省了很多精力，但是随着需求的升级，也产生了一些不适。例如，无论采用何种装修风格，也难以使所有用户满意，最终只能往大众偏好上去设计，难以满足日益增长的个性化和精细化需求。随着互联网技术、大数据技术、物联网技术的发展，人们对建筑的要求也不仅仅是钢筋水泥等建材的组合，需要更加智能的建筑。通过将建筑的结构、系统、服务和管理根据用户的需求进行最优化组合，从而为用户提供一个高效、舒适、便利的人性化建筑环境。

（1）建筑本体更加智能化

智能建筑是指将建筑物的结构、系统、服务和管理根据用户的需求进行最优化组合，是随着人类对建筑内外信息交换、安全性、舒适性、便利性和节能性的要求产生的。区别于一般的精装修建筑，智能建筑是集现代科学技术之大成的产物，其技术基础主要由现代建筑技术、互联网技术、物联网技术、云计算技术所组成。比较常见的如覆盖全域的wifi、人脸识别、二维码技术应用等。

专栏六：日本骊住集团U2-Home未来家居项目

日本骊住（LIXIL）集团是建材和住宅设备机器行业的全球领军企业，旗下名为U2-Home的未来家居项目已落成。U2-Home坐落在日本东京千叶县Kawama车站附近，每层占地面积为$72.87m^2$。

虽然从外表看与普通住宅差别不大，但是屋内是极尽智能化的（图4-9）。例如，屋内外安装了200多个传感器，相当于平均每平方米有1.5个传感器（图4-10）。这些传感器监测室外和室内的温度、湿度、风速、风向、照度、PM2.5、花粉、灰尘、紫外线、人员出入及活动状况等等，并通过门口的平板电脑显示所有的环境参数。并且，该住宅可针对不同年龄层的用户需求，作出优化调整。

图 4-9　U2-Home 项目建筑外观

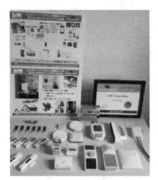 

图 4-10　房间内 200 多个传感器展示

在安全方面，只有取得授权的用户才能打开智能门锁，若未经授权进入，百叶窗将自动关闭，监控与警报被触发，并在屋主进入前作提醒。另外，当屋外有突发状况时，客厅中的大屏幕会显示监控画面，而 LED 灯板则相应变色闪烁，进行提醒。

在智能化方面，以 EnOcean 无需电池的无线开关及传感器为核心，打造智能家居系统。例如，每个抽屉 / 橱柜上都安装了 EnOcean 的窗磁传感器，用户使用一段时间后，智能系统后天就能得到用户使用各个抽屉 / 橱柜的频率，从而帮助用户优化物品的存放：比如最经常用到的东西应该放到下方容易取放的抽屉里，而不是最顶端的柜子中（图 4-11）。

图 4-11　EnOcean 门窗状态传感器安装在屋内抽屉、橱柜上

又如，在楼梯间、浴室、洗手间等老年人易发生危险的地方安装 EnOcean 紧急按钮，以便老年人在需要时求助（图 4-12）。由于这些紧急按钮无须使用电池，而是将按压的机械能转化为电能工作，所以无须担心在需要求助时恰好没电的情况。

图 4-12　EnOcean 紧急报警按钮布置在卫生间、浴室等易发生危险地

另外，LIXIL 的智能家居系统还可以识别屋内的动作是否过少，或者有人在卫生间的时间过长，这时候，如果住户没有对系统的问询进行反馈，那么"机器人管家"就会发送警报通知寻求外部帮助。

智能住宅是以智能家居的应用为核心，它对我们的家庭生活和生活方式带来深远影响。智能家居最终目的就是让人们在家中能够享受到舒适、方便、安全的生活,生活方式更加符合环保的要求。随着人们对生活品质的需求不断提高,以及住宅智能化的不断发展,今天的智能家居系统拥有了更加丰富的内容,系统配置也越来越高(图4-13)。

图4-13 智能家具系统

(2)建筑与人更好地交互

除了健康舒适,建筑更加智能化主要体现在两个方面:

一是能够自主学习的建筑才是更高层级的智能,自主学习使建筑更加聪明。通过引入人工智能,利用储存记忆、进行大数据分析,实现建筑的自主学习。

二是利用各种技术手段更好地实现人与建筑的交互。例如,室内的暖气及空调会根据当时的天气条件,以及室内的温湿度和空气质量自动调节。智能水龙头可设定水温、出水模式,并计算用水量。

专栏七:自主学习住宅——金茂府2.0产品

在智能住宅上,金茂府2.0的自主学习住宅主要通过万物互联技术实现。即小区所有智能设备,不管是电梯、单元门、还是每户的水表、电表、燃气表、智能家居设备、汽车等都连接起来。再进行大数据处理和分析，使智慧交互、智慧场景、智慧学习和智慧能源等得以实现（图4-14）。

图4-14　金茂府2.0产品体系定制生活场景

在此基础上，业主还能实现智慧交互：通过一定的手势、语音等发出指令，进行不同模式的切换。此外，无论业主在家里、在路上、在外地，都可以通过智能系统，远程控制家居生活。

其自主学习功能主要通过储存技术、大数据分析技术实现，通过引入AI智能"Maomao"，收集环境数据和居住证日常生活行为历史数据，构建不同的智能生活场景，为不同用户，基于不同场景提供专属服务。

通过与新风系统、中央空调系统关联，空气感知器可自动检测并调控室内空气质量（PM2.5，VOC气体）、环境温度与湿度智能节能，将居住体验调整到最佳状态。

4. 从重物到重人：回归以人为本

从表象上看，住宅是钢筋混领土的组合，虽然后期叠加了绿色的理念和各种先进的技术，但这种产品升级路径始终没有跳出物品升级的逻辑。实际上，住宅作为房地产产品之一，其根本目的是服务于人的需求。所以，未来的住宅产品升级方向将是从重物到重人的转变，这本质上是以人为本的逻辑。

（1）更加重视定制化

既然住宅产品要服务于人，那么从人的需求角度思考住宅产品升级，就要做更加人性化的升级和迭代。既需要考虑人口结构的变化和消费理念的转变，也需要考虑消费者观念和偏好的转变。例如，90后新生代消费者群体正在崛起，他们与父辈有着不同的习惯与偏好；追求自我认同感，更具时尚感、设计感、个性化的住宅产品更加受欢迎。而对于逐渐步入养老的60后，他们对住宅的服务配套有更多需求。为了满足各群体日益增长的多样化需求，新一代的住宅产品必然更加重视定制化，这是住宅从绿色、科技到以人为本的一次回归。

——重视资源节约并不是要放弃健康舒适生活。绿色化的发展方向要求节约资源不是放弃高品质的需求，而是以更加合理、经济的方式享受科技、设计理念给我们带来的舒适。建筑大师柯布西耶说"建筑是居住的机器"。人生有三分之一的时间用来睡觉，大量的时间在室内活动，因此住宅产品本身的升级是最为直接的，其目的在于提高使用的舒适度。健康舒适的居住环境从建材选择开始。如采用更加环保的建筑材料，考虑到舒适度，在各方面都要配以更加人性化的设计。

——根据需求自我调节。简而言之，新一代住宅产品发展方向是根据需求自我调节。例如，可以根据不同季节、不同居室、不同时刻、不同住户实现定制化调节。如金茂府2.0产品装修体系正在做相应尝试，可以根据每个家庭、每个房间的需求随时调整自己的温湿度，且这种调整完全在科技环境下自动发生，不需要人为干预。

——更加重视居住的文化体验。住宅在满足居住需求的基础上，更加重视对文化元素的追求。住宅产品不仅要考虑支付能力，家庭所处阶段的主要需求，还需从价值观和消费观等领域考虑使用者的感受，归根结底是居住的文化体验。正如暴发户更爱张扬，贵族偏好于低调奢华，新锐群体更喜简约实用。这些都是对居住的文化体验，也是使用者的个性化需求。

（2）注重邻里关系

亚里士多德说："人类是天生的社会性动物"。社会性是人的本质，那么关于未来的住宅产品不得不重视居住于其中的家庭、个体之间的互动和交往，也就是我们所说的邻里关系。反观我国的邻里关系发展历史，从最初的平房、四合院大家的相互知根知底；到后来的公房时代，大家基本都是一个单位的，也相互熟悉；再到后来的商品房时代，左右邻居之间都不熟悉，甚至很少见面、电梯里碰见都未必认识。住宅是越来越现代化，但是邻里关系越发淡薄。

而这不符合人的需求本质，人的社会性要求融入集体、被组织需求。这也是未来住宅产品的升级方向——需要打造好邻里关系。如何营造良好的邻里关系，社群是个重要的突破点。社群通过让人参与、激发人的活力，从而创造价值，实现高级居住体验。通过内容的注入，社群将具有共同价值理念、消费观念、文化偏好等等方面的人聚合起来，可以提升整个社区的幸福感和凝聚力。除了有助于邻里关系外，还可以直接建立生产者和消费者的连接，因而能对消费者的需求做更精准的把握。

较为典型的案例是河北省秦皇岛昌黎县海边的阿那亚。其原属亿城集团开发，后作为不良资产折价抛售。从一个4000万的烂尾盘卖到30亿，其核心在于社群的打造。从"凝聚价值观，营造生活方式，连接社群关系"等方面做调整和转型，把卖房子变成卖生活方式、卖价值观、卖服务，成功营造了和谐的邻里关系。阿那亚的邻里中心是把社区服务延伸到海边，除基本配套外，还有便利店、咖啡店、洗衣店、保健站、休闲配套用品商店等，360°便利业主生活（图4-15）。

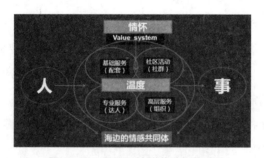

图4-15 阿那亚社群营造架构图

资料来源：https://qhd.focus.cn/zixun/c05765977db58e33.html

阿那亚的成功是基于共同的用户群体：他们相对自由、不受体制的约束，工作上也不受时间和空间的限制。换言之，生活和工作已经不是问题，如何更好地生活和创造性地工作才是这个群体困惑的。通过社群活动，让住户都参与到社区，成为社区的主人。例如，阿那亚的很多管理规定，如《业主公约》《养犬公约》《访客守则》甚至《物业收费管理规定》等，都是业主们一起在社群中讨论出来的。通过社群活动也能提升归属感和认同感，逐渐形成海边的情感共同体。

秦皇岛的旅游度假住房很多，但是鲜有人气如阿那亚那么旺的，其根源是聚拢了一批有共同偏好的群体，他们在这里享受居住生活的乐趣。走邻里关系之路，通过建设发展社群生态空间，既满足了消费者的需求，也为房地产企业创造了新的盈利空间。

（二）商业地产的升级

虽然我国房地产产品以住宅产品为主，但商业地产作为消费升级的重要载体，在经济社会中发挥的作用越来越大。区别于住宅产品的升级，商业地产价值链重构，形成了其独有的产品升级模式和路径。商业地产中各种产品是并存的，一方面传统的普通商铺出现大量库存，另一方面新型业态产品供不应求，新零售正成为商业转型的风口。人口结构的变化，包括老龄化、二胎化、新兴消费群体的崛起正引发商业地产生态的巨变。消费者需求层次已经发生巨大变化，商业中心不再是一种消费场所，而是一种全新的生活体验。

需要强调的是：商业地产并不是解决住的需求，从资本、资产的角度要考虑投资收益率，实际上背后有一条金融线串起了商业地产的升级进程。

1. 街铺到传统百货的转变

商业地产是区别于居住用途的房地产形式，广义上通常指用于各种零售、批发、餐饮、娱乐、健身、休闲等经营用途。商业地产本质是商业消费空间，从属性上看是一种线下消费空间。

第一代的商业地产产品主要是沿街的商铺、住宅项目的配套商业等。考虑到开发商资金回收的需求，商铺主要是以散售为主，产权主体是小业主。而此时商业地产提供的服务主要是基本的物业管理服务，鲜有增值服务。

购买商铺有其自身的优势，投资回报率高、风险较小。过去有"一铺养三代"的说法，认为商铺有着越老越值钱的属性，一旦商圈成熟以后商铺的租金就会逐年增长，成熟商铺的房租每年可达5%～10%，更有甚者可达20%，而大部分住宅的租金回报率仅有 1% 左右。但是，随着时代的发展，街铺型的商业地产产品难以满足多样化的需求。

在街铺的基础上，商业地产的发展逐渐形成商圈，核心以百货商场的形式存在，主要集中在核心地段。百货商场远超传统的杂货店和单一品种的商场，其独有优势在于规模较大、商品品类齐全，购物环境较之前更加高端，通过店员、导购与顾客沟通和营销。百货商场也存在一定的劣势。如百货商场商品的价格不如大型综合超市低廉，品牌和技术优势不如专业店突出，比起互联网来容易受到地域和空间的限制。在百货商场产品中，提供的服务主要是商户/租户的管理服务。在这种模式下，还没有跳出传统的盒子型的商业，也就是我们说的 shopping mall 的形式。

2. 城市综合体兴起

传统商圈品牌档次相对较低、交通拥挤、环境嘈杂、业态单一。随着商圈格局的变化，从传统百货到购物中心，再到满足一体化需求的城市综合体逐渐成为发展升级方向。

城市综合体是以建筑群为基础，融合了酒店餐饮、办公、商业、娱乐、公寓五大核心功能，是城市的商业核心。城市综合体一般提供宽敞明亮的室内购物环境，汇集各类时尚潮流品牌及体验业态，满足顾客多元消费需求，迅速成为城市商圈新代表。

城市综合体的核心是投资运营管理，主要考虑两个问题：一是资产是否出售，通过大 IP 的引入提升区域价值，部分资产通过出售（整售和散售）回收资金，这部分资产可能是商业，也有配套的住宅公寓等。值得一提的是，部分项目的商业部分短期内可能是不赚钱的，靠相应的住宅销售回款、获取收益；二是出租部分资产，为未来融资提供资产。

其中，万达的城市综合体较为典型，号称"万达广场就是城市中心"。在万达广场中，包括大型商业中心、城市步行街、五星级酒店、写字楼、公寓等多种业态，集合了购物、餐饮、文化娱乐等多种功能于一体。截至 2018 年 11 月，万达广场开业已达 270 座。

专栏八：万达广场的四代产品体系

以万达广场为代表的城市综合体模式经历了四代产品迭代。

第一代：单店模式。每一层设置一种商业业态，通过知名大IP（如大型连锁超市沃尔玛）的引入带动其他铺位的销售，业态和盈利模式还比较简单。通俗地讲，第一代万达广场产品类似一个商业大盒子，规模大致为5000～10000平方米不等，一般地上有四层。其中二、三层标配为沃尔玛超市；通过超市带动人流，促进一层商铺销售回款（一般以分割销售为主），四层为万达影院和餐饮服务。

第二代：商业组合店模式。较上一代产品规模扩大了2～3倍，业态规模也有所扩容。而所谓的二代产品实际上是简单升级，使得业态比例更加协调，比如扩容影院、电玩、餐饮等多种业态的品牌店。较为典型的是武汉江汉路万达（悦荟广场）。其中A座整体租赁给了大洋百货；B座和C座其实就是一代产品的分拆强化，分别利用沃尔玛和万达影院的主力店聚客力提升一楼的散售价格。

第三代：构建巨型城市综合体。这是万达首创的商业地产模式，提倡体验性。内容包括大型商业中心、商业步行街、五星级酒店、商务酒店、写字楼、高级公寓等，集购物、休闲、餐饮、文化、娱乐等多种功能于一体，形成独立的大型商圈。较为典型的是武汉经开万达广场等。

第四代：万达文旅城。从城市的尺度去做商业地产，是特大型文化旅游商业综合体，包括超大型万达茂、大型室外主体公园、酒店群、酒吧街、大型舞台秀等诸多内容，较为典型的是广州万达文旅城。

从资本和资产的角度，还有一种资产管理模式，即通过发行REITs基金收购相应的商业地产，背后的逻辑是资产证券化。大型资产管理集团通过发行REITs获取资金，为这些便宜的资金寻找优质资产进行收购，较为典型的是新加坡的凯德集团所创造的资产管理模式。

3. 街区复兴

人是社会性的，所以消费性的商业地产也需要满足人的需求，特别是更加高级的社交需求、尊重需求以及自我实现的需求。通过更加注重文化注入、更加注重体验而实现街区复兴，是商业地产升级创新的另一趋势。

（1）注重文化注入——创新IP

当前，商业地产的需求主体正在变化，新的中等收入群体和青年一代消费群体对于商业地产更加注重生活品质需求和精神世界满足，更加关注商业地产提供的内容IP。与此相适应，商业地产已经从传统的Shopping Mall升级为注入更多历史、文化、艺术、娱乐的休闲生活空间。

中粮大悦城项目已经将商场从商品供应商转型为内容生产商，并将实体零售场景打造为消费者的休闲和生活空间。通过主题街区的开辟联通客群，将单纯的卖东西到卖服务、卖文化、卖情怀。例如，2017年朝阳大悦城从时尚和呆萌文化等方面考虑，策划了"吾皇驾到——傲娇萌主亲见大会"系列IP展，为期33天的展览带动客流提升10.8%，销售同比增长14.1%。让去商场消费变得更有意思，从玩乐、休闲中做成生意。

北京坊项目通过"无印良品（MUJI）酒店"、"星巴克旗舰店"、"Page One书店"等独特IP，将老北京前门大栅栏与现代商业理念和文化很好结合（图4-16）。通过IP筛选、将相关群体引入北京坊商业中心，创造价值。值得一提的是，这种商业模式下提供的产品也是有别于传统的购物中心，同样是会员卡体系，普通的购物中心可能就是为了积分换购，而这种以文化为主导的是致力于将具有共同生活理念、文化偏好的人聚集在一起，脱离了空间本身的逻辑，通过组织社群活动创造更多的商业价值。

这背后的逻辑是：房地产产品不光是建筑本身，其背后的历史、文化、艺术是精气神，通过文化品位的注入，一来可以创造IP，增加流量和人气；二来附加值更大，更具商业价值。特别是在城市更新中，文化和艺术氛围的引入可以大幅提升人气和附加值。较为典型的如广州的永庆坊和北京郎园Vintage的更新改造。永庆坊从广州老城区一个破败的居民小区更新改造成为文、商、旅为一体的现代化社区。既保留了原有街巷肌理，又通过产业引入，吸引人流量，使老街复活。而朗园则从破旧老厂房变成如今众多创意品牌入驻的个性化产业园区。

图 4-16　北京坊 MUJI 酒店的走廊、房间、图书馆及前台
资料来源：微信公众号"一夜美学"

专栏九：朗园 Vintage

郎园是曾经万东医疗设备制造厂的所在地，经过 8 年的改造，转变为一个各种文化潮流汇聚的文创跨界产业园，聚集了诸多创意和内容公司、书屋、小剧场、小餐馆和咖啡店，一年举办的各类文化艺术活动可达 400 余场，为 CBD 商区增添了一片文化绿洲；吸引了果壳网、逻辑思维、腾讯影业、CCTV 北京记者站等 50 余家知名文创企业入驻，提供就业岗位 4000 余个；最新数据显示，其 2017 年园区总产值高达 106 亿元。

朗园的策略是定位"空间 + 内容"综合运营商。朗园通过内容运营提升园区价值，保持园区文化多样性，坚持做"无用"的东西，郎园一年会举行大大小小的文化活动近400场,包括露天火锅派对、读书会、昆曲演出、公益音乐会、电影晚自习等,工作和创业都是生活的一部分。很多活动都是免费的,然而这些"精品化"与"大众化"结合的活动使得朗园品牌文化快速增值。

(2)注重体验式消费——新零售兴起

随着体验式的更加深化,新零售逐渐兴起。它利用互联网、大数据等技术融合线上线下渠道进行精准体验式营销。可以实现多场景、全时段、跨区域的经营,新零售模式是对商业地产的消费场景重造。

新零售遵循的是数据驱动、渠道融合、平台管理、体验为王的逻辑。大数据有助于新零售进行用户画像的描绘,包括消费者的偏好、支付能力、所处位置等;在渠道上,可以融合线上线下两个体系,线上线下同品质同价,还可以线上下单、线下到店提货。在平台上,互联网巨头利用自身强大的互联网技术和用户资源,可以实现精准营销,增加客户黏性。在用户体验上,线下门店场景化、智能化,以盒马鲜生为例,门店专门开辟餐饮区,可以现场代加工海鲜,购买的食物可以直接消费,增加了消费的体验乐趣。

而体验式消费的兴起,主要是由于电子商务平台的竞争所致,这是线下商业与电商平台竞争的最大优势。万达广场作为商业地产的标杆,也曾明确表示要大力提升体验消费占比,增加万达广场黏性的最好办法就是增加体验业态,力争将万达广场体验业态在三年内提升到65%,五年提升到70%。

(三)办公地产的升级

1. 从"5A"到"5O"的升级

"5A"甲级写字楼一直是传统写字楼现代化的办公标准,也是企业对于高效办公的一种追求。所谓5A,是指OA(办公智能化)、BA(楼宇智能化)、CA(通讯传输智能化)、FA(消防智能化)和SA(安保智能化)。然而,5A写字楼重视效率却忽视舒适度,形成办公盒子,不符合现代商务人群对办公环境定位。

在对品质需求的背景下,"5O"办公楼应运而生,Oxygen(氧气)、

Office Park（花园办公）、Open（开放而自由）、Own（独立冠名权和私家电梯/空调）、Opportunity(发展前景）。相对"5A"写字楼的硬件智能化，"5O"更注重环境的营造，为个人提供更高品质的办公服务，也更加有助于员工产生创意、提高效率。

2. 全流程增值服务叠加

（1）智慧园区服务

以智慧园区（Cloud Community）为例，以"园区+互联网"为理念，提供数字化立体服务体系。通过融入社交、移动、大数据和云计算，将产业集聚发展与城市生活居住的不同空间有机组合，创造效率和提升价值。

较有代表性的是深圳市天安云谷园区通过"CC+智慧系统"为园区企业和用户提供数字化立体服务体系（图4-17）。园区为入驻企业提供多达10余项的增值服务，涵盖物业基础服务、租金补贴申请服务、工商注册等政务代办服务、装修服务、消防报审、行政采供服务、拎包入驻服务、财务类服务、创新支持与孵化服务、IT类服务、托幼服务等（图4-18）。

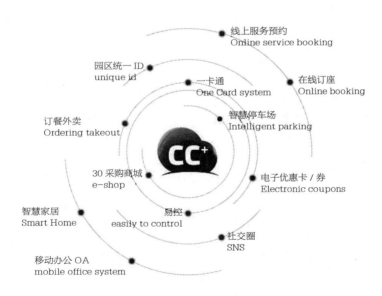

图4-17 天安云谷CC+智慧服务体系
资料来源：天安云谷官网，www.szyungu.com

图 4-18　天安云谷提供的服务体系

资料来源：天安云谷官网，www.szyungu.com

（2）综合设施管理服务

斯卡伊是一家为客户提供综合设施管理的服务公司，2009 年成立于无锡，截止到 2016 年，公司陆续将业务扩展到了全国 30 余个城市，为 500 多家跨国企业、中大型国企及民企提供专业的安保、清洁、绿化、前台管理、设施维护等综合设施管理项目，行业业态涵盖工矿企业、商场、学校、医院等。多年来，斯卡伊始终坚持专注于满足市场及客户的需求，坚持创新和突破，逐渐成为细分领域中的领先者。

随着中国经济进入新常态，实体产业特别是工业企业，不仅从业务还是布局，甚至产业内容都发生变化。为了顺应这一变化，斯卡伊不断以客户需求及改变为导向，不断调整自身的服务内容、服务标准和服务流程，从而帮助客户提升核心业务生产效率。

公司业务基于安保、清洁、前台管理、设施维护着四大块基础服务，并根据客户需求衍生出其他相关服务内容，如办公区域空间规划、客户员工培训、人员接送等等。公司对于每一项服务，都有对应的标准体系，针对工矿企业、商场、学校、医院、酒店等不同的业态，具有配套的服务流程。因此公司的服务既有体现共性的模块化，又有体现特性的定制化。模块化、定制化相结合是斯卡伊运营模式的基础，是一家提供综合设施管理解决方案的供应商。

以 ARM 中国总部斯卡伊提供的物业管理服务为例。项目 ARM 中国总部新址设在上海闵行区科技绿洲三期一栋多层建筑内，共四层，建筑面积6000多 m^2，整体建筑拥有宽阔的视野以及丰富景观。

服务范围：斯卡伊在ARM中国总部本项目提供的服务主要是环境卫生、秩序维护、工程维保，具体而言① 环境卫生：办公区域日常保洁、地毯玻璃织物深度清洁、茶水杯子清洗消毒、茶水服务、会议支持等。② 秩序维护：门岗迎宾、访客登记、夜间巡逻、监控管理、快递物品接受和派送、物品搬运服务；③ 工程维保：设备开启运行、数据记录、小型维修、设备机房巡逻服务等。

服务标准：根据ARM企业文化，服务标准以满足员工舒适办公、灵活工作、多样需求、热情接待、快速响应为原则，结合斯卡伊各服务线作业流程(SOP)、服务等级协议（SLA）、关键绩效指标（KPI）为指导进行服务的实施、监督和评分。斯卡伊服务标准并非根据指定联系人的要求而制定，而是根据最终享受服务的终端用户指定，如茶水员根据终端用户的口味不同定期调整水果和饮料的种类配比。

收费模式：设施管理行业收费模式有Cost plus（成本叠加模式）和Fixed Price（固定收费模式），斯卡伊在此项目采取成本叠加模式，即根据现场的实际人数和实际设备工具物料外加公司管理和税费向ARM收取服务费，如遇到国家规定的最低工资、社保缴纳基数、CPI调整，则向客户提出申请。此模式确保所有的人力物力花费全部使用到ARM服务上，并不会成为企业的额外利润，斯卡伊在本项目只赚取固定的管理费。

3. 转换办公地产逻辑

随着全球分享经济快速增长，基于互联网等方式的创业创新蓬勃兴起，联合办公作为一种新型的办公物业正在兴起。它与传统的办公物业最大区别在于，除了提供办公空间外，还增加了一整套的办公增值服务，例如日常物业管理、工商税法外包、投融资服务、孵化加速等，而这种服务正是房地产产品和服务的升级所在。

目前较为成熟的联合办公企业有WeWork，优客工场、氪空间等。它们区别于普通办公地产的地方主要有：

一是联合办公的运营机构用先进技术来最大化利用资源和提升资源配置的

效率。充分运用了互联网、大数据、人工智能等因素,在灵活配置资源和提升资源配置的效率上发挥了关键作用。例如,WeWork 通过收购了建筑技术公司 Case。通过使用 Case 的核心技术,WeWork 签署租约后首先要做的一件事就是扫描建筑物并映射出一个 3D 模型,这种技术将空间的利用效率提高了 15% 到 20%,同时节省了 10% 的建筑成本。

二是通过服务、创意、运营、差异化等创造出新的增值空间,从而打破传统写字楼租金增长的"天花板"。例如,氪空间就通过孵化服务、广告售卖、会员体系等拿到了超 20% 占比的收益;优客工场通过贩卖包含会议室使用时间等会员包的服务,拿到了近 8% 的非桌子收入,并有望继续提高。

三是通过打造办公社群创造新价值。如 WeWork 的信条是 do what you love,背后的逻辑是开心地把钱挣了,除了基本的办公空间,它还注重公共空间的打造,让会员可以相互交流,迸发更多创意和加强合作,据其宣传,WeWork 的会员 70% 之间有交流,40% 之间有合作,这正是办公产品创造的新价值。

二、房地产服务升级

以上主要聚焦房地产产品本身的升级,实际上"空间"叠加不同的"内容"会形成不同的房地产业态,而这些业态也会提供不同的服务,伴随着产品升级过程的是服务的升级。从总体上看,可以把房地产服务分为两类:基础服务和增值服务。基础服务是不同房地产业态所提供的传统服务,比如住宅和办公地产的物业管理;而增值服务是区别于传统服务的其他服务,在住宅领域可以是搬家服务、租售中介服务,办公领域可以是法律、税收等增值服务。关于服务的升级同样可以从两个角度去看,基础服务升级是比原来的标准更高了,而增值服务升级是通过创新来满足需求升级。

(一)服务升级的趋势

虽然各种房地产产品相应的服务千差万别,但是在服务升级上仍存在基本的共同趋势，我们认为是智能化、社群化和平台化。

1. 智能化趋势

不仅房地产产品更加智能化，房地产服务的发展趋势也是更加智能。而智能化是以互联网技术、云计算、大数据等技术的兴起和应用为基础的。以商业地产为例，大数据技术可以运用在商场铺设智能感应地板，这种地板可以记录客户进入商场的空间和时间移动轨，从而做进一步的客流分布。消费者何时进来、在何处消费、商铺的客单价、转化率，都可以变成实实在在的定量数据。运营商据此可以更好地了解租户的经营状况，有助于优化商场运营和更好地服务最终的消费者。如深圳天安云谷通过"CC+ 智慧系统"为园区企业和用户提供数字化立体服务体系就是一个较为典型的例子。

2. 平台化趋势

通过整合外部资源，通过平台来提供升级服务。以养老地产为例，打造社区养老公寓不但是一个创新的商业升级项目，也是一个系统的社会改造工程。房地产企业做好管理和服务，搭建开放的社区化交互平台。就社区消费需求而言，物业公司掌控现实端的物理入口，搭建一个虚拟端的网络入口，两端合一，形成一个生态的商业闭环。通过和医院、银行、餐馆、理发店等合作，形成线上线下合一的服务平台和管理网络，利用社区化交互平台形成一个良性互动的家政服务交易平台。

3. 社群化趋势

人是社会性的，那么从服务角度看社群化的趋势就不可避免。不单单是住宅服务需要社群化，其他房地产服务也有这个趋势。例如，旅游度假地产中的阿那亚就提供了各式各样的社群活动。成立各种运动俱乐部、孤独诗社，打造阿那亚生活节，排演音乐剧《八个女人》，组织儿童歌舞剧表演等等，通过各式各样的社群活动，倡导回归人与人之间温暖关系，提升了产品的吸引力和服务品质。再如，联合办公中的 WeWork 就一直强调工作与生活相结合，给共享区域留足空间。WeWork 的社群运营的非常好，在它的全球会员体系里，大家可以资源共享，沟通交流，除了提升工作效率外，还可以创造意想不到的价值，企业在社群中享受合作和资源红利。

(二)不同领域的服务升级

1. 长租公寓:积极拓展增值服务

随着租购并举住房制度的建立,长租公寓作为发展住房租赁市场的重要组成部分,除了提供居住空间本身,还提供了形式多样的增值服务(图4-19)。

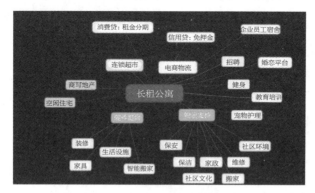

图4-19 长租公寓可拓展的服务

(1)集中式长租公寓服务

在物业服务方面,长租公寓在常规的装修、保安、保洁、家政、维修、搬家等服务基础上,通过升级提供更高品质的服务。例如,新派公寓改造装修注重品质、功能、细节。公寓包括15～25m² 精致mini户型、40～75m² 一室一厅、140m² 两室一厅等几种户型。室内配备了全套的家具、家电,按照白领的生活特点和需求特征,提供"大床、大衣柜、大鞋柜",更注重居住空间的细节与品质,如提供厨余垃圾处理器、卫生间放置手机的置物台、静音轨道窗帘等(图4-20)。

在增值服务方面,长租公寓积极匹配居住者的各种需求。一切以满足居住者的生活要求来配置,零售、干洗、生鲜配送、健身、美容、书吧等各种社区服务均采用专业化的外包引进。例如,新派公寓为租客量身打造了一系列的公共配套设施,便利生活、促进社交。地上一层设置公共休闲区、mini健身房、便捷服务岛;步行楼梯铺设塑胶跑道成为爬楼健身场所;屋顶花园提供观景与聚会的场地;地下一层设置了画廊、红酒屋等(图4-21)。

图 4-20　新派精品公寓北京 CBD 旗舰店

图 4-21　新派公寓公共空间

在社交服务方面,"先有私密空间,再是社交空间"。新派公寓设计了互动社区化的大堂和看整个 CBD 全景的屋顶花园,对常规住宅阴暗存在安全隐患的消防楼梯进行设计改造,成为运动步梯。并打造了 400m² 集合书吧、会客厅、咖啡吧、红酒吧、健身房、影音室、工作室等符合功能的公共空间。

(2)分散式长租公寓服务

新派公寓属于集中式长租公寓,而链家自如属于分散式长租公寓。

区别于新派公寓,链家自如提供了一套基于互联网的服务项目体系(图 4-22)。在自如整租产品中,采用模块化、标准化的装修,降低装修成本和空置期。在传统的居住空间之外,提供尽可能多的增值服务,包括保洁、维修、搬家等。例如"自如保"业务，2000名保洁员，经过三轮培训考核100%持证上岗，专业有保障；接到需求后30分钟内回应；保洁过程中，专户专用清洁工具，毛巾、水桶厨卫分区使用；不满意质量3天内无条件返工。实际上，其保洁业务已经成为重要的盈利增长点，除了为自身40万间公寓里的租客提供每月2次保洁服务外，自如还向外部市场开放以充分利用保洁人员的闲散时间。

图4-22　自如互联网化的服务项目

2. 联合办公：以产业增值服务为主

中国有7000多万中小微企业，是联合办公的市场潜力所在，联合办公的服务升级表现在：一是从集约经营到共享经济。客户获得的不再仅仅是一张工位，还包括前台、会议室、茶水吧和休闲区等公共资源。二是增值服务体系。联合办公增值服务包括物业服务以及围绕企业为中心的增值服务。

联合办公企业一般提供全覆盖的增值服务体系。WeWork采取会员制的方式，为会员提供办公空间、会议室、线上平台资源、优惠福利、社会活动。在WeWork线上平台，可以获得的商业服务有22大类，包括财务、广告、品牌策略、商务运营、管理咨询、设计、保险、投资、法律服务、室内设计、市场营销、移动开发、编程、拍照和摄像、公共关系、房地产、招聘、社会化营销、写作等等。每一大类根据行业的属性，又分为若干小类。比如"设计"这一大类中又细分为动画设计、交互设计、展示设计、用户界面设计、概念设计、logo 设计、市场宣传物品设计和印刷、产品设计、移动应用程序设计、网站设计等等；在"编程"这一大类中又细分为云计算、数据库、前端开发、系统集成等等。每一个服务类别中都有若干家服务供应商，点击进入后，会有供应商的服务介绍以及联系方式。

WeWork 的发展模式已经不仅仅是一个联合办公服务商，更多是一个平台，从其搭建的联合办公平台提供全覆盖的产业增值服务。

3. 零售商业地产：以休闲娱乐等体验为主

未来实体店的服务升级有两个基本方向，一是简化必须花费的时间，二是美化需要消磨的时间。所谓"必须花费的时间"，对于消费者而言最理想的方式就是手机下单立刻有人送到家里，减少出门来回的路程、选择品牌、排队结账等所耗费的时间成本，甚至通过大数据对于消费者此前购买品牌、频次的计算，就能够提前预测需求。而所谓"需要消磨的时间"，是以"综合生活的高效"为核心、强调休闲娱乐社交综合体验性的零售娱乐中心。

成功打造以休闲社交体验为核心的零售娱乐综合商业地产，关键在于业态组合选择、各类业态的分布布局、项目规模的确定。这些关键成功要素的实现都需要在价值链中的每个环节围绕这些问题展开工作和决策，形成一套标准的评估体系，才能将其沉淀成企业的核心竞争力。

例如，北京朝阳大悦城就比较典型。朝阳大悦城这个 1 万 m^2 的连体通透的空间中，中心花园、水系及街景占了约一半的空间，中央公园中生长着一株永生植物——高达 10m、直径 1.5m、树冠 9m 的榔榆树。原木、绿植、水系环绕处，有回转楼梯、临花园的露台，实现了听觉、视觉、触觉到味觉的全方位"阅读"的"单向空间"；有首次进入内地的周杰伦主题餐厅"J 大侠中华料理"；还有大厨亲自指点的厨艺课程"曼思欢乐厨房"的 32 个别具特色的品牌商组合，是一个"店即景，景即店"的交融的商业空间。

4. 养老地产：增值服务满足差异化需求

我国是老年人口最多的国家，约占全球老年人口总量的五分之一，并且老龄化程度在加深、趋势在加快。因此，养老服务产品升级是内容升级的重要的组成部分。养老地产是集餐饮、娱乐、养生、保健于一体,将住宅、服务、医疗、旅游、度假、教育等产品全方位结合起来,核心并非住宅产品,而是完善的配套设施和增值服务。

随着社会的发展,老年人对于养老地产的接受程度越来越高,而随着老年人养老观念的转变和经济条件的提升,老年人对养老地产的服务需求条件也呈现多样化。养老地产服务的升级方向应从老年人心理因素、消费习惯、生活形态等多方面进行综合考虑,提供专业化、个性化、精细化的服务。

老年人的养老服务需求可细化为居住、医护、文化、娱乐、交流等方面。其中,医疗配套是基础。完善的医疗配套以"医院+疗养院"为标准,一般采用将该部分业务外包给专业医院(如上海亲和源)或采取和品牌医院合作(社区内设置提供基础医疗保障的医院,并和大医院直接对接)。除了为老年人提供保证身体健康的配套外,精神娱乐服务也不可少。老年大学、养生会所、棋牌室是标配,一定的户外运动场所核设施也是必需的,如门球场、垂钓区等。一些项目根据条件,还会有农庄、园艺等特色配套。一些配套较为完善的项目还会设置儿童活动的场所。总之,不同城市可开发的产品差异较大,不同的产品、开发模式可匹配的运营盈利模式也不尽相同。项目的定位、选址、开发、产品设计、运营、盈利必须是基于客户需求与开发目标相结合的体系。

针对独立的养老社区,提供一站式养老服务。较为典型的是泰康人寿的泰康之家项目,目前已经在北京、上海等12城开业。引入美国CCRC持续照护模式,泰康之家养老社区为居民提供独立生活、协助生活、专业护理、记忆照护四种生活服务区域,满足不同身体状况长者的照护需求,实现一站式退休生活解决方案。具体产品有:独立生活公寓、失能护理和失智护理等(图4-23)。

针对养老组团产品提供自成体系的养老配套设施和涵括健康医疗、养生养老、休闲度假的全面服务。较为典型的是绿城集团开发的乌镇雅园,乌镇雅园致力于从环境、人文、建筑、服务、配套等方面营造一个真正适合老年人生活的小镇,让每个老人都能有尊严的养老。与一般的养老地产不同,除了提供基本的生活服务外,乌镇雅园还要让老人找到精神寄托。项目重要的组成部分——

颐乐学院,占地 10 万 m^2,建筑面积约 3.5 万 m^2,临摹古代书院布局形制,在亭台楼榭间,园林景观掩映成画,自然与建筑巧妙融合,有社区商业区、餐饮服务区、老年大学校区、运动休闲娱乐区等功能板块。颐乐学院校区,类似于"寄宿制老年大学",老年人居住在"宿舍",参加颐乐学院的日常学习活动,并以此作为晚年生活的主要内容(图 4-24)。

图 4-23 独立生活、协助生活、专业护理、记忆照护

图 4-24 乌镇雅园颐乐学院

第五章　优化房地产运营模式

一、开发—销售型和持有——运营型的两种基本模式

（一）两种基本模式适用不同业态

开发—销售型模式。开发—销售型模式是指房地产项目完成以后向目标消费群体出售。该模式优点在于：一是程序简单；二是资金回流快，资金需求量相对较小；三是后续服务较少，节省了后续运营成本。其缺点在于：无法取得房地产带来的增值以及运营后期稳定的现金流收益。这种模式适用对象主要为住宅类地产（长租公寓除外）。

持有—运营型模式。持有—运营型模式是指开发商开发建设运营并长期持有，运营期间以出租的形式回收资金，运营期也可以资产证券化的形式退出。该模式优点在于：一是可以获得长期稳定的租金收入；二是可以获得物业、医疗、康体等运营服务性收入。其缺点在于：一是前期资金需求量大，对开发商的实力要求较高；二是资金回笼慢，存在一定的资金风险。这种模式在商业地产、长租公寓、旅游地产、养老地产等应用比较多。

1. 大多数国家住宅以出售为主

个人拥有住宅产权是一个国家经济繁荣、藏富于民的表现，从战后各国表现看，各国的住房自有率整体呈现出上升的趋势[1]，尽管被经济危机打断，有所回落，但从整体上看一直处于上升趋势。大多数国家住宅以出售为主，通过产权形式来保障个人的居住权，这也是国际通行的经验。

（1）大多数国家住宅以出售为主

由于各国的社会经济发展阶段、房地产制度等不同，各国出售和出租比例

---

[1] 住房自有率不能完全反映住宅是以出售为主还是出租为主，但是可以间接反映。

不同，但大多数国家是以出售为主（德国除外）。

（2）大多数国家机构持有租赁性住房仅占较小比例

譬如2013年，日本约有家庭户数5238万户。其中，租房家庭户数约1859万户，租房率为35.5%。从租住房屋类型看，日本住宅出租长期以来以私有化的民营租赁住宅为主。2011—2013年，民营租赁住宅占出租住宅的比重约为82.9%，都市再生机构或机构租赁住宅、公营住宅、工资住宅占比分别仅为1.2%、7.8%、8.1%。德国也是租赁占比较高的国家，但私人机构房源占比较小。存量住房中，57%（近2400万套，2013年初数据）的住房为出租住房，其余为自有住房；租赁住房中，2011年数据显示，租赁住房中政府公租房约占24%，私人机构房源只占22%，其余主要为商品房和个人自建房（表5-1）。

发达国家的自有住房和出租住房状况　　表5-1

国家	自有住房占比	出租住房占比	其中	
			民间出租占比	公营出租占比
美国	68.4%	31.6%	27.3%	4.4%
英国	68.1%	31.9%	14.8%	17.1%
德国	41.6%	58.4%		
法国	57.2%	42.8%	19.4%	17.1%
日本	61.1%	35.8%	26.9%	6.1%

注：美国数据为2009年，其他国家分别为英国（2009年）、德国（2006年）、法国（2006年）、日本（2008年）。见倪虹《国外住房发展报告》第1辑，中国建筑工业出版社，2013年。

就国际经验而言，尽管机构持有并提供租赁性住房占比较低，但是机构持有住房类型包括非常广泛，包括市场租赁、非营利组织租赁、政府租赁等，不同国家三者的比例关系不同。公共住房、社会住房等租赁型保障房，过去主要由政府提供，现在越来越多地由住房协会、住房合作社等非营利组织建设和运营。如德国的住房合作社、教会等非营利组织，法国的HLMs及地方政府，芬兰的住房公司，西班牙的国有企业等（表5-2）。

部分国家市场租赁部门的供给主体　　　　　　　　　　表 5-2

	市场租赁住房提供者（%）		
	单身或者夫妻	机构房主	其他
法国	95.1	3.3	1.6
爱尔兰	大多数	很少	
澳大利亚	大多数	几乎没有	一些雇主
比利时	86	14	
西班牙	86	6.7	7.2（国有机构）
挪威	78	22	
美国	78	13	5（企业和非营利机构）4（其他）
英国	75	25	
瑞士	63	23	12
德国	61	37	9（企业）1（教会和其他）
芬兰	60	37	3
荷兰	44	37	19（包括家庭出租）
丹麦	8	10	>50（全职租房的专业房东，包括个人房东）

资料来源：Edited by Kath Scanlon and Ben Kochan, Towards a sustainable private rented sector: The lessons from other countries, LSE London, 2011

注：德国机构租赁房源的比例 37% 中，有一半为私人机构，一半为政府持有。

其中，英国住房存量按所有权分类情况见表 5-3。

2001—2014 年度英国住房存量（按住房所有权分类）（单位：千套）　　表 5-3

项目 年份	自有住房	私人出租房或就业单位提供	注册社会业主	地方会议出租房	其他公共部门住房	全部住房
2001	17603	2441	1637	3682	103	25468
2002	17761	2512	1712	3540	112	25636
2003	17714	2888	1967	3162	104	25835
2004	17979	2956	2039	2984	83	26042
2005	18130	3122	2140	2798	82	26274
2006	18116	3410	2205	2702	82	26516
2007	18180	3632	2303	2583	75	26772
2008	18184	3920	2440	2427	74	27047

续表

项目 年份	自有住房	私人出租房或就业单位提供	注册社会业主	地方会议出租房	其他公共部门住房	全部住房
2009	18064	4244	2531	2355	74	27266
2010	17984	4491	2591	2316	66	27448
2011	18900	4726	2694	2230	63	27614
2012	17790	4962	2747	2193	75	27767
2013	17715	5172	2775	2180	73	27914
2014	17712	5343	2788	2166	64	28073

资料来源：倪虹主编，《国外住房发展报告》第1辑，中国建筑工业出版社，2013年。

2. 大多数国家商业地产以持有－经营为主

"融、投、管、退"是商业地产资产管理的四大核心要素。国际经验表明，一个商业项目，希望获得资本市场的青睐。无论是"融"还是"退"，资本需要作一个评价，就是这个项目商业运营管理的评价。对于运营商来说，资本需要做出评价的，是它的运营能力，即商业运营管理能力。因此各国商业地产的业主纷纷把经营能力、经营水平当作商业地产的核心要素。

（二）两种基本模式适用不同发展阶段

1. 国际经验表明两种基本模式适用不同发展阶段

开发—销售型模式一般适用于房地产发展初期；而持有—运营模式适用于房地产发展较为成熟时期。国际经验表明，当房地产供不应求时，处于短缺阶段，适合采取出售的方式，便于及时回收资金，进行下一轮的滚动开发，这样开发－出售模式就能源源不断地进行房地产扩大再生产。

2. 我国房地产行业已逐渐发展到了持有—运营模式占比增加的阶段

我国房地产市场多年来产品种类单一，仅有住宅、商业地产等为数不多的品种，旅游地产、养老地产、物流地产尚处于起步阶段。从1978年至今，房地产市场基本解决的是供求矛盾的问题，住宅也以销售为主，目的是迅速回收资金，用于扩大再生产，循环往复，生产出更多的住宅。随着人们收入增加，住宅供不应求的矛盾基本解决，于是养老地产、旅游地产、物流地产等新兴地产纷纷兴起，这些地产类型本质是以服务为核心，要求持有物业。因此从我国房地产市场发展历史阶段来看，开发 – 出售模式的占比会逐渐降低，而持有 – 运营模式的占比会逐渐上升。

案例：住宅由售转租的国际经验典型

Leopalace21 公司是日本最大的租赁公寓运营商之一，但是在实际过程中，经伴随着日本房地产市场的整体变化，历了多次战略转型，业务模式几经变更，顺势而为[①]（图 5-1）。

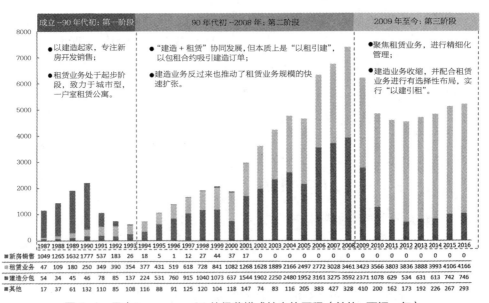

图 5-1 日本 Leopalace21 的经营模式转变的历程（单位：百间、年）

第一阶段 Leopalace21 公司以出售为主的阶段。Leopalace21 成立于 1973 年，此阶段大量国际资本进入日本的房地产业，央行采取宽松的货币政策并且鼓励资金流入房地产。在这种背景下，公司业务中心放在新房销售业务，1986—1990 年，公司营业收入复合增长接近 30%，平均年经常性营业利润率

---

① 日本长租公寓的运营模式，广发证券研究中心

稳定在 10% 以上，其中公寓销售收入平均占比超过 80%。

第二阶段 Leopalace21 公司确定"以租引建"模式的阶段。这一阶段从 20 世纪 90 年代初到 2008 年。20 世纪 90 年代初日本房地产市场泡沫破灭，房价持续下跌。流动人口持续向都市圈集聚，带来了旺盛的租赁需求，加上政府的土地税收也向租赁住房倾斜，如固定资产税根据固定资产税评价额以及对象房地产利用来决定征税标准额，租赁状况可以适当减免；日本继承税针对租赁住房也有一定减免，可减免 18% ~ 24%。双重因素推动下，公司新房销售业务逐渐收缩，租赁业务以及租赁相关的建造业务的规模开始扩大。1993 年，公司首创 masterlease 的租赁保证模式，为土地或不动产所有者提供长达 30 年的从房屋建造到租赁管理的一揽子服务。确立了公司"以租引建"模式。该项制度是指公司为土地所有者建造房屋后，双方签订长达 30 年的租赁管理合同，在规定年限之内，无论房屋出租与否，Leopalace21 都向房屋所有者支付一定的保障租金，并提供房屋的管理和运营。从 2000—2008 年，其建造业务的营业利润率平均在 20% 以上，租赁业务的平均营业利润率仅为 4%，建造业务营业利润占比 80% 以上。这种"以租引建"模式本质在于通过为土地以及房屋所有者提供全周期服务吸引建造订单。租赁业务也得到飞速发展，到 2008 年末，公司管理房间数量已经超过 50 万套，是 19 世纪 90 年代初期的 10 倍，年均复合增长率高达 14%。

第三阶段是 Leopalace21 公司确立"以建引租"模式阶段。2009 年至今，由于次债危机波及日本，公寓租赁需求开始萎缩，空置率大幅提升。公司转变发展战略的重点，开始放缓规模扩张，聚焦在精细化发展租赁业务上。首先收缩建造业务，并配合租赁业务的精细化发展战略，进行有选择性布局（重点布局在租赁需求大的地区开发房源）。其次调整租金保障制度，将租金年限调整到 2 年。同时，公司开始推出各种措施，优化运营端，提高出租率以及租金的同时实现成本端的集约化。与第二阶段本质的区别在于公司不再追求规模快速扩张，而是通过运营服务增加物业附加值，提高单项目入住率提升租赁盈利水平。公司发展战略由此从"以租引建"转变为"以建引租"阶段，公司全面转型为一家专业的租赁公寓运营商。

（三）我国过去以开发—销售为主的房地产模式由特殊国情决定

1. 以售房为导向的房地产体制改革

以售房为导向的房地产体制试点改革深刻地影响我国的房地产制度。我国在计划经济体制下实行的"统一建造、统一分配、无偿居住"的福利分房制度，相当于实施低租金的公租房制度。1978年后进行的住房改革，是以售房为导向的改革模式，由此深远地影响了我国1998年以及2003年的房地产制度设计。

第一阶段，出售公房阶段。1979年，国家城建总局选择西安等五个城市，开展向职工出售新建住房的试点——全成本售房。由于全成本售房，居民不愿意购买，因此国家开始试点三三制售房。1982年4月，国务院批复国家建委、国家城建总局，同意选择郑州等4个城市，开展新建住房补贴出售试点，由政府、单位、个人各负担房价的1/3。即使三三制售房也大大减少财政资金投入，有利于缓解政府的压力。

第二阶段，通过提租补贴达到售房目的。实际中，即使政府实施三三制售房，老百姓仍不愿意购买，主要原因是租金太低。国家开始租金改革。国务院相继批准烟台、唐山等城市的房改方案，大幅提高租金，同时给予相应补贴。在总结试点城市经验的基础上，1988年召开了全国第一次房改工作会议，形成了以提租补贴为核心的第一个全国性房改方案。此阶段通过促进租房达到售房目的。

第三阶段，租售建并举阶段。1991年6月，国务院发布了《关于继续积极稳妥地推进城镇住房制度改革的通知》，提出了采取分步提租、交纳租赁保证金、新房新制度、集资合作建房、出售公房等多种形式推进房改的思路。同年10月，第二次全国房改工作会议确定了租、售、建并举，以提租为重点。1993年11月，召开了全国第三次房改工作会议，确定了"出售公房为重点，售、租、建并举"的新方案。

第四阶段全面市场化阶段：1998年，国务院印发了《关于进一步深化城镇住房制度改革，加快住房建设的通知》，果断决定停止住房实物分配，逐步实行住房分配货币化；建立和完善以经济适用住房为主的多层次城镇住房供应体系。经济适用住房本来有租赁和出售两种方式，但是考虑为了刺激国民经济，遂以出售经济适用住房为主。

第五阶段商品房为主阶段。2003年国发18号文要求逐步实现多数家庭购买或承租普通商品住房。

第六阶段租购并举阶段。近年来国家不断出台租赁市场的政策，有力促进了机构持有租赁住房的发展。

总之，纵观我国的房地产改革，都是以出售为导向的制度改革，先后通过各种方式促进居民购房，因此逐渐形成以出售为主要模式的房地产制度体系。

2. 围绕售房形成的一系列制度安排

我国房地产出售为主的模式形成有其历史渊源，与我国特殊的房地产开发融资制度密切相关。1998年后，为了支持房地产业发展，形成了土地贷款、房地产开发贷款、商品房预售、个人按揭贷款等一系列制度，促使房地产开发商可以利用较少的资本介入，进行滚动开发。在最初的房地产开发流程中，房地产开发企业先以自有资金为启动资金，支付部分地价款及部分前期费用，招标之后，再以承包商的部分垫款过渡支付工程款，四证齐全后从银行贷出项目开发贷款作为项目建设的主要资金来源，达到预售条件后，预售房款成为项目的最主要资金。开发企业利用销售回款，再进行滚动开发投资其他项目土地购置等前期开发。

为了迅速回笼资金以减轻资金链压力，这种融资制度造就了我国房地产的"高周转"模式。如万科典型"5986"高周转模式，要求拿地5个月动工、9个月销售、第一个月售出八成，产品必须六成是住宅，这极大地促进了我国住宅的生产和销售（图5-2）。

3. 以间接融资为主的融资模式决定了"开发—出售"的格局

我国目前已经形成了以银行为主的间接融资模式。这种模式导致了房地产以出售为主的格局。这种金融模式不仅仅影响到了住宅，而且影响了其他地产的运营模式。以商业地产为例，商业地产开发周期长、投资额大、回收期长。建成后从初始招商到形成稳定租金和80%以上的出租率，至少需要3~5年

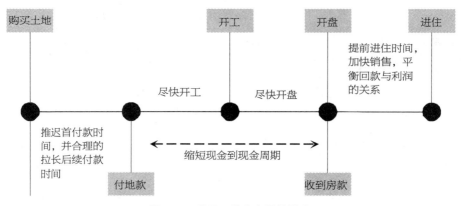

图 5-2　我国开发商高周转模式

时间,商业地产需要有"养"的过程,才能带来稳定的、可持续的租金回报。待到商业地产成熟之后,收益依赖于持续性的租金收入,所以它更加注重后期的经营管理,必须委托专业的管理团队进行统一经营才能确保整体综合效益不断提升。商业地产这些特性决定了它对长期资金的高度依赖。但是目前我国的直接融资还不够发达,商业地产的开发商在投融资过程中主要依赖于传统的银行贷款等间接融资方式来实现商业地产开发的资金投入,并通过商业地产后期的运营来回收资金并偿还银行债务,积累进行下一个项目开发的资金。在商业地产尚未培育成熟就不得不还款,在资金压力的逼迫之下,多数商业地产只能以快速销售(特别是散售)的方式回笼资金。

(四)逐步向持有—运营模式转变是必然趋势

1. 社会经济发展到一定阶段的客观要求

一是人均收入增加要求持有—运营模式占比会逐渐增加。持有—运营模式本质上是以服务为核心。以商业地产为例,商业地产本质是商业消费空间,从属性上看一种线下消费空间。2017 年我国人均 GDP 为 59502 元,介于 8000～10000 美元之间,参照国外标准,这一 GDP 水平意味着商业地产正处于发展期;从国内看,一线城市京沪等地在人均 GDP 为 8000～10000 美元时,商业地产也正处于蓬勃发展期。这意味着,从整体看,商业地产仍然大有可为,但是在运营模式上亟待创新。

二是第三产业占比增加要求持有—运营模式占比增加。在美国,当城市化率小于50%,第三行业增加值占GDP的比重在40%～50%左右时,房地产以开发为主;城市化率在50%～60%之间,第三产业增加值占GDP比重超过60%时,房地产开发和持有并重;当城市化率和第三产业增加值占GDP比重超过60%,持有经营比重迅速提高并最终超过开发比例。当前,我国城市化率已经超过50%,第三产业增值占GDP的比重近50%。从2013年开始,万科、中海、保利等房企都开始积极投入商业地产并增加持有经营物业所占比重。可以预计,商业地产以散售为主的时代即将过去,开始步入开发销售、租售并举、持有经营并重的时代。

三是存量房时代的到来要求持有—运营模式占比增加。中国房地产市场,不论是住房市场还是商业地产市场,逐渐步入存量房时代,尤其是一线城市房地产市场,更已提前迈进这一阶段。在住房市场,存量房和新房交易量之比大于1,即存量房交易量占比超过50%,表明住房市场开始步入存量房时代,即进入以存量房交易为主的阶段。北京、上海、广州、深圳四个一线城市核心城区新增供应量已经很少,新建商住房主要集中在城市郊区。从四个城市存量房交易套数和新房交易套数比来看,平均达到2的水平,深圳在2010年时甚至达到3的水平。四个一线城市住房市场,已率先进入存量房交易为主的阶段。除了一线城市率先全面步入存量房时代之外,随着房地产市场快速发展,建设规模的快速增长,二线城市也即将步入存量房时代。而在城镇化达到稳定阶段,城市人口规模不再有稳定增加时,三四线城市也必将步入存量房时代。在存量房时代,住房市场将以存量房交易为主,新建住宅占比低,商业写字楼新增供应将以存量楼宇的更新改造为主,核心区域尤其如此。

2. 支持持有—运营模式的金融政策持续深化

REITs作为持有—运营模式最重要的支持工具之一,其相关政策正在不断深化。此外,对于长租公寓还有针对性金融支持政策。以长租公寓为例,目前来看,开发商建一个长租公寓至少20年以上才能回本。作为政策支持的长租公寓,除一般的融资方式银行贷款外,还有另外两种融资工具:专项债和资产证券化[①]。

第一，租赁住房专项债。租赁住房专项公司债券是我国推行租赁住房过程中的一个重要的融资工具探索，跟资产证券化有很大的差别在于租赁住房专项债是事前融资工具，就是在项目建设之前就可以通过发债融资，融到钱以后拿来建房、装修、经营，相当于开发商可以"借鸡生蛋"。根据上交所披露数据目前有三家公司发行租赁住房专项债：龙湖、葛洲坝和保利，截至 2018 年 8 月已发行三期。

第二，资产证券化。相比这种事前融资的专项债，作为事后融资工具的资产证券化开始时间更早，因为相比发债看重公司资质，资产证券化更重视底层资产的资质，所以一些涉足长租公寓较早的创业型公司已探索用资产证券化的方式来融资。据不完全统计，目前我国已有 5 个长租公寓资产证券化项目：中信证券·自如 1 号房租分期信托受益权资产支持专项计划、魔方公寓信托受益权资产支持专项计划、新派公寓权益型房托资产支持专项计划、新派公寓权益型房托资产支持专项计划和招商创融——招商蛇口长租公寓第一期资产支持专项计划，包含重资产的 CMBS、类 REITs 和轻资产的租金收益权 ABS。

3. 发展持有—运营模式也是国情的需要

现在中国有三种类型的资产拥有者：第一类为一般企业，不管是国营还是民营的、私有的。这些企业掌握着大量的存量房地产，在急需资金或者面临困难的阶段，他们可能会选择出售，也可以选择长租经营权。第二类是纯国企。比如中银、中石化、中铁等国有非商业性企业，因为某种历史原因，他们在一些城市核心地段拥有大量的存量商业房产，因为资产产权、当时的政策法规以及防止国有资产流失等原因，适合于长期租赁合作，难以随意转让或者出售。第三类是市政府和区政府直系关联企业，可能不是国企、央企，但是由于各区县下属企业，控制了城区一些的核心商业空间及房产包括核心商圈，如王府井、西单、南京路、淮海路。这些地方国企不适合采用简单变现方式，只能通过自身的用心经营、合作经营或者第三方来专业经营管理，积极推进每个城市的存

---

① 联讯证券，李奇霖，长租公寓融资工具深度解析，来源于万得数据库。

量资产的升级换代。后两者决定了很多物业只能采用持有—运营的模式进行。

4. 开发商逐渐积累了专业经营经验

经过房地产行业数十年的发展,已经形成了一批知名房地产开发企业和中介企业品牌,再加上国外资本投资国内商业地产、物流地产等引入先进管理经验,企业专业经营的经验逐渐丰富[①],部分企业已具备通过输出品牌的方式进行轻资产模式扩张的能力。有的向商业地产领域和养老地产领域拓展,有的向长租公寓延伸,有的向物流地产领域扩张,在不同的行业领域内,又形成不同的竞争格局。

二、轻资产运营模式

轻资产运营模式指的是本身在资产负债表上不持有物业或者是楼宇资产,但是本身开展的业务又是与楼宇或者物业资产密不可分的,围绕楼宇或者物业资产提供产品升级改造和服务运营。

轻资产运营模式下的企业以专业化所带来的增值收益为目标。企业追求自身资产轻型化,减少对项目的资金沉淀,降低对银行的依赖,促使融资渠道更加多元化。轻资产模式下不要求企业操作整个过程,而是利用专业经营公司,通过充分利用资本和市场杠杆的作用,提高管理效率。

轻资产运营模式的特点是以更"低"的资金投入、更"精"的资产质量、更"轻"的资产形态、更"高"的知识运用。房地产企业轻资产运营模式所需的能力主要包含:资源整合能力、价值创新能力、跨资质管理能力、学习能力和动态能力,这五种能力为企业轻资产模式的长久运行提供了合理的保障。

从目前国内轻资产模式看,主要有如下五种:

---

① 例如从 2014 年开始,国际资本对中国产业/物流地产注资出现新一轮高潮,包括美国的华平、黑石,新加坡的淡马锡,日本的三井和三菱等为企业都在投资国内的产业地产项目,或者是进行新一轮的增资。

（一）轻资产模式的主要类型

1. 基金持有型

基金持有型轻资产模式是指，由基金持有重资产，由专业化运营企业负责实施有机更新和开展运营管理。通过房地产私募基金或信托投资基金（PE、REITs）持有资产，由专门的运营企业负责运营，实现专业化运作。

案例：凯德模式

凯德模式是典型的资本持有运营模式，通过REITs引导的运营模式，通过投资基金支持零售不动产运营，再由零售不动产运营所产生的资产溢价使投资基金得到较大收益。具体而言，凯德的模式是将投资开发或收购的项目打包装入私募基金或者信托基金，自己持有该基金部分股权，另一部分股权由诸如养老基金、保险基金等海外机构投资者持有。待项目运营稳定并实现资产增值后，再以REITs的方式退出，从而进行循环投资。总之，凯德模式就是集运营和投资为一体，运营机构同时作为投资管理人，打通投资建设、运营管理和投资退出整条产业链。

（1）盈利模式：基础费用+额外收入

在凯德模式中，以地产金融平台为动力的全产业链是其盈利模式的核心。通过投资管理+房地产金融平台+招商运营，成功实现以金融资本（私募基金与信托基金REITs）为主导，以商业地产开发收购、管理运营为载体，既能实现稳定的租金收益和持有项目增值收益，又能获取金融业务发展带来的高收益。

凯德模式下，收益来自于基础管理费和额外的收入。

（2）融资模式：PE+REITs

以房地产PE+REITs为核心的金融平台是凯德置业融资的主要方式。

（3）基金特点

第一，凯德主导运作基金产品，但所持的权益比例适中。第二，优质商业资产进入信托资产包，平衡了投资回收和长期回报问题。第三，信托产品以稳健的收益保障健康发展。

案例：新派公寓

（1）类REITs模式

早期新派公寓采取了基金持有模式。新派公寓运营商联合赛富不动产基金以每平方米2.2万元的价格购买了北京CBD区域的森德大厦，并经过统一改装为新派公寓CBD店。而后通过基金发行的方式，分拆为32名LP（有限合伙人），并允许获得不低于3.5%的回报率，四年后以4万元每平方米的价格回购。但是缺点在于很难找到32个LP，如果需要退出时又会遇到障碍，因此难以大规模复制。这是新派公寓的基金持有模式（图5-3）。

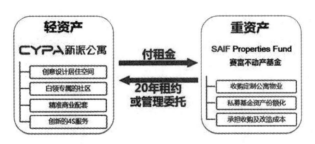

图5-3 新派公寓的"基金持有"模式

新派公寓后期采用了类REITs模式。2017年10月，"新派公寓权益型房托资产支持专项计划"获批发行，新派公寓项目是国内首单长租公寓资产类REITs产品。新派公寓作为住宅类第一单类REITs是有一定的条件的。第一，新派公寓成本相对较低。新派公寓平均交易价为每平方米5.2万元，装修、维修成本等约为每平方米2.9万元，建设成本占比约达55.77%。第二，新派公寓租金的年均复合增长率达6.28%，具备了发行REITs的可行性（图5-4）。另外，其他长租公寓企业若要发行类REITs，其租金水平总体需保持增长态势。该计划包含了优先级投资者及权益级投资者，基础资产为私募基金份额，标的物业经营净收益用以分配资产支持证券投资人预期收益，基础资产的处置所得用以分配投资者本金。此项目仍然采用典型的REITs结构，即原始权益人设立私募基金,由私募基金直接或间接持有项目公司的股权,同时由私募基金向项目公司或项目公司股东发放委托贷款,项目公司持有标的物业。专项计划发行资产支持证券募集合格投资者的资金,用以收购和持有私募基金份额,进而持有项目公司股权及债权,间接享有标的物业产权,最终完成专项计划的发行。

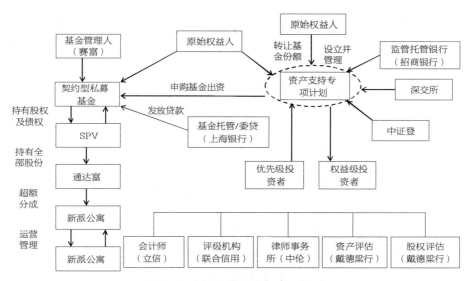

图 5-4　新派公寓的类 REITs 模式

资料来源:课题组自行整理

(2)专业管理公司经营

管理架构:SPV、通达富、青年乐签署第三方委托管理协议,期限为5年,约定 SPV 承接青年乐的职能,从通达富以每年 578 万的租金整租新派 CBD 物业并对外分租,原青年乐和通达富的总租关系终止。SPV 委派青年乐提供租赁运营管理服务,包括但不限于确定租金水平、租金催收、日常管理、物业改造等安排。

所有新分租和到期续租租约由 SPV 直接与租客签署,既有分租租约 SPV 授权继续以青年乐的名义履约至到期(最长不超过一年),相关租金、押金和综合配套收入由青年乐为 SPV 代收,青年乐的账户监管。过渡期初,青年乐将已收取的押金一次性支付到 SPV 的监管账户，过渡期内，青年乐按季归集租金和综合配套收入并向 SPV 支付。产品退出时，青年乐作为运营管理方可以分取物业增值收益的 20%。

2. 开发商持有型

长租公寓托管类轻资产就是典型的开发商持有（或者存量物业业主）、专业公司经营模式。

案例：YOU+ 为代表的资产托管模式

目前越来越多的开发商开始切入长租公寓市场，开发商善于整合资本与资源，但是缺乏精细化管理能力，迫切需要找到一个合适的专业运营者。YOU+ 可以利用自身的品牌优势和社群运营经验，成为内容提供者、运营商，和拥有存量物业的公司或机构合作，实现从重资产到轻资产的过渡[①]。

YOU+ 帮助开发商招租、做产品，向开发商提供成熟的品牌体系、运营模式和管理团队，解除开发商后期繁琐公寓运营的后顾之忧，为开发商加速新楼盘销售、后期房屋增值保值、获取良好的租金收益、获得未来潜在销售客户等方面提供全方位的支持。

这说明轻资产化的核心是用最少的资金撬动最大的资源，随着行业不断发展成熟，产业链进一步完善、市场细分和专业化分工，模块化、轻资产运营、精细化管理的优势将进一步凸显。具体表现为：

（1）打造社区平台

YOU+ 旨在把冰冷公寓改造成温暖的社区，营造出人与人之间可信任、可交流、可互助的线下平台，因此其卖点是特意设计出 300～500m^2 的超大公共空间，并营造和维护亲密友爱的社区氛围。YOU+ 旗下 2 大经典产品线：YOU+ 社交社区和 YOU+ 创业社区。前者是把居住和圈子打通，而后者则是把"居住 + 社交 + 创业"三合一。楼下办公，楼上居住，隔壁休闲，不仅仅获得额外的资源整合，降低了住户的综合成本，还提高了社区的客群黏性。

---

① 彩生活轻资产运营模式探析，尚剑，中国物业管理，2014（07）

（2）专业合作、精细管理

2017年6月，YOU+与国内公寓租赁第一平台房总管签订战略合作协议，房总管负责公寓管理SaaS系统、租房平台、房产金融三方面，深化了技术支持。与杭州麦家公寓合作，实现资源互换，通过双方后台资源的深度对接，提升市场竞争力，另一方面结合双方丰富的长租公寓运营经验，形成品牌优势互补（图5-5）。

（3）租赁收益资产证券化

2016年YOU+青年创业社区与58金融宣布进行战略合作。双方将用互联网金融手段实现更多的新兴融资渠道。双方将通过"资产证券化"的方式，将YOU+经营租赁权收益，转化为固定收益的理财产品，在58金融平台上转让给投资人。

（4）构建多元化盈利点

例如在YOU+吃饭每顿15元，目标人群如果100万人，每人一天吃一顿饭，每顿仅挣1元钱，一年也能盈利3.6亿。例如付费社交，2016年YOU+社区举办了圣诞音乐市集——联合摩拜单车、好物、有饭等年轻人喜欢的品牌，组织纹身、美食、复古流行乐的展示和演出，这是YOU+首次向租客之外的公众开放，并收取门票。

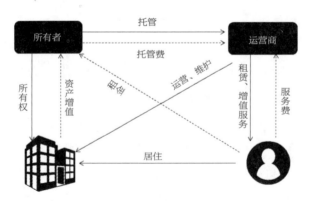

图5-5 长租公寓资产托管模式

资料来源：课题组自行整理

3. 业主持有型

业主持有型的典型案例体现在养老地产运作中，即将部分养老公寓卖给投资者，有利于迅速回收资金，同时持有公共设施、配套设施、宾馆、酒店以及部分养老公寓等，针对不同的客户推出不同的养老服务包，开展丰富的运营活动，有利于获得长期性的经营性收入。

案例：美国佛罗里达太阳城养老项目

美国佛罗里达太阳城[①]项目采用部分销售+长期持有的运营模式，其收益来源包括住宅的销售收益、公寓的出租收益以及配套设施的经营收益（图5-6）。

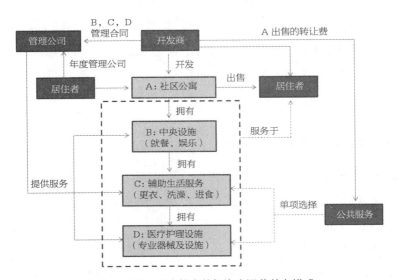

图5-6 美国业主持有的轻资产运营养老模式

注：改编自《养老地产开发与运营模式解析》，余源鹏主编，化学工业出版社，2016年。

（1）一次性收入

美国太阳城现有住户1.6万户。美国太阳城的养老地产中连体别墅的一套住宅价位从9万~20万美元不等，可以选择全部、部分或不需要公共维护保养的住宅。如一次性收入的组团别墅有：太阳城中心（独立家庭别墅）、国王之

[①] 养老地产开发与运营模式解析，余源鹏，化学工业出版社，2016年。

殿（联体别墅）、湖中之塔（辅助照料式住宅和家庭护理机构）以及"自由广场"（辅助照料式住宅和家庭护理机构）。

（2）长期性经营收入。

在太阳城中心，每人每年享用综合会所的费用为140美元。享受康乐设施包括室内游泳池、保龄球、会议室和一个1万平方英尺的剧场。长期性收益是太阳城中心的重要收益来源，仅以每年配套设施的收益为例：会所费用为16000人*140美元/人=224万美元；高尔夫球会费（按照1/3居民入会计算）为900万美元，合计为1124万美元。

4. 联合持有型

联合持有型包括参股、控股、合作开发等形式共同拥有对项目的产权，可以在一定程度有效地控制项目的产权，维持运营的稳定性，在此基础上，各自发挥优势，开展精细化运营。由于目前土地招拍挂市场日趋激烈、拿地日益困难以及土地性质难以改变（譬如一些工业园区），导致很多项目以联合持有的方式运营。

案例：莱锦创意产业园区

莱锦创意产业园区位于北京市朝阳区东四环慈云寺桥边的京棉二厂内，是北京时空建诚建筑设计有限公司进行工业遗产改造的项目。该项目原址为京棉二厂，占地面积12万m^2，是一座具有五十多年历史的老厂，是建于1954年的单层锯齿形厂房，也是新中国第一个采用全套国产设备装备起来的大型棉纺织厂。经过反复论证，国棉公司决定要打造一个保存着历史记忆的文化创意产业园区，这就是莱锦文化创意产业园。目前，园区吸引了蓝海电视、东方风行、宣亚集团等近200家企业入驻。园区企业年产值已超过200亿元，就业人员近10000人，成为老旧工业厂房转型发展文化创意产业的示范性项目。

（1）合作开发的轻资产运行模式

北京市国资公司和北京纺控集团共同投资，北奥集团旗下国棉公司负责投后管理。国棉公司出地，占有50%的股份，北京市国资公司和北京纺控集团占有50%。由于同属于北京市的国企，之间的协调交易成本很低，操作起来更加便捷。如果通过拿地的方式再进行出租，很难回收成本。以合作开发来实现轻资产化发展特别是在目前国内金融支持工具不足、土地成本高等背景下，是一条现实的路径。

（2）物业外包轻资产模式

莱锦创意产业园运营公司跟物业管理公司是完全分开的，同时服务于客户。一般的物业管理公司内部也设有运营机构，但是作为一个整体面对一个客户，很容易自我感觉良好，没有来自第三方的监督。而莱锦园区采用的"运营+管理"的模式，将二者分开独立化。运营公司主要负责维护客户的利益，物业管理主要提供服务，像安保设施，园区修护等。这就形成了互相监督的作用，如果物业公司做得不好，客户会向运营公司提意见，由运营公司出面来要求物业公司进行改进。这比单一的物业管理公司全面负责要强很多。运营公司的人员仅仅在五、六人左右，大量的具体事务都外包给物业公司以及相应的专业公司，这样节省了大量的人力和物力，使得运营公司能够集中精力围绕入园企业服务，不断挖掘并满足它们的需求。

（3）衍生增值服务轻资产模式

莱锦园内部聚集了传媒、广告、设计、高新技术类的企业，这就形成了园区产业链的上游和下游。在园区内部企业之间，园区非常鼓励企业互动，这样也就能产生"1+1>2"的效应；同时在园区内搭建了融资平台:除了国资公司外，中小企业的银行贷款也有相应的组织。对于成长型企业来说，就能极大的发挥园区孵化企业的作用，为其提供帮助；另外园区内还搭建了交流平台经常组织一些派对和联谊比赛等，形成一种特有的园区文化。

（二）品牌输出与轻资产模式

品牌输出型重点表现为标准化的扩张，无论花样年还是氪空间等都是通过标准化输出，但是针对不同的项目，标准化服务又有所区别。因此品牌输出，输出既有标准化服务，也有差异化服务；既有生活服务，也有生产服务。即便是生产服务，表现在联合办公、物流地产等各不相同。

1. 以网络为媒介输出的社区服务

（1）未来社区服务潜力巨大

我国内地居住形态、物业管理模式不同于国外，居住非常密集。这样一个庞大的群体产生了巨大的需求，围绕此需求市场提供服务，物业服务企业掌握着该市场目标客户的基本信息，对于提供有针对地服务具有极大的优势和便利性。假如到2020年某社区服务商服务的社区超过10亿m^2，服务人口相应的会超过3000万，按照每人每月社区消费2000元计算，一年就是2.4万元，3000万人一年消费就是近万亿元。该社区服务商如果通过提供相应服务产品仅1%的佣金，就是100亿元，拿到2%就是200亿元。因此一些领先的企业开始定位专注做社区服务，打造社区平台。例如彩生活是我国物业增值服务方面较为领先的企业，2015年，公司实现营业收入8.27亿元，其中近90%的收入来源仍是物业管理及相关服务，基于物业资源的增值服务占比仅为13%，相比国际标杆企业，仍存在一定的差距。又如绿城服务，2016年实现营业收入37.2亿元，其中基础物业服务收入占比70%，顾问咨询服务收入占比17%，园区增值服务收入占比13%。

（2）社区服务以构建商家生态圈、服务生态圈、数据中心为核心竞争力

传统物业服务模式是物业管理企业整合资源，委托物业服务中心（子公司）进行日常维护服务，进而收取支付物业费用（图5-7）。

图5-7　传统物业服务模式

而社区服务平台模式主要是以构建社区服务数据中心、商家生态圈、服务生态圈为核心竞争力。

其一，社区服务数据中心。未来社区服务将是以数据为基础，通过硬件及软件采集客户在社区服务中的行为、交易以及商务数据，进而分析后为商家提供优化社区服务产品的建议，信息网络化减少了决策与实施之间的时间滞后，

加快企业对市场竞争动态反应速度，提高对住户需求信息的反馈速度，从而提高了服务质量和服务效率。如花样年彩生活推出了彩空间、彩之云社区服务平台、彩支付系统等多方面、多角度收集客户的信息。

其二，社区服务的商家生态圈。通过数据中心分析，制定商家标准，实现商家可复制化后快速拓展社区产业中的商家数量，使得商家生态圈能够提供给用户完整服务。商家包括但不限于专业公司、银行、搬家公司、钟点工、装饰公司等，通过数据分析和动态调整，还能形成基于平台的商家生态体系。商家生态圈主要围绕客户的需求调研，更好充实商家生态圈，更好地为客户服务（图5-8）。

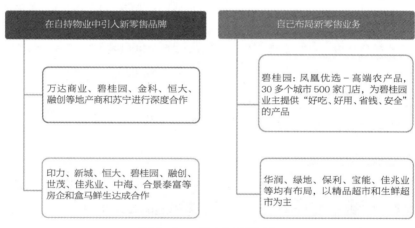

图 5-8 开发商布局新零售

资料来源：中国指数研究院

其三，社区服务的服务生态圈。社区服务最终目的是为了将服务更好地提供给客户，落地服务都将以与客户产生互动并受到认可为最终目的，社区服务的范畴不仅仅提供基本社区服务（物业、安全和智能管理等等），将衍生到离客户最近生活中，例如普遍需求的 1km 生活圈（购物、学校、电影院、医疗服务和培训机构等），又如更具个性化、精细化的 500m 生活圈（餐饮、健身、出行服务和金融服务等）。客户在社区服务中的行为、交易以及商家数据都能够被及时采集进入社区服务数据中心（图 5-9）。

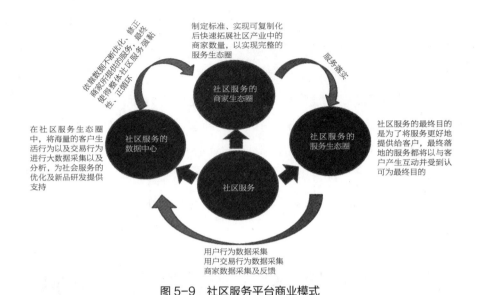

图 5-9　社区服务平台商业模式

注：改编自《中国社区服务产业发展研究报告（2017）》，复旦大学城市发展研究院等编著，复旦大学出版社，2017年。

案例：彩生活的品牌输出模式

（1）服务模式

彩生活综合利用互联网、移动互联网、云计算、物联网等高新技术，推出了彩空间、彩之云社区服务平台、彩支付系统，形成了标准化的"彩生活物业服务体系"。在基础物业管理上，彩生活用先进的技术手段对社区做全面智能化升级，云服务社区涵盖家电控制、可视对讲、视频监控、安全防护、车辆管理、物业管理、实务管理、社区服务、商圈整合等功能；通过彩空间，与安全管家、物业管家服务相结合；在社区商务方面，利用互联网平台及彩之云APP系统，拓展物业管理的广度和深度，初步构建社区1km微商务圈。

第一，彩生活的管理模式从传统的项目负责制转变为集团集中管控模式。彩生活依托400全国呼叫中心技术，形成"云管控"，实现彩生活总部运营中心对分布在全国各地数百个项目生产服务活动的统一计划、指挥、跟踪检查、奖惩，以及对项目关键岗位和设施管理运营超级扁平化的"集中管控"和远程监控。集中管控模式的优势：一是可以统一管理模式和管理标准，消除因项目管理人员的能力差异而导致的管理问题；二是在管项目的固定门岗和监控岗由集团直接远程监控，优化了人力成本结构；三是集团可以集中控制综合服务业务的推广，有利于培养综合服务类型的人员，提高员工的岗位竞争力。

第二，彩生活 2.0 从依靠现场劳动力的传统服务，转变为由远程管理、机械化、信息化来实现的现代服务。在彩生活 2.0 的模式下，集团利用现代化的物联网技术和互联网技术，以及远程的监视技术，将道闸、门禁、保洁设备等的运营与远程管控中心结合起来；用统一的标准，采取 24 小时远程集中管控的方式，实现总部对人员与车辆的远程管理，减轻小区在安全方面的压力，解放了这部分劳动力，将劳动力成本降到最低水平；在总部和地区事业部，成立机械化的专业队伍，配给先进的机械设备，以及一整套科学的服务流程，定期、定点到小区进行全面深度的保养、清洁和绿化服务，让这些传统的物业服务能够高效、规范和标准化的进行，使小区的安全、整体形象和品质更有保障（图 5-10）。

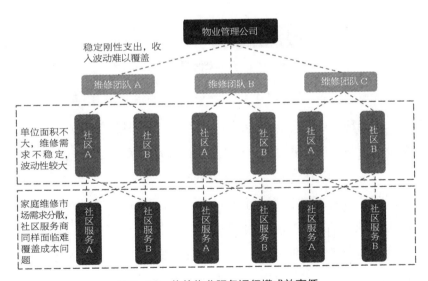

图 5-10　传统物业服务运行模式效率低

以彩生活 E 维修为例，彩之云平台将有潜力的第三方创业公司引入平台，给社区业主提供多元化的服务体验，同时采取赛道制的模式孵化出最受业主欢迎的服务，其中 E 维修就是典型。E 维修通过共享经济的模式将拥有合适技能的意愿者培训成合格的维修工人并接入平台接单。E 维修完全按单结算，将彩生活的维修团队固定薪资转化为了动态支出。一方面提升了公司的运营效率，另一方面平台调动、业主评价的激励机制使得服务质量获得了提高。E 维修拓展了维修师傅的服务范围，以往物业管理公司无法获得的家庭维修市场被 E 维修成功介入（图 5-11）。

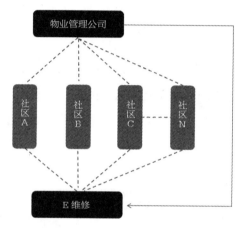

图 5-11　E 维修大幅提高效率
资料来源：课题组自行整理

第三，利用现代电子商务平台——彩之云，以及社区支付方式——彩付宝，实现社区电子商务和社区的对接。彩生活 2.0 服务体系，要打造物业企业与客户之间的关系和黏度，做好与客户体验相关的产品与服务。彩生活专注于社区服务平台与社区服务集成的供应商，而不仅仅是社区服务每一项工作的具体执行者。彩生活社区云平台旨在搭载集团业务的各类综合服务，同时又吸收社会各类服务供应商和社区周边各类商业实体，以形成综合服务线上线下一体化的社区微商圈。在彩生活服务平台上，通过积分系统、奖励计划，让客户实现自营销、自激励，主动享受经过彩生活认证的优质供应商为社区业主提供的优质服务。

彩生活为了延伸覆盖范围，向更多受众展示其服务及能力，使其品牌更广为人知及扩宽社区租赁、销售及其他服务的客户基础，已经选择与地区物业服务公司订立顾问服务合约。目前，彩生活物业管理的项目95%来自非花样年物业。可见，彩生活模式的可复制性及品牌社会认可度较高。彩生活通过塑造品牌，发挥品牌效应，并购整合，获取客户端和数据，进而将彩生活模式快速复制扩张，实现盈利。

（2）质量管控

第一，并购的质量控制。由于彩生活通过并购迅速做大规模，因此必须对并购质量有所控制。首先，通过尽职尽责的调查，全面了解拟并购公司与项目管理情况和把握风险评估，进行可行性分析和研究；其次，在签约后立刻进行组织与流程整合、人力资源整合、财务整合；再次，对并购整合的项目管理层面只做相应微调，安排企业高管、财务负责人、人力资源负责人到彩生活总部接受系统培训，建立团队信任感；第四，整合并购企业的优势资源，重新构建并购企业价值链，提供并购企业竞争优势。最后，建立系统的绩效评价体系，提高综合效益。

第二，利用集中管控平台进行品质管控。通过彩之云APP和400电话，彩之云将物业保修、保洁、秩序维护、保绿这几项工作中的周期性工作和节点性工作通过集中管控平台进行统筹和推进，并利用这两个工具在总部专家团队的指导下对物业的突发性（抢修、设备故障等等）工作事先准备预案，通过专业维保、清洁、秩序维护队伍的努力快速解决。此外，在客户诉求处理、信息沟通方面，彩生活开通彩之云APP、400电话和彩生活空间店，在沟通渠道上，公开、透明和快捷。

第三，成本管控。在传统的物业服务企业成本结构中，员工成本占比最大，人工费可能占到60%~70%。而彩生活的销售和行政费用来看，人工成本占到整体成本近50%的比例。彩生活成本优势随着互联网方式对传统物业服务的改造而改进。通过采用设备、机械来替代人工，替代一部分劳动力。

彩生活物业将秩序维护、清洁业务进行外包，节约了40%的物业服务成本。彩生活通过利用高新技术，对社区服务和物业服务业务进行有效整合，同时将一些耗费人力的业务外包，节省资源和成本，专注于社区服务，为业主提供便捷全面服务，进而增加盈利。

2. 以增值服务为核心的品牌输出

轻资产模式重在增值服务。品牌输出的服务包括两类：一类是基本服务，如物业管理服务；另一类是增值服务，在长租公寓表现为功能性服务，在联合办公领域表现为产业服务。如氪空间目前已经覆盖到国内 11 个城市。增值服务又包括：

（1）综合功能型服务

譬如长租公寓不仅仅提供常规的物业管理，一切以满足白领的生活要求来配置，零售、干洗、生鲜配送、健身、美容、书吧等各种社区服务均采用专业化的外包进行。除了居住之外，年轻租客们对生活、娱乐、社交、居家消费一样有很大需求。作为长租公寓或者物业服务商，完全可以嫁接一些满足上述需求的资源，从各个角度提升租客的生活品质，提供生活便利，从而增强用户的黏性，不仅仅可以提升续住率和品牌影响力，而且还有利于探索更多的非租金盈利模式。

（2）产业增值服务

产业增值在不同业态表现出不同的形式，如在联合办公，表现为法律咨询、税务咨询、融资支持、创业支持、社群空间等等。

（3）体验式服务

尤其表现在现代商业地产上，消费者感官体验也越来越趋向于全方位发展，即不只是一个感官参与的体验，而是多个感官共同参与的体验，是一种全身心投入的体验。大致可以分为三类：第一，初级体验模式。就是"购物 + 餐饮 + 娱乐"模式，主要强调的是业态的组合，对物业特色方面要求不高。典型案例就是万达广场，基本是"购物街 + 餐饮店集群 + 影院（歌城）"的业态组合模式，物业形态没有更多特色，全国都一样，但是能满足一般消费者初步体验的需求,像万象城、香港 K11 购物中心也没有脱离这个模式。第二,中级体验模式。在初级体验模式只注重业态组合的模式上，大规模增加了建筑形态和内部装饰的变化，使得业态组合与物业形态有机的融合，更能激发消费者的热情。比较典型的就是香港朗豪坊的通天梯、天空咖啡屋、未来感的建筑装饰及雕塑等等；西九龙购物中心中庭顶部设置的室内过山车也是代表。第三，高级体验模式。

这种模式给消费者带来文化的冲击，它是最能使人感觉到愉悦的全方位参与的购物行为方式。如迪斯尼乐园除了使人们享受视觉的冲击、游乐、美食外，还给消费者带来了美国文化特质的东西——"快乐、自由、梦想"；威尼斯人酒店除了吃、住、玩外，也给消费者带来欧洲经典文化——"异域、奢华、品味"[1]。

案例：氪空间的增值服务

氪空间是以联合办公为载体的企业服务平台，氪空间已经打造出的联合办公空间产品，专为中小团队办公场景定制。产品体系包括能容纳不同人数的独立办公间、移动办公桌、开放工作区等。

氪空间比中国WeWork早起步半年，目前已经覆盖到国内11个城市，50多个社区，40000多个工位，速度明显比中国WeWork快得多。2018年上半年氪空间迅速扩张，上海上半年联合办公行业租用的写字楼里，氪空间占了73%，北京氪空间占了40%（表5-4）。

2018年上半年中国自营式联合办公规模指标对比　　　　表5-4

指标	氪空间	中国Wework+裸心社	SOHO3Q
覆盖城市（中国内地）	北京、上海、广州、杭州、南京、苏州、武汉、成都、天津、厦门、合肥	北京、上海、成都、杭州、深圳	北京、上海、南京、杭州、深圳
社区数量	57家	27家+22家	31家
管理面积	27.3万 m²	18.6万 m²+7万 m²	18万 m²
工位数量	42000个	28000+10000个	29000个

注：以上统计均包括各企业已经开业社区和已签约，即将开业社区。
（数据截止到2018年6月底）
资料来源：Iimedia Reseach（艾媒咨询）

首先，租金差不是氪空间的主要收入来源。联合办公的办公用房一般通过租赁再转租给创业公司以及中小公司，但是这个租金价差并非氪空间的主要收入来源，氪空间转租给中小公司的价格接近于向业主首次承租价格，因为氪空间的对象均为创业公司和中小公司，对办公楼租金较为敏感，租金过高容易导

---

[1] 赢商网研中心编著，商业地产格局与谋变，中国经济出版社，2016年。

致租户流失。

其次，创业服务成为利润的增长点。中国式联合办公脱胎于孵化器，天生带有创业基因，创业服务成为核心重点。氪空间的商业模式可概述为WeWork+YC+A16Z+RocketSpace。氪空间从孵化器做起，帮助创业公司融资，提供导师辅导和创业诊断等；成立基金，对全国氪空间里的优质项目进行少量资金的投资并配以辅导；此外，还配套A16Z服务[①]。氪空间致力于打造强大的服务团队去帮助氪空间体系里的优质创业公司，助力他们加速成长。最高的层次是私密Club，被称为"骷髅会"。加入骷髅会的团队必须是融资到达A轮、PreA规模的创业公司CEO才可以加入，氪空间会给骷髅会成员提供一系列"创新服务"，包括为创业公司、创业者和合作伙伴搭建关系，帮助企业加速发展，最终成为行业独角兽。这一点非常像已经孵化了独角兽Uber和Spotify的Rocket Space（图5-12）。

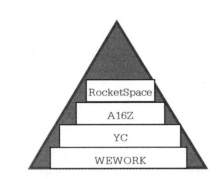

图 5-12　氪空间的产业增值服务（轻资产模式）
资料来源：课题组自行整理

最后，创造社群空间。氪空间能够持续吸引更多创业者，是社群。当某个创业公司进驻时候，可以先把氪空间的公司当作自己的第一块起步市场。当然，氪空间并不依靠创业者市场，大概只有20%是创业公司，更多的是已经初具

---

① A16Z作为顶级投资机构在投后上花非常大的功夫，A16Z的营销团队会帮助创业团队获得关注，人才团队会帮助创业公司招募新兵，市场发展团队会帮助创业公司获取客户，研究团队帮助创业公司确定公司战略上的重大事宜。在A16Z超过60人的团队中，仅仅6个人在参与传统意义的风投活动，如投资、加入创业董事会、借钱给创业公司，而剩下的人力则全部集中在帮助创业。

规模的小公司，他们已经具有了赚钱的能力。但是氪空间为其提供更多的"软服务"以及无形服务，例如成功人士的定期分享课、融资机构的对接、媒体的曝光。尽管氪空间已经从36氪独立拆分，但是36氪作为创业科技媒体拥有的创业资源一直是氪空间的独家优势。氪空间通过联合办公这个载体，将几百万中小企业都集聚在线上线下结合的社区，使这个社区成长为一个社群生态，在这个意义上，氪空间不仅仅是二房东，而是通过创造社群空间进而创造价值。

案例：第一太平戴维斯增值服务

第一太平戴维斯Savills已在欧洲、亚太地区、非洲和美洲拥有600间办公室，在全球共有超过3万6千名员工，已经建立了一个覆盖全球的网络。Savills在全球设有超过600个办公点，提供最全面、最专业的房地产物业服务、咨询业务。范围涵盖了住宅房产、办公用房、工业厂房、零售业房产、医疗房产、郊区房产、酒店及多功能房产。自20世纪80年代后期进入中国市场，第一太平戴维斯通过为客户提供创新解决方案迅速成为房地产行业中的领先者。通过在中国几个重点城市（上海，北京，深圳，广州，杭州，成都，天津，大连，重庆，沈阳，厦门及台湾，四川南充）建立的办事网络，及有着3000名掌握着丰富经验及知识的员工作为坚强后盾，第一太平戴维斯为开发商,业主,租户,和投资商提供了综合性的、高质量的物业服务和咨询服务（表5-5）。

第一太平戴维斯可以提供的四种物业及资产管理业务运营模式		表5-5
全权管理	基于客户全权委托形式所列职能范围，从制定运营制度到具体操作，第一太平戴维斯能够为客户提供全权物业管理服务，全程掌握整体物业管理运作过程。客户在整个过程中可根据具体需求进行审查、监督	
项目合作	第一太平戴维斯可以为客户物业项目提供全部或部分运作管理服务，而客户选择保留部分管理权（如人事行政、财务管理权等）	
管理顾问服务	作为物业管理顾问，第一太平戴维斯能够协助客户策划及筹备物业管理的前期并提供专业意见，如工程顾问、财务管理、员工招聘及培训、楼宇验收及交付等	
合资管理	第一太平戴维斯可以与开发商成立合资公司进一步结合双方的优势。先进的管理经验和操作标准，能够保证物业价值和使用价值的最终实现。通过近二十年的努力，第一太平戴维斯先后成功运作了多家合资物业管理公司为项目提供专业的全程管理服务	

资料来源：课题组自行整理

（三）轻资产运营模式可能存在的风险分析

从重资产角度看，自己投资，自己拥有物业，并且运行所有的资源，这是一种资源整合的模式。但是在轻资产模式下，运营方一般不投资，不持有资产，运营方获得的是使用权，这时资产持有方和运营方既是一种共生关系，也在一定程度上对立。重资产模式相对而言，非常成熟，但是对于轻资产而言，至少需要解决以下挑战：

1. 缺乏控制权，业主可能违约的风险

业主和经营方之间会有很多纠纷，而纠纷出现时，经营方没有话语权，更容易遭受违约。因此从这个角度而言，轻资产不像重资产那样有保障。以长租公寓行业为例，这种二房东轻资产模式风险很大。所谓二房东模式，顾名思义就是大房东把房出租给二房东，二房东再出租，也就是差价模式。像我国一些连锁酒店以及一些长租公寓都采取这种模式。但是这种模式仅仅是一种过渡产品，不可能继续占有主流地位。二房东不仅仅要付给大房东的租金，而且装修成本也非常高，这些都侵蚀着租金差的收益。一般而言，拿房成本一般占70%左右、装修成本占15%左右、运营管理费占10%左右、税收5%左右。此外，拿房成本不断提升：其一，不同行业对房源的竞争。二房东包括汉庭、如家等连锁酒店，也包括月子中心、整形医院等等。这些有着不低收益的二房东对长租公寓行业拿房形成激烈的竞争。其二，同业对房源的竞争。像2018年上半年蛋壳、自如由于有资本支持，通过高价抢占房源，导致大房东很容易毁约。这两类竞争最终导致拿房成本日渐上升，也就是说二房东模式在某种意义上已经走到了尽头。当然一些集中式的长租公寓租赁并改造旧厂房用以出租，如链家自如寓，可以获得更大的租价差，也能在一定时间一定区域内长期存在。

2. 轻资产运营方和重资产业主激励兼容风险

对于轻资产运营方而言，运营好坏影响的只是租金收入，但是对于业主而言，则是资产价值。业主的资产增值并非能完全体现出运营方收益，运营方收益也并非能体现出业主的资产增值，因此，需要实现资产方和业主利益兼容。

国外 REITs 需要社会资本持有，专业机构运营的核心原因，既需要专业分工，同时形成利益兼容的激励机制（图 5-13）。

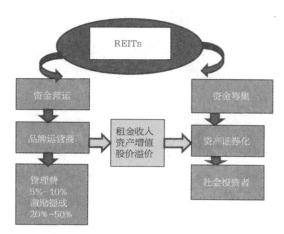

图 5-13　国外连锁长租公寓、酒店等的 REITs 资产持有模式

资料来源：课题组自行整理

3. 对经营能力和回报的要求更高

轻资产核心的难点就是要突破一般的市场回报预期。经营能力更强，市场回报更高，就能扩大融资、加杠杆的能力，因为轻资产模式没有抵押物，需要更高的回报能力。

4. 人才吸引和激励的难度更高

对于轻资产模式而言，由于利润微薄，对于高价吸引人才，就力不从心。轻资产更加依靠精英人才，不能靠发工资。对于一个轻资产企业而言，要想留住核心骨干，更多的是一种合伙关系，必须在激励机制上重新作出设计。

5. 融资渠道有限，实现规模困难

由于轻资产缺乏抵押物，融资成本非常高，大部分高达百分之十几，国内目前资产证券化仍处于起步阶段，成本相对较高。但是目前很多大的重资产企业融资成本都已经到了 6% 以下，这时因为有资产可以抵押，重资产融资成本更低。正是由于融资成本更高，轻资产模式固然投入少，起步容易，但是做大也有难度。

三、重资产运营模式

理论界与实务界对重资产运营模式并没有一个统一的、标准的定义。一般来讲,如果企业在建设厂房、购买设备和原材料以及广告宣传等方面时投入大量资金,形成不易变现的固定资产等有形资产,产生大量固定费用,以期望通过规模经济而获取收益的营运状态,那么该企业采用的就是重资产运营模式。

就房地产行业重资产运营模式而言,拿地建设后持有(房地产开发商)或收购老旧物业后进行改造并持有运营的模式(私募基金),都属于重资产运营。这类物业一般在核心地段,确保了资产本身的升值空间。重资产运营模式的房源多为集中式物业,对于运营商而言,在物业获取效率、运营效率和跨周期资产运营等方面优势明显。另一方面,重资产运营模式先期沉淀大,对企业的资金实力、成本控制、期限都要求很高。重资产运营的企业或项目往往融资结构单一。采取这种运营模式的企业,资金主要来自银行贷款和个人抵押贷款,企业负债比较高,风险成本较大。

(一)重资产模式的主要类型

从拿地开始自建运营,涉及这种的大部分是国有背景、开发商和酒店系的企业。下面,以长租公寓、养老地产以及商业地产为例。

1. 自建自营长租公寓

(1)国有性质公司提供的人才住房

国有性质公司主要提供保障性或政策性租赁住房,房子主要提供给本区的引进人才、外来务工人员等,实行过程中多数会向高学历的引进人才倾斜,地块多数都是政府性的地方政府平台或者国资背景的企业获得。

(2)开发商自建自营长租公寓

在 2015 年住房城乡建设部出台的《关于加快培育和发展住房租赁市场的指导意见》中就提出推动房地产开发企业转型升级,2016 年国务院 39 号文更明确提出鼓励房地产开发企业开展住房租赁业务,之后我国不断加大自持土地供给，北京、上海、杭州、广州、南京等各地都相继试行，租赁住宅用地供给也从价高者得调整为竞拍自持面积或者保障房面积的方式来提供，以鼓励开发商建设长租公寓（表5-6）。

典型房地产开发商布局长租公寓比较　　　　表5-6

相关房企	万科	招商蛇口	龙湖	旭辉
公寓品牌	泊寓	壹间、壹栈、壹棠	冠寓	领寓国际
客户定位	城市青年白领	中高端租赁市场	20～35岁年轻人	一二线城市工作者
公寓类型	轻资产集中式 重资产集中式 轻重资产比例 55:45	重资产集中式 以自有物业改造为主，考虑收购存量资产	轻资产集中式 重资产集中式 起步期以轻资产租赁扩张为主	轻资产集中式 重资产集中式 轻重资产比例70:30
产品特点	主打中端中小户型产品，提供高性价比和加强社交属性的租赁社区	打造壹间、壹栈、壹棠三大产品线，精品公寓和"服务式公寓"两种产品类型	以"核桃"、"松果"、"豆豆"三大产品线，满足不同租住习惯、功能特色	针对外企高管、企业白领以及支付能力较为一般的社会新人三类群体设计三大公寓品牌：博乐诗、柚米、菁社

资料来源：课题组自行整理

开发商类背景的公寓管理公司可以充分利用母公司手中的闲置住房资源加以自持（或由集团自持），借助集团信用进行低成本融资，在长租公寓领域有一定先发优势。以链家为代表的中介机构，则延续其租赁中介业务，具有天然的客源和分散式房源获取优势。以YOU+、魔方等为代表的创业类企业是目前长租公寓领域最多的参与者，在资源（客户、房源）及资本端均不占优势，但是对于细分市场、经营思路和方式、商业模式的适应性等方面更加灵活（表5-7）。

涉足集中式长租公寓的各类企业　　　　表5-7

品牌	公司性质	公司	土地性质
N+公寓	国有	首农集团、金隅集团、城建集团、建工集团	商业用地、工业用地
泊寓、冠寓	开发商	保利、葛洲坝、中冶	自持性土地
		万科、金地、远洋、龙湖、旭辉、石榴、中骏置业、合景泰富、碧桂园、绿地、朗诗	

续表

品牌	公司性质	公司	土地性质
自如寓	房屋经纪机构	链家	工业用地、住宅用地
城家、窝趣、缤润雅朵、逗号公寓	酒店企业	华住、铂涛、亚朵、如家	商业用地
魔方公寓、寓见、新派公寓、青客、水滴公寓	互联网平台创业型公司	魔方集团、寓见公寓、青年乐公司、上海青客公司、上海水滴公司	商业用地、住宅用地

资料来源：课题组自行整理

案例：万科翡翠书院

万科翡翠书院是全国首个全自持用地建设的集中式长租公寓，共有两个地块组成，以100%权益50亿元竞得一块，计容积率建筑面积13.9万m^2，以50%权益29.5亿元竞得另一块，总计容积率建筑面积16.3万m^2（该公司有50%权益就是8.15万m^2），权益地价共79.5亿元，楼面地价36054万元/m^2，建安成本以4000万元/m^2来算，大概每平方米成本40000万元/m^2，90m^2户型的成本是360万元，按租20年回本计算，先付180万元租金才是房源成本的一半，还不算豪华装修家电和运营成本等（图5-14）。

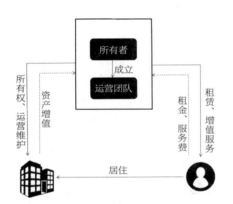

图5-14 万科"翡翠书院"自建自营模式

资料来源：课题组自行整理

据公开资料显示，目前，万科已经在广州、厦门、合肥、上海和重庆等城市落地了10余个长租公寓项目。但是长租公寓的租金收益率仅为2%～3%，仅仅靠出租获得收益的盈利模式不容乐观。

2. 开发商持有运营养老地产

如果土地性质一开始即为政府划拨用地，销售产权存在一定的障碍，可以采用会员制养老地产运营模式，通过销售会员卡以及收取服务费的方式维持项目的长期运营。其中，会员费的收入可以投入下一期项目的开发，服务费则可以作为日常服务运营的费用。

优点在于：对于开发商而言，如果运营得当，可以获得良好口碑，同时获得物业的增值和会员费的提升，从而在后期获得持续稳定的回报。从老年入住者角度而言，可以时刻对自己入住的老年住宅进行监督，促使服务更加完善，对自己生活的便利及舒适十分有利。但是缺点在于：资金回笼速度慢，拉长了开发周期。

案例：亲和源养老地产

亲和源社区位于上海市南汇区康桥镇，距离浦东国际机场12km，虹桥机场22km，距离上海市中心人民广场12km，占地面积8400m^2，建筑面积10万m^2，老年公寓838套，可供1600位左右老人入住。

亲和源项目用地原来为工业用地，出让年限仅为50年，由于项目性质特殊，亲和源养老公寓所处地块于2006年办理土地使用权出让，出让的土地性质变更为公共建筑用地，土地性质的转变获得了当地政府的大力支持。

（1）盈利模式

租售并举，其中以租为主，但是租期长。运营模式为会员制加管理费，会员费的收入将投入到下一次的老年公寓的开发，管理费作为日常服务运营费用。

上海亲和源长短期租赁并举。长期租赁（A卡）——长租性质。需要一次性支付一笔89万元入会费，可以在亲和源社区自由选择大、中、小三种户型中的一套房屋，还可以作为遗产留给子女。不记名卡有效期与房屋土地的使用年限相同，可转让。选择该卡，每年必须支付2.98万元到6.98万元不等的会费（根据房型不同）。

短期租赁（B卡）——短期租赁。该卡对应大、中、小三种户型，一次性支付价格从45万元到88万元不等，另外每年需要支付2.98万元的会费。不能转让。有效期到老人生命终结，但是有一个15年的界限，如果只住了5年，剩余10年的费用将被退还给家属，如果居住期在15年以上，超过部分免费。

（2）服务模式

每周预约上门一次家政服务；每两周预约上门收集清洗床被套一次服务；每人一次全身医疗体检；每人购买一份意外保险；公寓内所有家具家电的保养维修和更换；社区内各类文体设施的使用；管家部提供的其他类免费服务等。

以地产销售作为主要盈利载体，目前市场上养老地产项目大都是通过住宅产品销售来获取利润，其他收益仅占利润的较少部分。但是养老地产项目需要一系列配套的医疗、酒店、购物中心、康体娱乐等配套设施，后续配套经营与物业服务方面的需求显著。例如北京太阳城和东方太阳城项目（表5-8）。

我国四个养老地产项目的运营模式比较　　　　　　　表5-8

项目	盈利方式	备注
北京太阳城	一定比例的住宅进行销售，另一部分即银铃公寓及大体量的集中商业用来满足老年人租用、度假等需求	出售为主 主要利润点来自住宅产品销售
东方太阳城	养老地产名义，全部进行销售	
燕达国际健康城	只租不售	单纯出租模式，风险较大
上海亲和源	采用会员制管理模式，出售短期、长期会员制服务	会籍出售模式，变相的房屋销售，回笼资金

3. 自建自营商业地产

（1）标准化扩张

一些房地产开发商商业地产以标准化的形式开始扩张，产品线不单纯是商业地产的一种品牌概念，而代表商业地产企业从开发建设、招商运营甚至投资决策方面的标准化程度和管控体系的健全。以龙湖地产、绿地集团的产品线为例（表5-9、表5-10）：

龙湖地产商业地产产品线　　　　　　　　　　　　　　　表 5-9

产品线分类	产品线定位	产品线概况	城市布局	代表项目
龙湖天街	都市体验式超区域型购物中心	龙湖持有的主要商业地产品牌，定位为面向中等收入新兴家庭的区域型购物中心、为集购物、餐饮、休闲、娱乐等多种消费类型为一体的一站式商业综合体，要求商业物业面积超过 8 万 m^2	重庆/成都/北京/杭州	重庆北城天街
龙湖星悦荟	社区型购物中心	龙湖持有的定位为社区生活配套型购物中心的商业地产品牌，面向中产阶级家庭的综合消费	重庆/西安/北京	重庆龙湖星悦荟
龙湖 MOCO 家居生活馆	高端精品家居生活馆	龙湖持有的定位为中高端家居生活购物中心的商业地产品牌	重庆	重庆龙湖 MOCO 家居生活馆

绿地集团商业地产产品线　　　　　　　　　　　　　　　表 5-10

产品线分类	产品线定位	产品线概况	城市布局	代表项目
绿地中心	超高层城市综合体	绿地集团旗下的超高层产品线	北京/南宁/南昌/济南/长沙/合肥等	南昌绿地中心
绿地 MALL/绿地缤纷城	社区商业升级为品质生活中心	绿地主推品牌，定位为社区型购物中心，为5km范围内的社区居民提供社区服务，最新品牌升级为"品质生活中心"	北京/上海/武汉/上海等地	北京大兴/绿地缤纷城购物中心

（2）经营模式因企制宜

偏重于同城多项目扩张或者是偏重于在不同区域扩张，以及不同类型的产品组合，对商业运营模式类型的选择也是不同的（表 5-11）。

典型房企商业地产经营模式　　　　　　　　　　　　　　表 5-11

指标	万达	龙湖	中粮	华润
商业运营利润中心	集团商管和各地商管公司	从属于房地产业务的城市公司	从属于房地产业务的城市公司	从属于房地产业务的城市公司
组织架构	商业由集团商管公司进行管理	集团成立商业地产部专门负责	集团公司＋项目公司	城市公司下设商业运营线

续表

指标	万达	龙湖	中粮	华润
管控模式	高度集权化模式	总部集权，垂直化管理，PMO体系	集团直管	6S+BSC管控模式
租售特征	现金流滚资产，商业持有	商业租售结合	商业持有	商业持有
产品线	万达广场	龙湖天街、龙湖星悦荟、龙湖MOCO	大悦城	万象城、欢乐颂、五彩城
战略特征	规模联动，商业租赁、专业开发	多项目、多业态、多区域发展。区域聚焦，城市占比优于区域规模	以一线城市为核心辐射长三角、珠三角、环渤海湾等	持续的高毛利，资源+商业模式驱动

（二）重资产模式可能存在的风险分析

1. 财产风险

作为物业业主，重资产模式要求更加重视防范和控制人为事件、自然灾害对物业、顾客等造成的损害。造成财产损害的原因：包括自然灾害（地震、台风、雪灾等）；自然原因（设备设施老化、材料应力变化等）；人为事件（故意破坏、无意损坏）。这就需要做出应急管理，包括预案管理（根据预测，对潜在的或可能发生的事故，事先制定应急处置方案）；危机管理（危机管理是指通过危机预测、危机预警、危机决策和危机处理，达到避免、减少危机产生的危害，总结危机发生、发展的规律，对危机处理科学化、系统化的一种新型管理体系）。

2. 经营风险

由于既作为业主又作为专业经营者，两者很难兼顾，很难将经营做到极致。作为物业所有者，要求物业升值；而作为物业经营者，需要做到经营收入最大化。两者在一定程度上存在矛盾，如何平衡两者之间的矛盾，是一件很难处理的事情。

四、因企因时制宜选择轻重资产运营模式

（一）不同阶段采取不同的轻重模式

重资产或轻资产运营，是企业根据发展环境以及企业战略需要进行的理性

选择，不存在孰优孰劣的问题，伴随资产升值趋稳，轻资产模式优势逐步显现。特别是对于品牌企业来说，未来城市有机更新与轻资产模式结合有着广阔的发展空间。

资产升值阶段，持有模式为优。房地产企业也好，城市更新运营企业也好，其轻重模式之间的转换，主要取决于资产升值所处的不同阶段。在资产升值阶段，资产持有模式为优。当土地资产和房地产物业升值速度高于资金成本的时候，房地产企业必然寻求储备更多的土地和持有更多的物业。土地储备成为衡量房地产企业价值和实力的主要标准，有时候甚至是最重要的标准。在这种情况下，持有资产本身就可以获得丰厚的回报。

在资产价值趋稳阶段，轻资产模式为优。当土地资产和房地产物业升值趋稳的时候，资产升值对房地产企业经营业绩的贡献减弱。如果土地或者房屋升值低于资金成本，这个时候持有资产反而造成负的价值贡献。在这种情况下，一部分房地产企业通过调整战略，从重资产模式转向轻资产模式。

（二）不同企业采用不同的轻重模式及比例

对于重资产型的商业地产企业而言，如果有成本较低的资金渠道，比如险资、境外资金等，就可以有效降低物业持有成本。如果企业的主要项目又处于一线城市或者二线城市的核心商圈，具有较强的升值预期，不妨继续选择重资产之路，在获取运营收益的同时，更多着眼于获取未来的资产升值收益。如果商业地产企业自身没有低成本的资金渠道，自持物业的相对持有成本很高，那么与有关投资机构合作或者以资产证券化的方式实现轻资产则是企业生存和发展的必然选择。另外，如果自持物业升值预期有限，而机会成本相对较高，企业可以进行轻资产化，即提供以承诺保底收益的方式而付出一些成本或者承担一些风险。

对品牌影响力高、专业能力强企业来说，通过轻资产模式，可以在减轻融资压力的同时扩大经营业务，除获取品牌溢价之外，还可以获得增值服务收益，包括融资服务、商业运营、物业管理以及其他衍生收益等。如保利商业采取轻重并举方式扩张，通过并购、收购（重资产运营模式）和长期租赁和委托管理（轻资产运营模式），未来五年拟实现在全国范围内运营管理 50 家购物中心、50 家酒店、千余家若比邻社区商业中心，经营管理商业物业面积超过 1000 万 m^2。仅仅依靠保利地产自有项目，已经无法满足保利商业的拓展规划，未来将通过并购、收购、长期租赁和委托管理等多种方式向外获取项目。

对于纯粹的运营商而言，与投资机构或者开发商结盟，成为他们的运营服务商，并运用创新金融工具来支持自己的轻资产式的规模发展。

应结合企业的资源禀赋选择轻重模式。轻资产模式应重点考虑：一是选取企业擅长的业务线，依据自身产品优势并结合市场环境，选择最符合本企业能力标准的产品类型；二是企业应依据自身的市场竞争力水平对企业价值进行定位，然后选取本企业最擅长、效益最高的一环来运作，通过轻资产模式来放大运营效率；三是需要依靠与本企业相匹配的资本平台，利用资本杠杆扩大运营效率。轻资产模式就是产业链分工高度专业化并与优质房地产平台相结合的盈利模式。

（三）不同业态采用不同的轻重模式及比例

住宅仍然以开发—销售为主。对持有—运营型（以长租公寓为例）住宅物业，宜根据自身的企业特性选择合适的轻重模式，如中介企业较为熟悉租赁房源，宜选用轻资产扩张，以分散性长租公寓为主；而开发商背景的长租公寓运营者宜自建自营为主。

商业地产则根据企业具体情况采用轻重模式。譬如大悦城未来以三种模式、轻重并举为扩张策略。一为核心城市核心区自己直接拿地建设开业（轻资产运营模式）；二为参股并购，改造老项目并挂牌"大悦城"重新开业（重资产运营模式）；三是天津和平大悦城的轻资产模式——公司通过输出管理来获得管理费与未来的优先购买权。"轻资产运作"将成为大悦城未来加速扩张的最主要的模式。

（四）结合不同的业态以及轻重模式选择不同管控策略

20 世纪 80 年代，美国学者古尔德根据不同集团型企业在管控文化方面偏好提出了集团管控"三分法",即:财务型、战略型和运营控制型。三种模式各有特点,并无优劣之分,分别适用于不同类型业务的控制,需要综合考虑集团总体战略、下属公司管理现状及经营风险、集团的风险控制能力等因素(图5-15)。

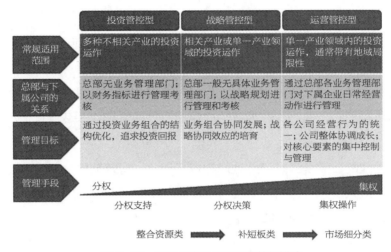

图5-15　不同业态适合不同的管控模式

注:改编自《熵变:"后地产"时代的智慧经营方略》,苏海云著,中国经济出版社,2018年

管控模式需要根据企业的发展方向、产业构成、发展规模、区域布局、项目规模、产品业态等变化而有计划的调整。整合资源类包括跨界经营,根据各地实情,还需要总部的分权支持;而细分市场类更适合集权操作,或者开发商已经形成了成熟的产品线,亦可采取集权操控。

五、通过资产管理提升价值

(一)资产管理本质是从投-融-管-退的角度进行运营管理

与传统的开发商销售模式不同,资产管理模式不是单一衡量资产周转率,它的获利模式在于持有过程中,通过对资产运营的提升获取持续性收入。商业逻辑从"资产获取—开发—销售"转换成"投—融—管—退",并且是以资产退出为起点,即从基金退出的收益率要求出发,倒推资产获取的判断标准和运营管理要求,进行管理逻辑的重新梳理。

由于商业地产投资性强,收益性持久,以及使用价值与投资价值潜力大等特点,商业地产应作为资产管理的首选物业类型。与此同时,资产管理也对商业地产投资发挥重要的作用。因为商业地产投资无论是在开发投资还是物业建成后的投资,从置地、规划设计、营建、销售、收回投资都需要经历一个时期,最短也需要两年,长达五年或者更长时间,如果没有强有力的专业资产管理人员进行服务,有可能使投资回报周期延长,或达不到投资者预期的效益。如果资产经营和资产管理到位,则将进一步提升商业地产的项目品牌,从而影响整体的租赁收益和租赁风格。在新一轮商业招租或商铺转让、证券化退出时,商业地产物业价值会明显地体现出来。

资产管理的目的是通过商业地产的资产运营,有效地提升商业物业的资产价值,提早进入资本运作市场。资产管理可以带来商业物业的保值和增值,稳定的开发资金流,良好的品牌信誉度。

(二)资产管理核心在于投资选择以及价值提升

以商业地产为例,资产管理的专业服务包括了投资分析、交易管理、资产价值评估、交易过程的风险控制,以及如何通过资本市场进行商业地产的金融投资、银行信托以及证券化的资本运作,来实现商业地产的价值。在某种意义看,资产管理等于物业管理加上资产运营,再加上财务管理。

资产管理体现在两个方面,即投资的项目选择以及资产管理中的价值提升。

就前者而言,资产管理机构凭借与其特有的专业知识与经验,结合宏观产业环境和行业发展的变化趋势以及行业发展周期,用市场的方式对商业地产项目进行筛选和分级,再结合投资退出方面的综合考虑进行交易条件的设置和交易结构的设计,解决之前商业地产项目投资可能存在的盲目性和决策失误问题,大大提升了项目投资收益的可预期性。

就后者而言,以资产证券化的方式提升资产的流动性可以提升商业地产的资产估值,以提升运营管理水平来提升租金同样也可以提升商业地产的资产价值,这也是资产管理链条中投、融、管、退的主要环节。

案例:新加坡腾飞集团资产管理之路

(1)立足客户,以客户要求作为资产获取的判断原点

腾飞资管模式的支点是客户,不仅包括企业租户,也包括基金客户。通过满足企业租户对产品的要求和基金客户对资产回报的要求,确定资产获取和运营策略,最后实现持续性收入和证券化出表[①]。

首先看企业租户。从选地起,腾飞会先了解目标客户有无搬迁意向、对地区是否有特殊要求等,并将其作为资产获取的唯一逻辑。其次看基金客户。腾飞的每个项目都按照基金要求倒推项目收益,每个环节都设有控制标准,要求严格按标准执行。腾飞仅投资符合基金要求(如 10 年内部收益率 IRR 超过 12%,营运净收入 NOI 超过 7%)的项目,且在初期测算时就采用最保守、最严格的假设,并经过新加坡总部成本测算中心复核,确定项目收益能够达到标准。

(2)视招商为核心能力,衔接从选地到证券化出表全流程

腾飞的核心部门是招商团队。作为接触租户的一线渠道,招商团队从选地时就开始介入项目,并完整参与全流程,以确保租户的需求能得到充分满足。

1)选地阶段

招商团队根据客户的拓展需求布局,结合其需求寻找合适的土地资源,一般正式投资项目前已能确定约 50% 的意向租户。

2)设计阶段

招商团队负责收集潜在客户的意见与需求,与规划部、工程部紧密合作,确保开发的产品能够同时满足客户诉求、客户租金承受力、质量标准等多维度要求。

3)开发阶段

招商团队持续推动工作。自有团队主攻龙头企业,其他客户则主要交由五

---

① 以资产证券化再造重资产商业地产,滕樱君 王卉菁,中国房地产,2017(32)。

大行根据招商团队制定的标准进行专业筛选。一般在竣工交付时，租户签约率能达到60%～80%。

4）运营维护阶段

招商团队对满租率负责，他们定期回访客户，根据客户反馈帮助营团队优化各类服务配套（如餐饮、设施、绿化等）。与此同时，建立租户管理机制，在租约到期一年前就开始商谈新合约，确保租约到期半年前签订新合约，以此降低空置率。

（3）匹配相应组织保障，为模式保驾护航

设计与业务导向一致的考核体系，注重资金回报率和客户满意度。对于项目操盘人，通过考核项目的内部收益率和运营净收入，掌控项目整体收益。项目招商团队即项目操盘团队，同时也是组织中的最小经营单元，对最终运营结果负责。通过考核满租率或租金收入，倒逼团队掌控招商进度与运营质量。

案例：德国 Vonovia 公司资产管理经验

德国目前有4200万套住宅，其中约有2300万套用于出租，庞大的住房租赁市场一个重要组成部分就是各类私营机构，其投资建设的住房约有310万套，占比14%。在庞大的租赁市场中，稳定且相对来说较高的投资回报率支撑起一些千亿市值的公司，目前排名前7大的房地产公司都以重资产型持有租赁为主，其中前两大房地产商 Vonovia 和 Deutsche Wohnen 拥有的住宅数量分别为35万套和12万套，合计占德国住宅出租市场的2.04%，市值分别为190亿欧元和130欧元。Vonovia 作为德国领先的本土房地产公司，上市以来经历了一系列并购，包括2014年并购了 Vitus(3万套)、Dewag（1.1万套）、Franconia（5000套），2015年又并购了 Gagfah 以及 Sudewo，2016年又收购了 immobilieninvest Se。从2017年开始，公司开始向欧洲其他地区以及澳大利亚拓展。

（1）分区管理、权责明确

Vonovia 公司核心商业模式被分为6个商业区：北部区、东部区、东南区、中部区、南部区和西部区。这些商业区域管理着若干住房单元，每个住房单元各管理着 9800 套住房左右。其中重点城市及区域例如柏林、德累斯顿、汉堡、北威州、法兰克福、斯图加特以及慕尼黑等属于公司战略规划区域，这些地区约有 30 万套住宅。公司业务分为资产管理和物业管理，在德国境内 6 个区域拥有 38 个办公地点，资产管理包括收租、建设和优化住宅以及并购和出售资产；物业管理包括客户服务、居住环境服务和技术服务，同时还包括金融税务支持、IT 等（图 5-16）。

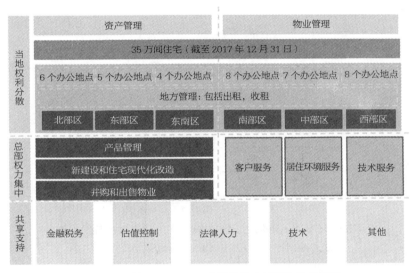

图 5-16　德国 Vonovia 公司的资产管理和物业管理

资料来源：课题组根据公司公告整理

（2）产品分类、优化组合

德国 Vonovia 公司将管理的住宅根据等级分为普通住宅（operate）、升级住宅（upgrade building），优选住宅（optimize building）。近年来由于在现代化建设中不断投入，公司的升级住宅（upgrade building），优选住宅（optimize building）的价值占比不断提升。在核心城市之外，公司仍有一些非战略/非核心（non-strategic/non-core）的住宅物业资产。

公司在并购项目选择非常谨慎，且整合能力强大，采取的并购措施往往能为公司带来超出预期的运营和财务协同效应。2015 年在收购 Gagfah 时，开始公司预计协同效应将达 8.4 亿欧,结果最后达到 13.4 亿欧,因此公司并购带来的不仅是规模的扩张,而是利用规模经济效益,使利润进一步提升(图 5-18)。公司上市以来平均租金保持稳定增长,在经过了 2016 年出售非核心物业之后(图 5-17),租金从 2012 年的 5.3 欧 /m²/ 月已经上升至 2016 年的 6.01 欧 /m²/ 月,年均增长率为 3.19%,租金上涨的动力来自于新租约的签订以及面积扩张、建设更新带来的内生性增长等,远高于与德国同时期整体租金年均涨幅 1.63%。

图 5-17 Vonovia 加快出售非核心资产(住宅数量 / 单位:套)
资料来源:中信建投,补长效固本培元,攻存量价值为王。

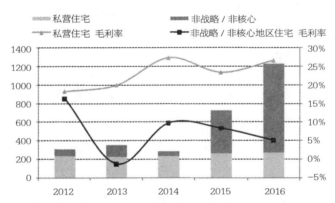

图 5-18 Vonovia 处置资产收入(单位:百万欧元)
资料来源:中信建投,补长效固本培元,攻存量价值为王。

（3）增值服务、降本增效

Vonovia 公司增值服务覆盖范围广泛，包括提供维修和现代化改造服务、维护物业所在的居住环境、自有公寓的公寓管理、用于测量水和暖气消耗的第三方计量服务等等。其中现代化改造投资尤为突出，通过现代化改造投资，将物业和公寓提升到新的使用标准，增加房地产实用价值。自上市以来，Vonovia 已经在增值服务投资超过数十亿欧元。如 2016 年为 7.92 亿欧元，2017 年投资 11.25 亿欧元。其中现代化改造服务从 2016 年 4.72 亿欧元增加到 2017 年 7.78 亿欧元，增长了 64.9%。

（4）风险识别、管控有力

在组织结构上，风险管理由首席财务官（CFO）负责，首席财务官定期进行风险管理监控其有效性。管理方式是基于一种综合的五大支柱的管理方法（图 5-19）：

执行 Performance	合规 compliance	风险管理 Risk	内部控制系统 Internalcontrol system	内部审计 Internal audit
控制 Controlling *预算 Budget *预测 Forecast *结果 Results	合规检查官 Complianceofficer *导则、规制 *合同 *遵守资本市场规则 *数据保护	控制 Controlling *风险管理 Risk Management process *风险报告 Risk Reporting	IT *过程程序化 Process documentation *基于ICS会计 Accountiong-based ICS	内部审计 Interne Audit *程序导向审计 Process-oriented Audits *风险导向审计 Risk-oriented Audits

图 5-19　Vonovia 五位一体的风险管控模型

资料来源：课题组根据公司公告整理

Vonovia 公司每年两次通过风险控制目录对风险评估变更进行检查，并对公司具有重大影响的风险进行等级排序。Vonovia 针对个别风险（individual risks）采取了一系列广泛的措施旨在保持长期稳定增长。

具体的风险管控措施：第一，由于预期到公众对公司二氧化碳排放情况报告要求将会增加，Vonovia已经发布一份全面的二氧化碳平衡表（comprehensive CO_2）。第二，Vonovia非常重视违反消防安全规定所带来的风险，逐步把消防意识注入大型工程建设、管理过程中，包括聘请专家和顾问，以定期评估特殊建筑物。第三，为了减少因侵犯人权或违反劳工标准法而产生的风险，Vonovia积极对分包商进行认证，并不断监督和检查。第四，Vonovia管理着一些位于近地表采空区附近的住宅物业，公司对这一区域外聘专家进行系统检查，设有独立矿区伤害补贴。此外，Vonovia还对气候变化可能带来的任何潜在风险进行了监测和评估。第五，Vonovia定期主动进行检查，以确保建筑安全，同时遵守有关的施工法规，以及针对任何可能性损坏采取安全措施，并提供广泛的建筑保险等等。

第六章　创新房地产投融资方式

在房地产转型的大趋势下，由开发—销售模式向投资—开发—运营模式的转型，传统的银行贷款等高杠杆融资方式已经不适应转型新模式的需要，融资支持需要创新以匹配投资—开发—运营的新模式，即前端发展以股权投资为主的股权基金，后端发展 REITs 这种资产证券化方式，为投资基金提供退出通道，形成闭环。

一、房地产转型过程中与金融日益融合

（一）部分房地产企业加快在金融领域的布局

当市场进入存量房时代，房地产企业的角色将从此前的"开发商"转变为"运营商"。近几年，房地产企业开始加速进入金融领域，包括绿地、华润置地、万科、恒大、万达等先后进入金融业，涉足领域包括参股或控股银行、保险、证券、信托、公募基金、互联网金融等。

大型房地产企业纷纷布局金融领域主要基于以下几点考虑：一是解决融资问题，通过在金融领域的布局实现房地产企业自身发展的融资需求；二是金融业本身属于高盈利行业，房地产企业通过涉足金融业实现业务拓展，创造新的盈利机会；三是房地产业属于资本密集型行业，房地产业和金融业是紧密结合的行业，房地产企业同时投资金融业，有利于促进地产与金融的协同发展，实现良性循环。

另一方面，房地产企业向金融布局的过程中，通过并购银行、保险、证券、基金等金融机构形成金融控股公司，在具备协同效应优势的同时，也存在规避监管、加大财务杠杆、累积系统风险等隐患。在金融强监管的政策下，对于部分不规范的产融结合金融控股公司将加强监管和治理整顿。

1. 成立金融控股平台，全面布局金融业

大型房地产企业收购金融牌照，参股控股银行、证券、保险、信托、基金等，成立产业基金、并购基金，实现负债多元化。根据中国人民银行要求，从事金融业务必须要有牌照，纳入全覆盖监管。目前，金融牌照的发放日趋收紧。

绿地集团的大金融战略。绿地于2011年组建了金融投资平台——绿地金融投资控股集团，取得包括银行、证券、信托、资产管理等多元化金融牌照，进行"投资+投行"的大资管全产业链布局，形成四大板块业务。①

一是金融机构投资、基金投资和管理业务。投资锦州银行、上海农村商业银行和东方证券等多家机构，并于2015年收购杭州工商信托近20%股权；进行房地产基金、产业基金、并购基金、股权投资基金和一、二级市场证券投资基金等基金投资和管理等。截至2017年年底，七家公司取得私募牌照。

二是类金融业务。包括小额贷款公司、金融资产交易中心、融资租赁公司、财富管理公司等。截至2017年年末，绿地旗下共有上海、重庆、宁波、青岛等四家传统小贷公司，一家互联网小贷公司。绿地金融在上海自贸区设立绿地融资租赁有限公司，成立绿地永续财富投资管理有限公司，并在贵州和黑龙江省设立绿地金融资产交易中心和股权交易中心，与贵州、黑龙江、江西、广西、河南、山东、浙江开展全面金融合作。

三是资本运作。包括资产管理、海外直投、并购重组、大宗资产交易等。在海外设立了绿地金融海外投资集团有限公司、绿地资产管理有限公司、绿地国际资本有限公司，于2015年设立绿地（亚洲）证券有限公司，持有香港金融管理局4号和9号金融牌照。

四是推动新金融发展。研发和应用科技金融，整合各交易中心、财富管理、第三方支付及征信等资源，2017年，绿地金融收购第三方支付牌照并成立绿地联行支付，介入科技金融领域。

2. 以房地产业务需求为核心实行重点布局

部分房地产企业围绕房地产核心业务的需求，进行有重点的金融布局。如

---

① 资料来源：绿地金融控股集团官网、《绿地控股2017年年报》。

万科注重社区配套服务,从 1.0 版的"五菜一汤"("五菜"包括食堂、美发店、药店、银行、洗衣店,"一汤"指社区设置一个菜市场),升级到 2.0 版的 V-LINK,2.0 版是移动互联时代万科对社区服务的一种新的探索。社区金融是社区配套服务的重要方面之一,为配合社区配套服务战略,万科开展社区金融布局。主要方式包括如下两类:一是入股徽商银行。万科以基石投资者身份参与徽商银行 H 股首次公开发行,投资 27 亿元入股徽商银行。徽商银行通过设立社区银行,为万科业主提供金融服务,带动徽商银行的个人零售业务,同时也可以为万科带来更低成本的资金。二是入股鹏金所。万科以增资扩股方式,投资 3 亿元入股鹏金所,成为鹏金所单一最大股东。鹏金所是互联网金融平台,万科在鹏金链和鹏金保基础上,嫁接万科的社区资源,开展社区理财业务和社区场景化融资业务(表 6-1)。

万科社区金融业务的开展情况　　　　　　　　　　表 6-1

年份	投资/合作对象	投资方式及金额	主要目的
2012	——	——	良渚文化村的村民一卡通。支付业主班车、村民公共自行车、商家消费等社区配套服务,满足业主的生活支付需求
2013	徽商银行	27 亿元,以基石投资者身份参与徽商银行 H 股首次公开发行,入股徽商银行	发挥金融与地产的协同效应,帮助提供国内领先的社区金融服务,提升万科在全面居住服务方面的竞争力
2016	鹏金所	3 亿元。以增资扩股方式入股鹏金所,成为鹏金所单一最大股东	社区理财和社区场景化融资业务,解决小区业主和小微企业主融资难融资贵问题
2018	与中行、工行、建行、中国邮政储蓄银行、北京银行、中信、浦发等 7 家银行合作	——	V-bank 是社区金融服务平台,把业主的金融需求和银行的金融产品精准联通。满足业主贷款、理财、出国签证、信用卡、生活服务等相关需求

资料来源:《"社区金融"将成为互联网金融的重要突破口,其业务模式又有哪些》

(二)部分险资企业深度参与房地产的股权投资

1. 险资企业的资金特点与房地产投资的要求相互契合

部分险资企业深度参与房地产的股权投资,主要基于如下考虑:一是险资企业的资金沉淀量大，需要为资金找到长期投资的出口。二是险资收益率相对较低，提高投资收益率也是险资企业的重要目标。而房地产需要资金巨大，拿地环节需要大量的自有资金，特别是对于持有经营的房地产，需要的资金量大，期限长，同时房地产收益率也较高，两者需求相互契合。

2. 保险资金投资不动产的政策放开

2010年9月，中国保监会发布《保险资金投资不动产暂行办法》，规定保险资金投资的不动产，应当是产权合法清晰、管理权属相对集中、能够满足投资回报的不动产，允许保险资金投资符合条件的不动产和不动产相关金融产品。2011年，平安人寿获得投资不动产的牌照。

3. 险资投资房地产采取多种方式

平安集团是我国险资全面投资和布局房地产的重要企业，以下以平安集团为例，总结其参与房地产股权投资的特点。

平安集团是险资背景的金融企业布局房地产的代表。平安集团旗下的平安人寿、平安资管主要通过股权投资房地产；平安银行为房地产企业提供融资服务；平安不动产为直接从事房地产开发的企业；平安信托主要从事物业的投资；平安好房提供房地产相关的服务（图6-1）。

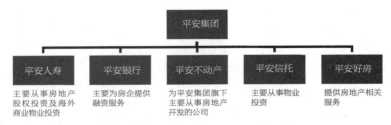

图6-1 平安集团与房地产相关的业务

资料来源：克而瑞地产研究

（1）投资房地产企业股权

如2015年，中国平安旗下的平安人寿对碧桂园进行股权投资，以认购价每股2.816港元认购公司22.36亿股新股，投资额约为62.97亿港元。中国平安成为碧桂园第二大股东，持股9.9%。2017年，平安人寿以19.075亿港元认购旭辉集团股票，持股比例达到 10.12%，成为旭辉集团的第二大股东，此后，再次向旭辉集团战略投资 100 亿元人民币。2018 年华夏幸福的控股股东华夏控股及其一致行动人鼎基资本向平安资管转让 5.82 亿股公司股份，转让价格为 23.655 元 / 股，转让价款共计 137.7 亿元，平安资管及其关联方的持股比例达到 19.88%，成为华夏幸福的第二大股东。

（2）财务投资方式与房地产企业合作开发

平安以财务投资方式，与房地产企业联合拿地或合作开发多达上百宗。如 2015 年，平安不动产竞得北京丽泽商务区商业金融用地，并与远洋地产共同合作开发；平安联合体与招商地产在上海取得宝山大场地块。2017 年，平安联合体和万科以 18 亿元竞得北京市海淀区翠湖科技园一地块。

（3）收购一二线城市核心地段物业

平安信托的持有型物业以写字楼为主，还包括园区办公、商业、服务式公寓、物流仓储等业态。由于写字楼对资产管理运营能力的要求较低，是险资的主要投资方向。从区域布局上看，平安的持有型物业主要集中在北京、上海、广州、深圳，在武汉、沈阳、重庆也有部分资产包。

二、房地产转型需要金融创新支持

（一）传统企业开拓转型业务能够利用原有融资渠道

以长租公寓为例，目前，投资长租公寓的企业有很多来自于传统行业，包括房地产开发、房地产中介、酒店业等，这些企业可以利用母公司原有的融资渠道进行融资，资金实力强于创业型公司。

具体融资渠道主要包括：一是股市融资。这些公司有很大一部分是上市公司如万科、金地、龙湖、旭辉、世联行等，以世联行为例，其定向增发募资 20 亿元用于旗下的长租公寓的发展。二是银行贷款。投资长租公寓的多是传统行业实力强、品牌响的企业，其能够以较低的利率成本拿到银行贷款，同时，银行给予的授信额度也较高，如 2016 年 8 月，上海公房资产经营集团旗下的 V 领地获得浦发银行 20 亿元人民币的授信额度。

(二)创业型企业开展转型创新业务多以 VC 和 PE 融资为主

从目前房地产转型中的轻资产运营公司来看,多数依托风险投资(VC)进行投资。由于公司处于初创期、规模小,难以获得高主体信用评级,因此,获取银行贷款的难度大。当运营收益能够形成稳定的现金流后,可以利用资产证券化,以资产为支撑,脱离主体信用进行融资,如以租金收益权为基础资产进行证券化融资。此外,还可借助其他市场化的融资方式,如融资租赁、供应链金融等。

以长租公寓为例,创业型公司较多,这类企业主要通过引入 VC 和 PE 进行股权融资,用以支持企业包租模式的运营。VC 的投资阶段相对较早,强调高风险高收益,可进行长期股权投资,也可短期投资寻找机会将股权出售。PE 的投资对象主要为拟上市公司,待协助投资对象完成上市后套现退出,单个项目投资规模一般较大(表 6-2)。

长租公寓和短租公寓股权融资　　　　　表 6-2

企业名称	天使轮(种子轮)	A 轮	B 轮	C 轮	D 轮(D+)	E 轮
优客逸家	2013 年 1 月 300 万人民币	2013 年 9 月 400 万人民币	2014 年 8 月 2200 万美元			
Airbnb	2008 年 2 万美元 2009 年 60 万美元	780 万美元	2011 年 7 月 1.12 亿美元	2012 年 10 月 1.17 亿美元	4.75 亿美元	2015 年 15 亿美元
途家		2012 年 5 月	2013 年 2 月	2014 年 6 月 1 亿美元	2015 年 8 月 3 亿美元	
小猪		2013 年 1 月	2014 年 6 月 1500 万美元	2015 年 7 月 6000 万美元		
YOU+ 国际青年公寓		2014 年 1 亿元	2015 年 5 月 3000 万美元			
魔方公寓				2016 年 4 月近 3 亿美元		

（三）金融支持房地产转型重点是发展股权投资基金和资产证券化以形成投资闭环模式

在房地产转型、升级、创新的大趋势下，房地产新的价值链日渐形成，即从以住宅开发—销售为主，到向经营性物业的投资—开发—持有运营的转型。具体表现为向前端的投资延伸，向后端的持有运营拓展。房地产的融资方式需与新价值链相匹配，重点发展股权投资基金和资产证券化的投资闭环模式，有利于实现对房地产转型、创新的有力支持（图6-2）。

图 6-2　股权投资基金和资产证券化的投资闭环

三、充分发挥房地产基金股权投资的支持作用

（一）房地产转型发展尤其需要股权投资的支持

房地产转型项目前期启动阶段的融资相对最难，主要解决资本金问题。通过股权融资，达到一定的资本金规模，在此基础上，获取金融机构提供的债权融资。房地产基金在房地产转型的大背景下，对行业和企业方向性的转型将发挥重要的作用，例如投资支持开拓新领域，发展房地产私募投资基金、城市更新基金、并购基金等。

新加坡的凯德置地在中国设立了专注于中国商业项目的私募基金——凯德商用中国孵化基金（CRCIF）和凯德商用中国发展基金（CRCDF），CRCIF储备孵化阶段项目，并将相对成熟的项目向CRCDF输送。凯德置地通过这两只基金来收购资产，已在中国61座城市持有或管理超过240个项目，管理的总资产超过2000亿元人民币。

大悦城地产旗下的大悦城商业管理公司于2018年8月与高和资本就成立

母基金及项目基金签订框架协议,通过项目基金投资具有价值的商业、写字楼等潜在项目。大悦城集团对基金的投资总额将不超过 25 亿元人民币,其中对母基金的投资总额不超过 7.5 亿元人民币。

(二)房地产股权投资基金应更多发挥股权投资作用

房地产投资基金的投资方式包括纯股权、纯债权和股权债权结合三种方式。多数基金以股权投资为主;部分基金既做股权投资也做债权投资。目前房地产行业资金普遍偏紧,这是房地产私募基金发展的重大机遇。多数基金对房地产企业或项目进行股权形式的投资,获取股权收益,但实质上仅承担了债权的风险。从房地产转型的要求来看,房地产私募基金应在股权投资上发挥更多作用,以支持房地产转型。

(三)房地产股权投资基金案例

1. 资产管理机构背景的基金案例

案例:黑石地产基金运用买入修复卖出的投资策略

(1)黑石房地产基金包括机会型、核心增益型和不动产债权投资基金

黑石(Blackstone)集团是全球最大的独立另类资产管理机构之一,其设立的基金主要包括企业股权私募基金、私募地产基金、对冲基金、信贷投资等,其中房地产是黑石主要的投资领域。

黑石地产基金始于 1991 年,主要包括三个类别:一是机会型地产基金 BREP(Blackstone Real Estate Partners)。BREP 是封闭式股权投资基金,按投资区域分为 BREP 全球基金系列、BREP 欧洲基金系列和 BREP 亚洲基金系列;二是核心增益型地产基金 BPP(Blackstone Property Partners)。BPP 是开放式股权投资基金,兼具私募基金特性和公募基金的流动性。三是不动产债权投资基金 BREDS(Blackstone Real Estate Debt Strategies)。BREDS 主要包三个系列:以夹层贷款投资为主的封闭式私募地产基金 BREDS 系列;以 CMBS 投资为主的定期可赎回基金 BRIEF/BSSF 系列;公开上市的商业地

产抵押贷款 REITs 公司 BXMT（表6-3）。

黑石地产基金类别 表6-3

私募地产基金	系列	
机会型地产基金 BREP	● BREP 全球基金系列 ● BREP 欧洲基金系列 ● BREP 亚洲基金系列	封闭式股权投资基金
核心增益型地产基金 BPP		开放式股权投资基金
不动产债权投资基金 BREDS	● 以夹层贷款投资为主的封闭式私募地产基金 BREDS 系列 ● 以 CMBS 投资为主的定期可赎回基金 BRIEF/BSSF 系列 ● 以及公开上市的商业地产抵押贷款 REITs 公司 BXMT	

（2）"买入修复卖出"的投资策略

黑石地产基金运用"Buy it, Fix it, Sell it"（买入、修复、卖出）的策略进行地产投资。一是以低于重置成本的价格收购成熟的物业资产。黑石地产基金主要以成熟的能够产生稳定现金流的物业为目标资产，较少涉及开发或培育期的物业。黑石地产基金将其新收购的成熟物业资产都整合到统一的投资管理平台，提升管理。二是提高杠杆率。收购资产过程中，在相对较少资本投入的基础上，利用高杠杆率来放大资本收益。三是修复资产。黑石通过组建管理经验丰富的本地团队来对收购物业实施改造和运营管理。四是在三年内将资产出售给长期投资人。物业资产经过改造和运营管理升值后，黑石将其出售给保险公司或 REITs 等长期投资人。当投资管理平台物业资产扩张到一定程度后，黑石将投资平台的物业整体出售或分拆上市。

案例：光大安石房地产基金自行组建团队实现全流程管理

2008年，光大控股收购了雷曼兄弟的亚洲房地产团队，重组了雷曼兄弟在中国的投资平台，更名为"光大亚雷"，由于次贷危机雷曼兄弟退出。此后，光大控股引入新的战略合作伙伴——英国安石基金管理公司，成立了光大安石房地产基金。截至2018年3月末，光大安石管理35个项目，规模达人民币

500亿元。

（1）价值投资策略

光大安石的投资项目，除包括低风险且已开始形成现金流的成熟物业，也包括位于核心区位，能通过重新定位、改造升级和运营优化带来显著增值潜力的物业。光大安石坚持价值投资，通过发掘被低估、有潜力的目标项目，对其进行投资及运营管理，提升项目的租金回报和资产价值，并最终实现投资退出，产生投资收益。

光大安石形成了包括股权投资、债权投资、结构化投融资、跨境产业并购及房地产证券化等在内的多条产品线，实现项目并购整合、主动开发管理、跨境资本市场投资等多渠道产品投资。

（2）通过自行组建团队实现开发到运营的全流程管理

光大安石自行组建了资管团队、开发团队、招商团队、运营团队和物业公司，通过自身的管理能力来盘活项目、提升项目的价值。光大安石资管提供资产组合管理、主动开发业务管理、商业运营业务管理的综合房地产资产管理服务，实现了从项目开发、招商和运营的全流程管理，提供从前期、设计、成本合约、工程建设，到项目整体招商、销售、融资安排，最终实现以资产出售、股权交易、证券化等多种退出方式的一体化解决方案。

光大安石对商业物业的资产管理。核心是将资产管理方与投资方分离，以资产管理为纽带，发挥各专业能力的集成和整合，创造更高的溢价，资管方的收益主要体现在创造溢价过程中所收取的管理费以及退出时的溢价分成等。

（3）投资能产生现金流收益的物业

光大安石投资的物业类型主要为能最终产生现金流收益的物业，包括购物中心、写字楼、综合体、园区办公、物流仓库、长租公寓等。

商业及综合体。光大安石投资一线城市、重点二线城市的区域型购物中心；二线、三线城市的市中心购物中心。建立了商业地产运营平台和零售商业自主品牌"大融城"。光大安石在国内多个二三线城市的核心地段，以及多个一线和强二线城市的副中心区域，如上海、北京、重庆、西安、青岛、顺德、江门等城市，管理及在建大融城体系项目共12个，面积超过125万m^2。同时，光大安石投资一、二线城市的大型商业综合体，涵盖了酒店、公寓、办公楼、商业等业态，通过对项目重新定位、主动开发，积极创新运营管理，提升资产价值。

写字楼。光大安石投资一线城市核心区及次核心区的低风险并已形成现金流的成熟写字楼资产，同时，也投资位于核心区位经营不良或业态落后的写字楼，通过对其进行重新定位、改造升级或开发，优化运营管理，形成稳定现金流，提升写字楼资产价值。

物流地产。光大安石在多个一二线城市布局物流产业园，包括成熟运营的、在建的和大量储备的物流园项目。光大安石自行建立了完备的物流地产团队，包括业务发展、招商运营、工程管理、资管物管等职能部门。

案例：高和城市更新基金专注城市更新领域的价值投资

高和资本通过收购城市存量物业，对其重新进行功能定位、改造、运营，实现物业租金的提升，提高物业价值，是城市有机更新的模式之一。2012年，高和资本和国开金融合作，按照股权51%和49%的比例设立"圆融畅和"基金（第一期高和城市更新基金），通过信托计划，由相关方作为劣后级出资，由社会投资者认购两倍数量的优先级，"圆融畅和"基金作为GP，信托计划作为LP，设立上海高开锦基金，共募集了4亿元。同时，国开行按照1:1的比例发放贷款，在上述股权和债权融资支持的基础上，2012年10月，斥资7.9亿元并购位于上海南京西路静安寺商圈的中华企业大厦，体量2.6万m^2。对此物业进行改造提升，充分挖掘并释放其内在价值潜力，改造为上海静安高和大厦。该城市更新基金于2015年退出，年化收益率超过20%（图6-3）。

2. 开发企业背景的基金案例

案例：铁狮门房地产基金

（1）铁狮门是具有专业开发能力的地产基金

铁狮门（TISHMAN SPEYER）是世界著名的地产业主、开发商、运营商及基金管理公司。自1978年成立以来，铁狮门投资、开发和运营了390多个项目，总物业面积超过 1.72 亿平方英尺（约 16 多万 m²），物业资产组合总值超过 810 亿美元，投资市场包括美国、欧洲、拉美、印度和中国等。

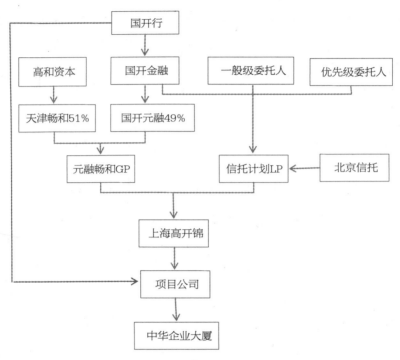

图 6-3　高和城市更新基金结构

铁狮门地产基金的投资包括核心投资、增值投资、机会投资三大战略。其中，增值战略投资的领域即为城市更新。增值投资战略为投资富有增值潜力的既有地产。利用铁狮门的垂直整合平台，参与地产改造、租赁和其他增收投资等提高运营效率的投资。这一投资战略通过重新定位、改造或开发地产项目以实现运营收入的最大化并获取投资回报。核心投资战略是在全球主要市场投资易于租赁、便于维护的办公楼，同时与信誉良好的租户保持稳固的租用关系。这一战略的目的在于获得稳定盈利且总投资回报可预期的投资组合。机会性投资战略是通过投资、开发和改造高档办公地产、出售用住宅地产和综合地产，及有针对性地投资未开发地块，并实现增值（表 6-4）。

铁狮门增值基金系列　　　　　　　　　　　　　　　　　表6-4

铁狮门基金系列	投资
铁狮门VI号欧洲房地产风险投资基金（TSEV）	2007年进入封闭期，股权资本额为10亿欧元。TSEV采用"增值"投资战略，重点投资于欧洲高档办公物业和综合物业的重新定位、开发和改造。该基金在巴黎、柏林、慕尼黑、法兰克福、米兰和伦敦等目标市场投资收购了16处物业
铁狮门VIII号房地产风险投资基金（VIII号基金）	2012年进入封闭期，股权资本额为6.92亿美元。VIII号基金采用"增值"投资战略，以建筑重新定位/再出租、改造和全新开发为重点关注领域。该基金在纽约、华盛顿特区、洛杉矶、芝加哥、波士顿和旧金山等目标市场投资收购了10个甲级商用办公项目
铁狮门VII号房地产风险投资基金（VII号基金）	2007年进入封闭期，股权资本额为15亿美元。VII号基金采用"增值"投资战略，重点投资于高档办公物业和多户型物业的重新定位、开发和改造。该基金在纽约、华盛顿特区、洛杉矶、芝加哥、西雅图和旧金山等目标市场投资收购了17处物业
铁狮门VI号房地产风险投资基金（VI号基金）	2004年进入封闭期，股权资本为12亿美元。VI号基金采用"增值"投资战略，以建筑重新定位/再出租、改造和全新开发为首要关注领域。该基金在纽约、华盛顿特区、洛杉矶、芝加哥、西雅图和旧金山等目标市场投资收购了27处甲级商用办公物业
铁狮门/花旗集团国际房地产另类投资风险基金V	2001年进入封闭期，股权资本为2.87亿美元。该基金采用"增值"投资战略，收购了精选一线大城市市场的11处办公物业，其中包括伦敦、巴黎、阿姆斯特丹、法兰克福、杜塞尔多夫、汉堡、里约热内卢和圣保罗
铁狮门/花旗集团美国房地产另类投资风险基金（V号基金）	2001年进入封闭期，股权资本额为2.66亿美元。该基金采用"增值"投资战略，收购了精选美国一线大城市市场的11处办公物业，其中包括纽约、旧金山、洛杉矶、芝加哥和华盛顿特区
铁狮门/花旗集团房地产另类投资风险基金（IV号基金）	2000年进入封闭期，股权资本额为3.59亿美元。IV号基金采用"增值"投资战略，收购了精选一线城市中央商务区的12处办公物业，其中包括伦敦、法兰克福、里约热内卢、圣保罗、纽约、芝加哥、旧金山、洛杉矶和华盛顿特区
铁狮门/花旗集团房地产另类投资风险基金（III号基金）	1999年进入封闭期，股权资本额为2.15亿美元。III号基金采用"增值"投资战略，收购了精选一线城市中央商务区的10处办公物业，其中包括旧金山、纽约、巴黎、伦敦和马德里 * 对II号基金曾作计划，但未向投资者发售。继I号基金投资期限结束后，III号基金成为铁狮门提供的增值投资基金
铁狮门/花旗集团房地产另类投资风险基金（I号基金）	1997年进入封闭期，股权资本额为8.5亿美元。I号基金采用"增值"投资战略，收购了精选一线城市中央商务区的50处办公物业，其中包括伦敦、巴黎、纽约、芝加哥、洛杉矶、硅谷和波士顿

资料来源：铁狮门中国官网

（2）以纵向一体化的专业能力获取各环节的收益

铁狮门是美国最大的房地产业主、开发商、运营商及基金管理公司。其投资策略主要依托于专业的开发和管理能力 + 投资和金融能力。铁狮门利用其地产基金，以较少的资本投入，通过房地产开发、设计、投资管理、租务、物业管理和风险管理等纵向一体化的专业能力，获取各环节的相关管理费，并参与地产基金超额收益的分成。

案例：新加坡凯德置地地产基金与 REITs 协同推进

（1）基金概况

新加坡凯德集团是亚洲规模最大的房地产集团之一，业务主要集中于新加坡和中国。凯德集团的房地产业务包括住宅、办公楼、购物商场、服务公寓和综合体等，在中国 51 座城市运营超过 160 个项目，总开发规模约 2200 万 m^2，管理的总资产超过 2000 亿元人民币。

凯德集团构建了一个由私募地产基金和 REITs 组成的基金平台，管理资产总额达到 410 亿美元，其中私募基金规模达 166 亿美元，而投资于中国的私募基金规模占比近半。REITs 包括凯德商用新加坡信托、凯德商用中国信托、凯德商用马来西亚信托、凯德商务产业信托、雅诗阁公寓信托等（图 6-4）。

1 包括士多哈仓储有限公司，以及在越南、印尼、日本和其他的业务
2 涵盖马来西亚业务

图 6-4 凯德集团组织结构

资料来源：凯德集团官网

（2）投资策略

通过合作方迅速进入新市场。凯德私募地产基金通过寻求有影响力的国际金融集团作为合作方，包括荷兰 ING 金融集团、欧洲保险集团 Eurake、伊斯兰投资银行 Arcapita Bank、花旗集团等，为其进入新市场提供了便利。凯德还积极寻求与当地优势企业的合作，如与深国投、华联商场、万科等合作，为旗下私募基金和 REITs 输送零售物业资产，并与中信信托合作发起 CITIC CapitaLand Business Park Fund，在工业地产领域进行拓展。

私募基金与 REITs 实现协同。凯德在重点市场的 REITs 都有对应的私募基金。如在中国，2006 年以中国零售物业为核心资产的 CRCT 在新加坡上市，与 CRCT 同时成立的还有 2 只私募基金 CRCDF 和 CRCIF，作为 CRCT 的储备基金，CRCDF 向 CRCT 输送相对成熟的项目，而 CRCIF 则储备更多孵化阶段项目，形成项目在 CRCIF—CRCDF—CRCT 之间的流动。私募基金为 REITs 输送成熟物业，REITs 为私募基金提供了退出渠道，私募基金与 REITs 之间的协同成为凯德基金模式的关键。

凯德基金与追求资产总规模的美国地产基金不同，它更关注收益增长，强调租金收益的分享和管理费的提成。如凯德 CRCT 关于业绩提成的约定是"每年净物业收入（经营收入—运营支出）的 4%"，而不是总收益的提成，物业管理费提取也是与物业收入挂钩。CRCT 对租金收益的强调也影响了为其输送资产的私募地产基金，私募地产基金也将重心放在孵化过程中租金回报的提升上，减少了整个资产链上的泡沫化程度。

（3）运营企业参与的基金案例

运营企业参与的基金，更多的是引入基金作为财务投资者，运营企业在项目的运营管理上有更大的主导权。

案例：公寓运营企业和投资基金联合发起的赛富不动产基金

2013 年 8 月，新派公寓和赛富投资基金共同发起设立了赛富不动产基金（SAIF Properties Fund），一期基金收购北京 CBD 核心区的森德大厦改造为新派公寓 CBD 店，由新派公寓负责具体的专业化运营（图 6-5）。

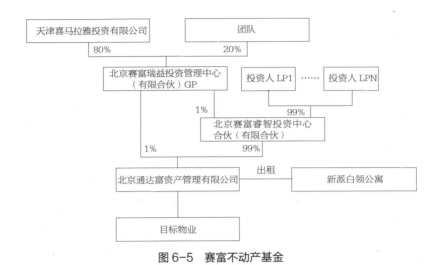

图 6-5　赛富不动产基金

四、推进 REITs 等资产证券化方式为股权投资提供新的退出通道

（一）REITs 是持有经营性物业的重要金融工具

重资产模式可以通过投资基金、并购基金进行股权投资，利用信贷杠杆扩大资金规模，形成对重资产的持有。从金融角度来看，一个完整的"投资—开发—持有运营—退出"资产闭环，除了股权转让和资产转让等退出方式外，也需要 REITs 这种资产证券化的金融工具提供新的退出通道。

1. REITs 发展的国际经验借鉴

1960 年，REITs 起源于美国，此后澳大利亚、法国、英国、日本、新加坡、中国香港等主要借鉴美国 REITs，发展起各自的 REITs 市场。其中，住房是 REITs 投资的重要物业类型之一，如美国租赁住房 REITs 是第二大 REITs 品种（图 6-6）。

REITs 发展的国际经验总结如下：

（1）REITs 制度设立目的是为分散和防范房地产市场风险

纵观全球主要 REITs 市场的发展，都对房地产市场振兴起到了重要作用。如美国 REITs 在 19 世纪 90 年代房地产泡沫破灭后进入爆发式增长期，日本

第六章　创新房地产投融资方式

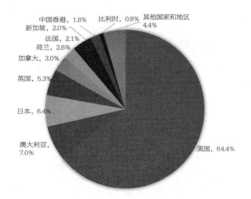

图6-6　全球主要REITs市场市值份额

数据来源：FTSE EPRA/NAREIT Global REITs Index（2017年10月31日）

和新加坡REITs的情况也类似。REITs的推出和发展为房地产市场注入了大量资金，加快了房地产市场的复苏，同时REITs也通过股权分散实现了风险分散，增强了房地产市场的多样性（表6-5）。

设立REITs的核心目的　　　　　　　　　　　表6-5

国家或地区	设立时间	设立REITs的核心目的
美国	1960年	增加房地产流动性，鼓励中小投资者参与地产项目投资
加拿大	1993年	20世纪90年代初，加拿大房地产的价格急剧下跌，原有的房地产共同基金转为REITs
澳大利亚	1971年	为增加间接投资房地产的机会，加强资本流动性，降低投资门槛
日本	2000年	募集资金，推动城市振兴和经济发展，同时形成一种长期稳定的金融管理工具
新加坡	1999年	增加市场投资品种和促进地产市场的发展
中国香港	2003年	向持有人提供来自房地产租金收入的回报，刺激本地楼市
法国	2003年	增强法国地产的相对竞争力，振兴房地产市场，减少国家财政赤字
英国	2007年	提供低税投资方式，吸引地产投资，同时通过放开限制，避免地产投资公司在别国投资
荷兰	1969年	支持房地产业发展、鼓励个人投资者参与
比利时	1995年	加速国内房地产业发展
德国	2007年	顺应欧洲各国推广REITs的浪潮，满足国内市场需求，增强房地产市场多样性

261

（2）REITs有专门的认定条件

如美国规定，REITs应符合以下条件：一是超过75%的资产要与房地产有关；二是超过75%的收入来源于房地产的租金或抵押利息；三是90%以上的收入要分配给投资人（表6-6）。

设立REITs的认定条件 表6-6

国家或地区	设立REITs的认定条件
美国	超过75%的资产要与房地产有关；超过75%的收入来源于房地产的租金或抵押利息；90%以上的收入要分配给投资人
澳大利亚	75%资产是房地产资产；项目只能以获取租金为收入；全部的费后收益分配给投资者
日本	房地产资产占比不低于75%；资产限于房地产直接相关资产；至少50%资产必须产生收益，且1年内不能出售
新加坡	房地产或者与房地产相关的资产比例不低于70%
中国香港	90%以上的资产须由房地产项目构成；收入主要来自于房地产租金收益
英国	75%资产用于房地产出租业务；75%净利润来自房地产租金
比利时	必须投资于不动产及不动产基础上的长期租赁和债务业务；单一不动产项目的投资额不能超过资产总值的20%
德国	主要投资商业房地产、租赁居住房地产以及符合条件的在建工程

（3）REITs是经营型房地产的重要金融工具

从美国REITs的发展来看，早期呈现抵押型REITs和权益型REITs共存的特点，后来抵押型REITs逐渐式微，目前以权益型REITs为主，主要持有运营型物业获取租金收益和资产处置的增值收益。从数量上看，美国2016年权益型REITs为184个，占比约82%（图6-7）；从市值上看，2016年权益型REITs总市值为9601.93亿元，占比约94.1%（图6-8）。

同时，各国对REITs投资房地产开发大多有严格的限制。如新加坡规定不能投资空地进行房地产开发，投资未开发完成的房地产，不能超过总资产的20%；中国香港要求不能直接从事开发业务；比利时规定若投资房地产开发，在房地产建成5年内不允许出售；德国规定在建工程不超过总资产的10%。因此，REITs是主要支持有稳定现金流的运营型物业的一种融资工具（表6-7）。

图 6-7　1971—2016 年美国各类 REITs 数量变化
数据来源：NAREIT

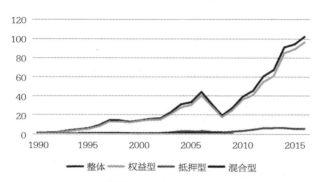

图 6-8　1990—2016 年美国各类 REITs 市值变化（单位：百亿美元）
数据来源：NAREIT

对运营型物业的要求　　　　　　　　　　　　　　　　表 6-7

国家或地区	运营型物业的要求
美国	早期抵押型和权益型 REITs 共存，后来抵押型 REITs 逐渐式微，目前以权益型 REITs 为主，数量和市值均有明显优势
澳大利亚	要求不能直接或间接从事交易业务，只能从事以获得租金收益为目的的地产投资业务
新加坡	要求不能从事或参与房地产开发活动，至少 75% 资金投资于能产生经常性收入的物业；不能投资空地，除非此空地已经得到开发允许并且准备开发建设
中国香港	要求不能直接从事开发业务；购入空置及未完成地产的资产占比不得超过 10%
荷兰	不可进行主动的房地产开发业务。即使房地产开发的目的建成物业用以出租，也不被允许
比利时	限制参与房地产开发；若投资房地产开发，在房地产建成 5 年内不允许出售
德国	在建工程不超过总资产的 10%

（4）通过制度设计支持 REITs 发展

首先，在 REITs 资产获取阶段，如美国，通过 UPREITs 结构实现了原持有人的税收递延。通过 UPREITs 的结构创新，REITs 不直接持有物业，而是通过对有限合伙企业的控制权来实现对物业的控制，在向 REITs 转移资产时不发生出售行为，原持有人可以实现资本利得税的递延。

其次，在运营阶段，多数国家如美国、澳大利亚等，规定给投资者的股息可在企业所得税前进行扣除，仅对投资者的所得进行征税。新加坡是对个人投资者给予免征所得税的优惠。投资者不因投资 REITs 而多交税，实现了税收中性，避免了双重征税（表6-8）。

REITs 的相关税收政策　　　　　　　　　　表6-8

国家或地区	税收政策
美国	在资产获取阶段，REITs 不直接持有物业，通过控制合伙企业来控制物业，在向 REITs 转移资产时不发生出售行为，可以实现资本利得税的递延。在运营阶段，给投资者的股息可在企业所得税前进行扣除，仅对投资者的所得进行征税，避免了双重征税
澳大利亚	在收益环节，不存在双重征税。在二级市场，股份交易免征印花税，基金管理费不需缴纳商品及服务税，投资者的资本收益税费减半
日本	股息的税费可在一定条件下减除，但需缴纳投资者的股息所得税
新加坡	所得税的优惠根据投资者类别不同而有所区别，个人投资者（包括本地和外国个人投资者）股息收入免征所得税，外国机构投资者的税率由 20% 减至 10%
中国香港	香港税负较低，没有给 REITs 特殊的税收优惠
法国	若合伙人本身是 SIIC，该部分投资收入可以免税。若具有 SIIC 类似业务结构的公司被另一家上市 SIIC 控股且控股比例超过 95%，则该公司可享受类似 SIIC 的免税优惠
荷兰	鼓励缴纳 25% 的股利预扣税，法人股东能在缴纳公司所得税时抵扣预缴的预扣税，超出的部分可返还
比利时	在收益环节，符合条件的法人股东，从房地产公司获得股利不计入公司应税收入，享受减税政策。在交易环节，本地个人股东享受预扣税（税率15%）的优惠，且卖出股票获得的资本利得免税
德国	税收上鼓励长期投资和对外投资，通过出售或回购实现短期资本利得需要承担更高税收。投资国外的基金，享受相应国家与德国税收优惠

（5）机构和中小投资者共同参与 REITs 投资

从全球主要 REITs 市场来看，普遍通过规定股东数量的低限和大股东占比的高限来确保 REITs 的公众性。从美国 REITs 发展来看，共同基金、保险基金和养老基金等是 REITs 的重要机构投资者，机构投资者的参与对 REITs 发展起到重要作用，包括对 REITs 的投融资决策进行监督、为 REITs 提供信用贷款和信用支持。

同时，确保中小投资者同样拥有通过 REITs 投资大型商业物业的机会。美国规定，REITs 至少有 100 个持有人，前 5 大持有人持有的份额不超过 50%，实行 5/50 法则，保持股权结构分散、避免一股独大，也确保了中小投资者的参与投资 REITs 的机会。根据美国的经验，REITs 的收益稳定，且收益水平一般高于股票和国债（表 6-9）。

REITs 对投资者的要求 表 6-9

国家或地区	对投资者要求
美国	要求至少有 100 个股东，前 5 名股东合计拥有公司股份不超过 50%
日本	要求股份至少有 4000 份，股东要大于 1000 位，前三大股东持有股份应少于 50%，前十大股东持有受益或投资凭证不得超过总额的 75%
新加坡	若上市，至少 25% 的资本由超过 500 位公众投资人持有
中国香港	吸引中小投资者
英国	要求单一股东持股不得高于 10%，前五大股东持股合计不超过 50%
荷兰	各地有所区别，普遍要求股权结构分散，如阿姆斯特丹规定单一个人股东的持股比例不能超过 25%
比利时	要求至少全部股份的 30% 向公众发行，单个股东投资不能超过全部的 20%
德国	中小投资者可投资于开放式的房地产投资基金，每年都有 5% ~ 7% 的收益，略胜于股市市场的收益，具有明显吸引力

（6）成功的 REITs 需要专业化的运营管理

从各国 REITs 的管理模式来看，包括内部管理型和外部管理型两种，内部管理型 REITs 能够通过主动管理增强盈利能力，其业绩往往优于外部管理型 REITs。美国 1986 年税收改革法案，对原来规定的 REITs 必须聘请外部公司进行运营管理的规定进行了修改，允许 REITs 通过内部组织进行运营管理，使得 REITs 可以通过加强主动管理增强盈利能力。

另一方面，作为大众投资工具的 REITs，公众投资者的投资选择可以促进运营管理机构的竞争，从而提供更优质的运营管理服务（表 6-10）。

REITs 运营管理要求　　　　　　　　　　　　　　　　表 6-10

国家或地区	运营管理要求
美国	既可以委托专业的管理公司自主集中管理，也可以由持有公司内部管理。两者各有特色，内部管理型能够通过主动管理增强盈利能力；外部管理型专业人员有经验，擅长股市运作
澳大利亚	要求由信托公司或基金经理管理
日本	要求资产管理以及行政管理功能必须委托给其他专业机构
新加坡	要求聘任信托管理人管理资产
中国香港	资产以信托形式持有，实行专业化经营
德国	要求采用基金形式组建 REITs，采用内部人管理和外部人监督相结合的管理模式

（7）REITs 的发展离不开法规保障

从国际经验看，REITs 的发展需要相关法规的支持和保障，REITs 的法规主要分为两类：一是以美国为典型，主要基于相关税收优惠法规，由市场形成的 REITs 结构、运行方式等的一套规则；二是以日本、澳大利亚、荷兰等为代表，制定专项法规，对 REITs 的设立、运行、收入分配等进行明确规定（表 6-11）。

REITs 法律法规情况　　　　　　　　　　　　　　　　表 6-11

国家或地区	法律法规支持
美国	美国 REITs 基于一系列税收政策，包括《国内税收法案》、《税收改革法》、《美国 1997 年纳税者减免法》等
澳大利亚	通过明确的法规进行规范，注重跨部门协作，涉及澳大利亚储备银行（RBA）、审慎监管局（ARA）和证券及投资管理委员会（ASIC）等
日本	出台一系列法律并逐步完善，包括投资信托法、金融商品交易法、银行法、保险业法等
新加坡	出台《房地产基金指南》和税收透明规则等
中国香港	出台《房地产投资信托基金守则》及有关咨询总结文件，规定了股息回报、结构、投资目标、收入分配、各参与方的资格和责任等
荷兰	BI 制度规定了组织形态、收益分配、投资去向和管理方式等，荷兰是欧洲最早确立 REITs 及其法律制度的国家
比利时	出台法律进行规范，明确了进入门槛、税费优惠、投资资产种类等

2. 我国类 REITs 发展是迈向标准 REITs 的重要探索

REITs 是通过投资购物中心、写字楼、酒店、服务式公寓等可带来经营收入的房地产，对这些资产进行份额化后以证券形式卖给投资者，租金收入和房地产升值作为收益，按照投资者持有的份额进行收益分配。REITs 能够为经营型物业提供长期的持有资金安排，为前期的投资提供退出方式，为社会公众提供投资渠道，促进经营型、轻资产运营型城市有机更新的长足发展。目前，我国尚没有标准 REITs 的发行，运营型的城市有机更新项目可探索发行类 REITs，待政策条件成熟时，通过发行标准 REITs 实现融资。

类 REITs 是在现有法规框架和市场条件下最接近标准 REITs 的金融产品，是我国发行标准 REITs 前的有益探索，其与标准 REITs 相比，主要在以下方面呈现不同：

第一，交易结构不同。类 REITs 实质是"资产支持专项计划"(ABS) 模式，通过设立资产支持专项计划募集资金，投资持有物业资产的项目公司股权，专项计划份额在交易所公开交易。出于税务处理和现金流分配的考虑，往往在专项计划和项目公司股权之间，设立私募契约型基金的 SPV。而标准 REITs 是直接在资本市场上上市融资和交易的股票或基金份额。

第二，原始权益人需求不同。对于原始权益人而言，类 REITs 的主要目的是解决融资问题，更多为依托主体信用的债权融资。而标准 REITs 的目的多是通过做动态资产管理，以达到扩张资产规模和提高回报率的目的，对原始权益人来说主要是实现退出，回收资金。

第三，管理方式不同。类 REITs 的基础资产在存续期内相对固定，基金管理人主要进行被动管理。标准 REITs 可根据运营需要购置或出售物业来调整基础资产组合，可以进行主动管理。

第四，存续期不同。类 REITs 有存续期，如 3 年或 5 年，这些类 REITs 到期后需向投资人还本付息；而标准 REITs 是永久持有某资产组合，在不考虑退市的前提下不存在存续期的问题。

第五，投资人权利性质不同。类 REITs 进行了优先级和次级的结构化设计，其中优先级属于固定收益类产品;标准 REITs 收益通过分红和二级市场交易来实现的,是股权性质的产品。

第六,募集对象不同。标准 REITs 的投资人包括机构投资者和中小合格投资者,持股比较分散,个人投资者大规模参与,流动性较好,REITs 事实上是个人投资者投资房地产的一个重要渠道。类 REITs 目前仍以机构投资者为主,尚未对中小合格投资者开放,有待于投资人的多元化以及交易机制的创新来提升流动性。

类 REITs 更多还是原始权益人进行债权融资的一种方式,还未实现真正作为运营资产持有的金融工具。应尽快推出标准 REITs,为城市更新的股权投资提供退出通道。

3. 类 REITs 案例

案例:新派公寓类 REITs——实现并购基金收购、专业化运营和类 REITs 退出的住房租赁持有经营的闭环

(1)新派公寓类 REITs 对发展住房租赁具有重要意义

"新派公寓权益型房托资产支持专项计划"于 2017 年 11 月 3 日正式发行,是我国首单公寓类 REITs 项目。其对现阶段我国大力发展住房租赁具有重要意义:

一是实现并购基金收购、专业化运营和类 REITs 退出的住房租赁持有经营的闭环。新派公寓 CBD 店为赛富不动产基金收购、由青年乐公司进行运营的长租公寓,通过类 REITs 的发行,实现了投资、运营和退出的完整闭环。区别于"二房东"模式,探索出机构持有、机构运营的租赁住房投资经营模式的实践路径。

二是脱离主体信用获得 AAA 评级。新派公寓类 REITs 通过优先级和次级的结构设计,实现内部信用支持;承诺差额补足;安排履约保证金;没有依靠外部担保增信,仅依靠资产质量和运营管理实现优先级的 AAA 评级。

三是通过资产证券化实现融资。新派公寓类 REITs 分为优先级和劣后级,通过优先级获得相当于债券的融资,回笼资金,进行再投资扩大经营规模,以

资产证券化的方式实现了物业盘活。

（2）底层资产

新派公寓CBD店，土地性质为70年产权的住宅用地，建筑面积6094m²，共101套公寓，2017年平均每套公寓租金定价8500元/月，出租率99%。评估价值3.14亿元，评估单价5.1万元/m²，周边二手房均价9.5万元/m²。经营收入约1000万元/年；净经营现金流（NOI）约800万元/年。

（3）交易结构

设立SPV进行承债式收购项目公司（通达富）股权，通过设立契约型私募基金向SPV收购股权；设立专项资产支持计划向投资人募集资金，并购买私募基金份额。私募基金在持股的同时，向项目公司发放委托贷款，投放资金（图6-9）。

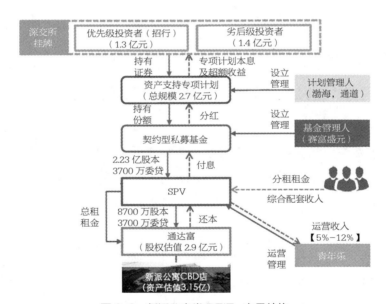

图6-9　新派公寓类REITs交易结构

（4）证券结构

新派公寓类REITs发行规模2.7亿元，产品期限3+2年。其中优先级1.3亿元，获AAA评级，发行利率5.2%左右，每年固定利息，到期一次性还本；

劣后级 1.4 亿元，期间不付息，退出获取 80% 的超额收益。

SPV 委派青年乐提供租赁运营管理服务，运营管理费 12%，还可获取退出时资产增值超额收益剩余部分的 20%。

（5）增信措施

第一，结构化信用增级。产品结构分为优先级和次级。一是有助于提高优先级的信用评级；二是可满足优先级的收益率要求。第二，超额覆盖。经营净收入和物业资产价值对投资者本息的超额覆盖。第三，差额补足承诺。如果所产生净现金流低于 800 万元 / 年，青年乐承诺对差额部分进行补足。第四，履约保证金。专项计划成立时，在托管账户中留存约 500 万元作为履约保证金，该笔保证金用于在物业自然现金流不足以支付当期优先级投资人派息时，向优先级投资人付息。

（6）退出安排

新派公寓类 REITs 的退出安排优先对接公募 REITs，其次为类 REITs 进行滚动续发，或进行市场处置，即向市场投资者销售。

案例：保利租赁住房类 REITs——储架发行实现扩募

（1）底层资产

保利租赁住房类 REITs 的底层资产为位于北京、广州、重庆等城市的瑜璟阁商务公寓、诺雅服务式公寓、N+ 青年公寓、和熹会共四个品牌的自持租赁物业。采取整租方式，租约期限 20 年，租金按年收取。

（2）交易结构

保利租赁住房类 REITs 采取契约型私募基金 + 专项计划的交易结构。首先，设立私募基金，保利地产实缴基金出资 100 万元，认购全部基金份额。第二，设立专项计划。专项计划设立后即受让全部基金份额，实缴剩余基金出资 16.69 亿元。专项计划间接持有项目公司的股权，并向项目公司增资，以项目公司股东身份向项目公司发放委托贷款。

保利房地产（集团）股份有限公司为原始权益人、资产优先收购权人、资产服务机构；北京保利安平养老产业投资管理有限公司（保利安平）与保利商业地产投资管理有限公司（保利商业）为整租方；各项目公司为底层资产的初始持有人。

（3）证券结构

保利租赁住房类REITs总规模为50亿元，第一期规模为16.76亿元，期限18年（3*6）。采取储架、分期发行机制，储架发行制度是一次核准、多次发行的再融资制度，储架额度期限两年。优先级和次级比例为9:1。优先级证券评级为AAA，每年付息，到期一次性还本（每3年可选择是否退出或到期）；优先级份额在上交所可公开转让、交易。次级期间不付息；可获得资产处置偿还本金后的部分超额收益。

（4）增信措施

保利租赁住房类REITs采取的增信措施主要包括：一是优先级和次级的结构化设计；二是现金流超额覆盖；三是物业抵押；四是保利集团提供的外部增信。保利集团对该项目的兑付承诺差额支付，并提供保证金等。

（5）退出安排

退出方式为保利地产行使优先收购权，收购优先级资产支持证券。

案例：高和城市更新类REITs——房地产私募基金投资项目的类REITs

2018年4月，国内首单城市更新类REITs——"高和城市更新权益型房托一号资产支持专项计划"获上交所无异议函。该类REITs实现了城市更新基金投资人通过资产证券化方式退出的完整闭环。

高和城市更新类REITs的底层资产为北京西北二环内的新街高和。该项目原用途为小型批发商业物业，高和资本将其改造和升级为金融与科技创新办公物业，项目总面积为2.8万m^2。改造后租金水平从收购前的4.5~5元/m^2/天提高到10.2元/m^2/天，截至2018年第一季度，新街高和出租率达到90%。

高和城市更新类REITs总规模为9.5亿元，其中优先级A档规模4.3亿元，获AAA评级；优先级B档规模1.2亿元，获AA+评级；劣后级规模4亿元，占比达到42.1%。

案例：红星美凯龙家居商场类 REITs——引入特殊资产服务商的类 REITs

2017 年 9 月，国内首个家居行业类 REITs——"畅星 – 高和红星家居商场资产支持专项计划"发行。通过类 REITs，红星美凯龙能够将自营物业资产证券化后回收资金，用于投资新的商场物业，实现扩张。同时，类 REITs 也成为红星美凯龙与高和资本联合设立的并购基金的退出通道，形成从开发建设到运营、从并购到退出的完整闭环。

红星美凯龙家居商场类 REITs 以天津两家红星美凯龙家居商场为底层资产。该类 REITs 总规模为 26.5 亿元，其中优先级规模为 18 亿元，由银行、公募基金等机构参与认购；劣后级规模为 8.5 亿元，由高和资本发起的私募基金认购。该类 REITs 的收益主要来自于红星美凯龙家居商场的运营收入和资产增值收益。

该类 REITs 采取契约型私募基金 + 专项计划的交易结构。高和资本为契约型私募基金的基金管理人、次级投资人和特殊资产服务商。该类 REITs 脱离主体信用兜底，回归了资产证券化的本质，其权益级证券由专业的私募投资基金以市场化方式认购。

案例：旭辉领寓类 REITs——实现长租公寓重资产运作的闭环

2017 年 12 月，长租公寓储架类权益型 REITs——高和晨曦 – 中信证券 – 领昱系列资产支持专项计划获得上海证券交易所审议通过。旭辉领寓类 REITs 的发行，实现了长租公寓重资产运作模式上的闭环。

（1）底层资产

旭辉领寓的长租公寓产品包括三大产品线，分别为博乐诗服务公寓、柚米国际社区和菁社青年公寓。旭辉领寓类 REITs 采用"储架发行"，储架发行是一次核准、多次发行的再融资制度，在 2 年内分期完成发行，底层资产共包括 10～15 个长租公寓项目。第一期的底层资产为柚米国际社区上海浦江店和博乐诗服务公寓上海浦江店 2 个项目。

（2）交易结构

旭辉领寓类 REITs 采取契约型私募基金 + 专项计划的交易结构。设立契约型私募基金，其通过新设的 SPV 上海高堃来持有项目公司上海勇然和上海勇堃的股权。设立资产支持专项计划募集资金，资产支持专项计划运用所募集的资金购买私募基金份额，项目公司运营物业产生的收益支付专项计划投资者的回报。

（3）证券结构

旭辉领寓储架类 REITs 注册规模 30 亿元，首期发行规模为 2.5 亿元，其中优先级规模 1.5 亿元，劣后级规模 1 亿元（图 6-10）。

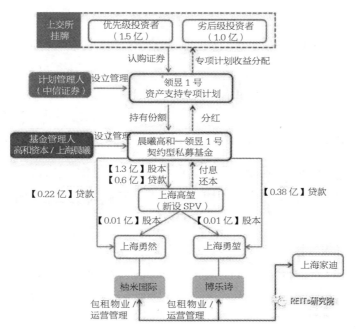

图 6-10　旭辉领寓类 REITs 交易结构

资料来源：REITs 研究院公众号

（4）增信措施

增信措施包括物业净租金对利息超额覆盖、物业处置收入对本金超额覆盖、优先级和次级的结构设计。

（二）CMBS/CMBN 是商业地产的重要融资工具

CMBS 是商业物业的资产证券化融资工具，将单个或多个商业物业的抵押贷款组合形成基础资产，通过结构化设计，以证券形式向投资者发行。CMBS 具有发行价格低、流动性强等优点，是商业地产融资的重要选择。以美国为例，目前 CMBS 占商业地产融资市场规模的 1/3。

案例：金茂凯晨 CMBS——为商业地产运营提供低成本融资

2016 年 8 月，高和招商—金茂凯晨资产支持专项计划发行，是国内首单交易所挂牌的 CMBS 产品。

（1）底层资产

该 CMBS 的基础资产为信托受益权，底层资产为凯晨世贸中心。凯晨世贸中心大厦底层商业的月租金为 700～1100 元 /m^2，办公楼月租金为 200～600 元 /m^2。2013 年到 2015 年出租率达到 99% 左右。

（2）交易结构

采用双 SPV 结构，首先，原始权益人上海金茂将 40.01 亿元委托给方正东亚设立单一资金信托计划，方正东亚向凯晨置业发放信托贷款；然后，设立资产支持专项计划，募集资金向原始权益人上海金茂购买信托受益权，并支付转让价款。

（3）证券结构

"高和招商—金茂凯晨资产支持专项计划"规模 40.01 亿元，其中优先级规模为 40 亿元，期限 3 年，按年付息，每年摊还本金 5000 万元，其余本金到期一次性偿还，年化预期收益率 3.3%。次级规模为 0.01 亿元，由凯晨置业认购（图 6-11）。

（4）增信措施

该 CMBS 的增信措施主要包括：一是优先级和次级的结构化设计；二是现金流超额覆盖。租金收入对优先级利息及本金的覆盖率较高，达到 2 倍左右。三是资产抵押。借款人以其拥有的凯晨世贸中心部分房屋所有权和土地使用权

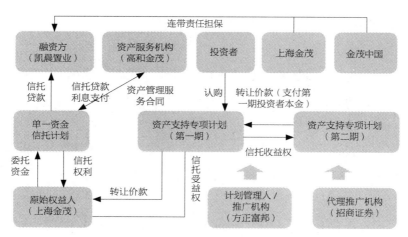

图 6-11　高和招商－金茂凯晨资产支持专项计划交易结构

作为信托贷款的抵押担保。2016 年 4 月，该 CMBS 抵押物的评估值为 129 亿元，优先级证券本金对抵押物价值的抵押率为 31%。四是保证担保。上海金茂和中国金茂为借款人凯晨置业的信托贷款的本息偿付提供连带责任保证担保。

（5）退出安排

该 CMBS 的基础资产为 18 年期单一资金信托计划受益权，专项计划期限为 3 年，采取到期续发。专项计划到期后，继续以信托受益权为基础资产发行资产支持证券，以续发专项计划募集的资金偿还上一期的剩余本金和利息。如续发不成功，则触发强制还本，资金信托计划提前到期。

（6）第三方资产服务机构

独立的第三方资产服务机构来进行风险监管和资产管理服务。提供包括前端资产的组建、存续期的信息披露和资产管理服务，增强资产证券化产品的破产隔离效果。

案例：世贸天阶 CMBN——引入第三方资产服务机构进行持续监管和风控

2017 年 6 月，高和资本与北京奥中兴业房地产开发有限公司在银行间交易商协会注册"世贸天阶 2017 年度第一期资产支持票据"。

（1）底层资产

该 CMBN 的底层资产是位于北京市朝阳区光华路 9 号的世贸天阶，该项目于 2006 年建成投入运营，是北京 CBD 区域内的综合时尚购物场所。

（2）交易结构

该 CMBN 发起人为奥中兴业，高和资本为交易安排人、财务顾问、夹层投资人和资产服务机构，中信建投证券和浙商银行为主承销商，江苏银行为非特定原始权益人和优先 B 级投资人，联合资信为评级机构。

该 CMBN 采取了双 SPV 结构。首先，设立世贸天阶 2017 年度第一期资产支持票据集合资金信托计划，向奥中兴业发放信托贷款，江苏银行将其持有的信托受益权作为基础资产，委托方正东亚信托设立世贸天阶 2017 年度第一期资产支持票据信托募集资金。资产支持票据到期后，由发起机构向投资者支付本金和利息。

（3）证券结构

"世贸天阶 2017 年度第一期资产支持票据"发行总规模为 29 亿元，期限 18 年，每 3 年开放，主体评级为 AA-。该 CMBN 采用优先、夹层、次级结构化设计，其中优先级分为两档，优先 A 评级为 AA+，规模 26 亿元；优先 B 评级为 AA，规模 1 亿元；夹层评级为 AA-，规模 0.5 亿元；次级档无评级，规模 1.5 亿元。该 CMBN 的还款来源为经营所产生的现金流（图 6-12）。

（4）增信措施

主要增信措施包括物业抵押、股权质押、应收账款质押和支付备付保证金等。该 CMBN 无其他主体增信措施，不依赖主体信用，完全依靠基础资产的稳定现金流。世贸天街 CMBN 突破了以往重主体、轻资产的结构设计，重点看资产质量和资产运营管理能力，真正实现了资产支持证券，能够对主体信用不高、资产质量较好和运营管理较强的形成激励，有助于推动商业地产的转型发展。

（5）第三方资产服务机构

"世贸天阶 2017 年度第一期资产支持票据"由高和资本作为特殊服务商，高和资本投资了夹层份额，与投资人的利益形成一致，并对底层资产的运营进

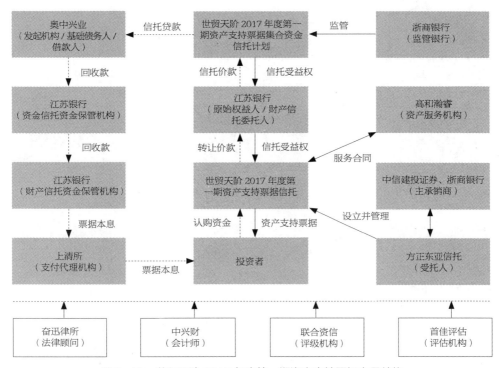

图 6-12 世贸天阶 2017 年度第一期资产支持票据交易结构

行持续的监管和风险控制,这种特殊服务商机制有利于较好地实现风险控制。

(三)收益权资产证券化是租赁物业轻资产运营的可行方式

对于采取包租模式获取物业进行更新改造并运营的城市更新项目,因其不持有租赁物业的产权,可在其成熟运营后,将租金收益权进行资产证券化,实现融资。

案例:魔方公寓 ABS——以租金收益权为基础资产的 ABS

魔方公寓是提供集中式长租公寓的企业,其通过租赁部分一二线城市的整栋物业(所租赁物业多为非住宅物业),将其改造为公寓进行出租运营,属于城市有机更新。2017 年 1 月,魔方公寓发行"信托受益权资产支持专项计划"(ABS)(图 6-13)。

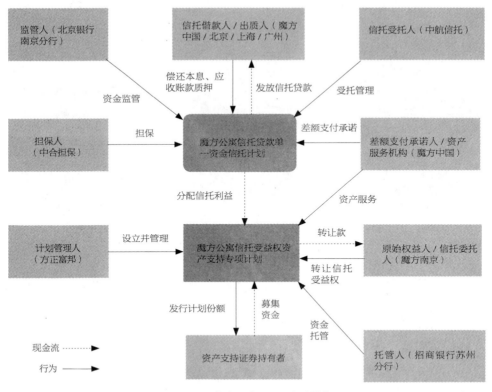

图 6-13　魔方公寓 ABS 交易结构

（1）底层资产

魔方公寓 ABS 以信托受益权为基础资产，底层资产为魔方中国及其北京、上海、广州 3 个子公司经营的 30 处物业 4014 间公寓 2016 年 6 月至 2019 年 6 月的租金收入。

（2）交易结构

魔方公寓 ABS 采取信托计划 + 专项计划的双 SPV 结构。首先，设立魔方公寓信托贷款单一资金信托计划。北京银行南京分行将 3.5 亿资金委托给中航信托设立信托计划，向魔方公寓发放 3.5 亿元的信托贷款，魔方公寓以其运营管理 4014 间公寓未来三年的租金应收账款质押给该信托，并以租金及其他收入作为信托贷款的还款来源。然后，设立魔方公寓信托受益权资产支持专项计划。通过专项计划募集资金，购买北京银行持有的信托受益权。

（3）证券结构

魔方公寓 ABS 发行规模为 3.85 亿元，其中优先级 3.5 亿元，期限为 1 ~ 3 年，预期收益率为 4.8% ~ 5.4%；次级 3500 万元。

（4）增信措施

魔方公寓 ABS 采用优先级和次级结构化设计、现金流超额覆盖、保证担保等内外部增信措施。

五、房地产转型中投融资创新要符合新金融监管政策要求

2017 年以来，为防范系统性金融风险，我国全面加强了金融监管。2018 年 4 月，中国人民银行、中国银行保险监督管理委员会、中国证券监督管理委员会、国家外汇管理局联合发布《关于规范金融机构资产管理业务的指导意见》，主要提出以下措施：一是统一监管标准，二是消除多层嵌套、减少监管套利，三是打破刚性兑付，四是规范资金池、降低期限错配、减少流动性风险等措施。同时，对互联网金融也加强了规范，抑制了大量资金违规流向房地产领域。在房地产转型创新过程中，有关金融创新要符合金融监管政策的要求。

（一）以去杠杆为核心严控房地产金融风险

（1）治理不合规的房地产信贷业务

2018 年 1 月 13 日，银监会发布《关于进一步深化整治银行业市场乱象的通知》（银监发〔2018〕4 号），提出了"违反房地产行业政策"、需要治理的内容，具体包括："直接或变相为房地产企业支付土地购置费用提供各类表内外融资，或以自身信用提供支持或通道；向"四证"不全、资本金未足额到位的商业性房地产开发项目提供融资；发放首付不合规的个人住房贷款；以充当筹资渠道或放款通道等方式，直接或间接为各类机构发放首付贷等行为提供便利；综合消费贷款、个人经营性贷款、信用卡透支等资金用于购房等。"

（2）严控资金违规流入房地产领域

2017 年 5 月，银行业理财登记托管中心有限公司发布《关于进一步规范

银行理财产品穿透登记工作的通知》，要求各银行业金融机构在全国银行业理财信息登记系统中真实、准确、完整、及时地登记底层基础资产和负债信息，表明将银行的自营、表外和通道业务全面纳入监管，银行表外、通道融资急剧收缩，严控资金违规流入房地产领域。

（二）房地产融资创新要符合金融监管方向

（1）监管促进私募基金回归投资本源

2018年1月，中国证券投资基金业协会发布《私募投资基金备案须知》，明确指出"私募投资基金是一种由基金和投资者承担风险，并通过主动风险管理，获取风险性投资收益的投资活动。私募基金财产债务由私募基金财产本身承担，投资者以其出资为限，分享投资收益和承担风险。私募基金的投资不应是借贷活动。"明确了投资是私募基金经营活动的"本质"要求，不包括借贷性资产或其收益权、直接或间接从事借贷活动等。从监管层面的要求来看，促进了私募投资基金回归投资本源，而股权投资基金向投资本源的回归恰恰是房地产转型金融支持的内在需要。

（2）房地产资产证券化发展符合转型方向

一方面，从金融企业的角度看，一系列强监管政策出台后，大大收缩了金融机构的原有业务，敦促其转型发展，资产证券化恰恰是其转型的重要方向。《关于规范金融机构资产管理业务的指导意见》中指出，依据金融管理部门颁布规则开展的资产证券化业务，不适用此资管新规。资产证券化的发展在未来具有较大的市场空间。另一方面，房地产企业传统融资渠道受到严格监管，从房地产转型发展的需要来看，需要鼓励持有、鼓励运营，以运营现金流为基础资产的房地产资产证券化产品，对于盘活房地产企业资产、激励运营提升、实现融资具有重要意义。

第七章　上市房地产企业转型研究

一、分析思路和选取依据

（一）分析思路

本章以部分上市房地产企业为研究对象，从企业角度分析房地产转型特征，结合统计分析和典型性分析，探寻房地产企业多元化发展和转型重点领域的成长态势，从实证角度印证房地产企业重塑价值链、拓展新领域、转变经营模式的动态和方向。在此基础上，结合前六章分析，对房地产企业转型提出若干应对策略。

（二）选取依据

房地产企业转型分析需要选取有一定代表性的企业，如规模较大、知名度较高、实力较强等。上市房地产企业有较为明显的代表性，因此适合作为样本进行分析。

依据不同的分类标准，上市房地产企业数量存在一定差异。沪深股票市场中以证监会行业分类为标准，截至2017年底上市房地产业类企业共有138家，其中上证75家，深证63家。香港股票市场中，以港交所行业类分类为标准，上市地产企业共136家。同时，房地产企业存在多种上市方式，有的房地产企业整体上市；有的企业以集团公司形式上市，房地产开发业务只是上市集团公司的一部分；也有少数房地产企业以子公司形式上市。部分上市企业传统业务并非房地产开发，且房地产开发在业务规模中并不占绝对比重（表7-1）。

为了使上市房地产企业更具代表性，我们设定的选取标准包括：一是上市企业主业为房地产，二是营业收入或合约金额超过人民币30亿元，三是经营正常。根据这三条标准，从A股、H股筛选出90家房地产企业。本章涉及信息和数据均来自WIND资讯和上市企业网站公开信息。

90家样本上市房企名单　　　　　　　　　　　　　　　　　表7-1

股票代码	公司名称	上市地点	股票代码	公司名称	上市地点
0004.HK	九龙仓集团	H股	000002.SZ	万科A	A股
0106.HK	朗诗绿色集团	H股	000031.SZ	中粮地产	A股
0119.HK	保利置业集团	H股	000042.SZ	中洲控股	A股
0123.HK	越秀地产	H股	000046.SZ	泛海控股	A股
0207.HK	大悦城地产	H股	000069.SZ	华侨城A	A股
0230.HK	五矿地产	H股	000402.SZ	金融街	A股
0272.HK	瑞安房地产	H股	000540.SZ	中天金融	A股
0672.HK	众安房产	H股	000620.SZ	新华联	A股
0688.HK	中国海外发展	H股	000656.SZ	金科股份	A股
0754.HK	合生创展集团	H股	000667.SZ	美好置业	A股
0813.HK	世茂房地产	H股	000671.SZ	阳光城	A股
0817.HK	中国金茂	H股	000718.SZ	苏宁环球	A股
0832.HK	建业地产	H股	000732.SZ	泰禾集团	A股
0884.HK	旭辉控股集团	H股	000926.SZ	福星股份	A股
0960.HK	龙湖地产	H股	000961.SZ	中南建设	A股
1098.HK	路劲基建	H股	000981.SZ	银亿股份	A股
1107.HK	当代置业	H股	001979.SZ	招商蛇口	A股
1109.HK	华润置地	H股	002133.SZ	广宇集团	A股
1233.HK	时代地产	H股	002146.SZ	荣盛发展	A股
1238.HK	宝龙地产	H股	002244.SZ	滨江集团	A股
1622.HK	力高地产	H股	600048.SH	保利地产	A股
1628.HK	禹洲地产	H股	600067.SH	冠城大通	A股
1638.HK	佳兆业集团	H股	600077.SH	宋都股份	A股
1777.HK	花样年控股	H股	600094.SH	大名城	A股
1813.HK	合景泰富	H股	600177.SH	雅戈尔	A股
1862.HK	景瑞控股	H股	600208.SH	新湖中宝	A股
1918.HK	融创中国	H股	600223.SH	鲁商置业	A股

续表

股票代码	公司名称	上市地点	股票代码	公司名称	上市地点
1966.HK	中骏置业	H股	600239.SH	云南城投	A股
2007.HK	碧桂园	H股	600266.SH	北京城建	A股
2329.HK	国瑞置业	H股	600322.SH	天房发展	A股
2608.HK	阳光100中国	H股	600325.SH	华发股份	A股
2777.HK	富力地产	H股	600340.SH	华夏幸福	A股
2868.HK	首创置业	H股	600376.SH	首开股份	A股
3301.HK	融信中国	H股	600383.SH	金地集团	A股
3333.HK	中国恒大	H股	600466.SH	蓝光发展	A股
3377.HK	远洋集团	H股	600515.SH	海航基础	A股
3380.HK	龙光地产	H股	600565.SH	迪马股份	A股
3383.HK	雅居乐集团	H股	600606.SH	绿地控股	A股
3639.HK	亿达中国	H股	600657.SH	信达地产	A股
3883.HK	中国奥园	H股	600665.SH	天地源	A股
3900.HK	绿城中国	H股	600675.SH	中华企业	A股
6158.HK	正荣地产	H股	600684.SH	珠江实业	A股
600748.SH	上实发展	A股	600708.SH	光明地产	A股
601155.SH	新城控股	A股	600736.SH	苏州高新	A股
601588.SH	北辰实业	A股	600743.SH	华远地产	A股

注：样本范围为48家在沪深两地上市的房企以及42家在香港上市的房企。

（三）研究方法

本章采用归纳法分析房地产企业转型的整体态势，统计分析与典型性分析相结合，探究房地产企业业务拓展方向和发展态势。

统计分析。结合上市企业年报和房地产企业官网，整理各房地产企业的业务范围及重点拓展领域，形成90家上市房企的业务领域数据库。企业所涉及的某项业务是以已建成或已运营作为依据，一些企业仅作为战略方向却没有实质性进入的情况不列入业务领域数据库。对房地产企业拓展领域数量、各业务领域企业进入数量和比重、不同规模企业的拓展情况进行统计和比较分析。

典型性分析。大多业务领域的经营收入规模不大，占房地产企业经营收入比重较小，企业年报中通常难以反映开发业务以外领域的规模、收入等信息。因此，课题组选取有代表性的企业进行典型性分析，通过企业调研、互联网搜索、企业官网等渠道获取信息，着重反映业务领域变化的趋势。

（四）基本情况

2012—2017年，90家样本上市房地产企业在总资产规模和销售规模上均呈现快速增长。受房地产市场影响，2015年各指标增速有所放缓，2017年出现了明显的大幅上涨。营业利润率除2015年、2016年稍低外，其他年份均超过15%（表7-2）。

样本上市房地产企业财务指标（单位：亿元、%） 表7-2

财务指标	2012年	2013年	2014年	2015年	2016年	2017年
总资产规模平均	620	771	922	1041	1229	1796
总资产规模增长率	21.4%	24.4%	19.5%	13.0%	18.0%	46.2%
销售规模平均	178	224	248	315	408	674
销售规模增长率	21%	26%	11%	27%	30%	65%
营业利润率	24.6%	22.2%	22.0%	11.8%	14.4%	18.3%

二、上市房地产企业样本转型特征

在宏观经济环境、城镇化进程、房地产市场调控及房地产发展阶段变化等多重背景影响下，转型发展成为众多房地产企业的共同选择，直接表现在发展定位和战略导向上的调整和经营领域上的拓展。特别是近年来，部分大型房地产企业弱化传统地产开发的战略定位，强调向城市运营、生活服务、产业引导的转型，主动转换发展定位，更好的服务社会需求和社会民生。为适应转型的需要，部分房地产企业变更了企业名称，这也成为其战略转型的一种侧面反映（表7-3）。

部分样本上市房地产企业(或下属企业)名称改变　　　　表7-3

企业原名称	企业现名称	时间
深圳市万科房地产有限公司	深圳市万科发展有限公司	2018/9/12
保利房地产(集团)股份有限公司	保利发展控股集团有限公司	2018/9/13
龙湖地产有限公司	龙湖集团控股有限公司	2018/7/3
合景泰富地产控股有限公司	合景泰富集团控股有限公司	2018/6/28
时代地产有限公司	时代中国控股有限公司	2018/3/1
朗诗绿色地产有限公司	朗诗绿色集团有限公司	2018/1/15

(一)以资产为整体,重视运营管理

随着需求的多元化和商品房存量市场的不断扩大,房地产企业由单纯的建房销售、提供简单住居产品向开发建设后序环节的经营管理转型,加大资产持有规模,并参与到城市整体规划、产业园区、城市场馆以及道路等配套设施建设环节。房地产企业向运营商、服务商转型,运营内容包括产业地产、特色小镇、长租公寓、联合办公、教育医疗养老、文化旅游等,也包括投融资、物业管理、项目后期运营以及民生工程等。

如万科2014年把"三好住宅供应商"的定位延展为"城市配套服务商",2018年进一步升级为"城乡建设与生活服务商",并具体细化为四个角色:美好生活场景师,实体经济生力军,创新探索试验田和谐生态建设者。华润置地逐步向"城市综合投资开发运营商"转型,华南区将综合开发、城市更新、城市建设运营、产业平台及创新业务作为全新业务。

(二)以需求为引领,重视服务提供

在消费需求持续增加且日益多元化背景下,房地产企业竞争已经从单一功能产品供给延伸到与产品配套相关的服务方面,既包括生产性服务,也包括生活性服务,也有从中衍生出的文化、智能等服务。

在生活性服务需求上,为适应租赁、健康、养老、旅游等新市场需求,房地产企业紧跟社会变化,加大对生活服务领域的投资,推动居住产品升级和品质提升,加快社区、文旅、养老、教育、租赁等服务产业的发展。

在生产性服务需求上，房企布局联合办公、产业园区、特色小镇等，提供生产场地、展示平台、交流空间，创新产业孵化、IP 商业孵化、链接资源服务，构建生产、生活社群体系，也提供与生活相关的托幼、购物、社交活动等服务。整体上，房企加快以服务为导向、以内容为核心的产品升级、模式创新与领域拓展（表7-4）。

部分样本上市房地产企业战略定位与转变　　　　　　　　　　表7-4

企业原名称	战略定位	重点拓展业务
万科	城乡建设与生活服务商	物业服务、租赁住宅、商业开发和运营、物流仓储服务、产业城镇、冰雪度假、养老、教育
龙湖	空间即服务	商业运营、长租公寓及物业服务
融创	美好生活运营商	智慧社区、智能家居
旭辉	美好生态城市运营商	物业管理、长租公寓、建筑服务
华润置地	城市综合投资开发运营商	"销售物业 + 投资物业 +X"的商业模式，拓展投资物业、购物中心 + 互联网生态体系建设、物业服务、老年地产等
绿城	理想生活综合服务商	加大对大教育、大健康、新金融和新经济的投资
金科	美好生活服务商	地产 + 服务

如万科以客户日益增长的美好生活需要为引导，明确提出未来做"美好生活的场景师"。融创提出做美好生活的践行者，为客户、社会提供高品质的产品。绿城在"开发专业化、地产金融化、服务平台化"的战略指引下，旗下新成立的绿城生活集团致力于为客户提供高质量的生活服务，致力于打造"理想生活综合服务商"第一品牌，在全国首先推出房屋 4S 服务模式，开展维保、增值、换新等领先业务。旭辉也提出用心构筑美好生活。金科从传统地产商转型为美好生活服务商，以"地产 + 服务"连接用户打造优质生活方式。

（三）以产业为核心，重视跨界融合

产业带动是高质量发展的内在要求，也是房地产企业提供支撑的重要方向。在创新驱动、产城融合等宏观政策引导下，部分开发企业结合当地发展战略和产业定位，打造创新要素集聚空间和专业园区来推动当地经济增长和产业转型，形成了产业驱动的转型模式。跨界融合的主要产业方向既包括产业园区、特色小镇的综合开发，也包括物流地产及其他实体产业，少数企业涉及信息技术、生物医药、新材料、航空航天及智能机器人等领域。

如碧桂园、恒大、万科、保利等均加大产业型业务的拓展，向产业园区、特色小镇、物流地产、文旅地产等布局，其中万科加大物流地产布局、碧桂园加大科技园区建设、恒大加大文旅体育等特色项目建设。华夏幸福致力于产业新城的投资、开发、建设和运营，建设运营了固安产业新城、大厂产业新城、香河产业新城等项目。金地集团建设运营深圳南山科技园威新软件科技园项目，提供招商运营服务，并配套建设餐饮、建设、儿童托管中心、幼儿园等。华润置地与清华大学旗下的力合科创进行股权合作，共同搭建产业联盟开发产业园区（表7-5）。

四大房地产企业多元化发展　　　　　　　　　　　　　　表7-5

企业	拓展领域	代表项目
碧桂园	产业园区	深圳机器人产业园、长沙湘江智谷人工智能科技城
	特色小镇	佛山顺德新能源汽车小镇、广州8k面板科技小镇
恒大	文旅地产	15个恒大童世界项目
	体育产业	清远恒大欧洲足球小镇
	健康地产	恒大养生谷
	新能源汽车	FF汽车
万科	物流地产	收购普洛斯和太古冷链，拓展物流项目
	文化旅游	浙江良渚文化村
	商业地产	收购印力集团，收购凯德20个购物中心
保利	健康养老	德州健康小镇、和熹会老年公寓
	文旅地产	慈溪保利文化小镇、昆明西矗生态旅游实验区
	军民融合	肇庆居民融合小镇、青岛保利国防军事文化体验小镇

（四）以多元化为导向，重视领域拓展

与房地产开发企业发展定位和战略方向调整相对应，业务领域"开发+"的多元化态势表现明显，既体现在住宅产品品质的提升，也体现在以住宅为核

心的纵向和横向相关领域拓展,形成与"房地产+服务"、"房地产+服务+金融"、"房地产+金融"等战略导向相适应的多元化领域拓展。

如万科在巩固住宅开发和物业服务优势基础上,业务延伸至商业开发和运营、物流仓储服务、租赁住宅、产业城镇、冰雪度假、养老、教育等领域,所搭建的生态体系已初具规模,为更好的服务人民美好生活需要、实现可持续发展奠定了良好基础。新华联公司2016年更名为新华联文化旅游发展股份有限公司,确立了"文旅+金融+地产"的发展定位,致力将文旅产业打造成战略支柱型产业,形成了文化旅游业、金融业、房地产开发业、商业、酒店业、建筑业、物业、娱乐业、园林等多产业布局。绿地控股公司目前已在全球范围内形成了"以房地产开发为主业,大基建、大金融、大消费等综合产业并举发展"的多元经营格局,实施资本化、公众化、国际化发展战略,保障企业平衡经济波动、实现持续增长。

综合分析,基于90个上市房地产企业年报和披露信息,房地产企业除物业开发销售主业外,拓展领域主要包括物业管理、自持商业、物业投资、商业管理、长租公寓、酒店运营、文化旅游、健康养老、教育服务、金融、物流地产、建材销售、设施建设、设计咨询、产业园区、特色小镇、城市更新等,共18个领域[①]。将90家上市房地产企业样本拓展领域一一统计,形成房地产企业业务领域数据库。基于该数据库,上市房地产企业拓展领域数量,样本上市房地企业平均有7.9个拓展领域,大多企业有6~10个转型领域(图7-1)。总体而言,大多数房地产企业拓展了物业管理、自持物业和商业运营,较多企业拓展酒店经营、设计咨询、金融投资、商城及零售等业务,部分企业拓展文化旅游、健康养老、教育等消费型业务,以及产业园区、特色小镇、城市更新业务(图7-2)。

---

① 说明:各企业业务表述有所不同,进行了适当的归并和对应。

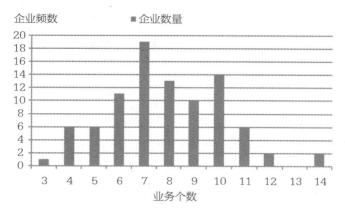

图 7-1 样本上市企业业务数量与企业频数的统计

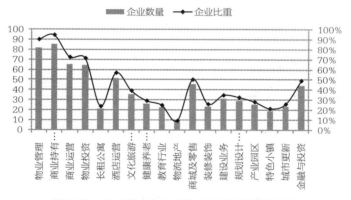

图 7-2 90 家样本上市房地产企业拓展领域分析

三、重点领域的发展态势分析

房地产企业以持有运营和服务为核心的多元化拓展，受到市场需求、政策调整及人工智能、大数据、互联网技术等因素共同推动，不同领域受相关因素的影响程度存在较大差异。本部分主要结合代表性上市房地产企业，对重点领域的发展态势进行分析。

（一）物业持有与运营规模持续扩大

更加重视物业持有和运营是房地产企业由以开发为主转向持有和运营的重

要表征，包括住房、商业、办公等的租赁和运营。房地产企业通过物业持有和运营，既获得稳定、持续的租金和管理收益，也分享资产的增值收益。

1. 长租公寓

长租公寓是房地产企业进入的新的细分领域之一。2016年以来，住房租赁业务成为"租购并举"住房制度支持的重点，在税收、金融等方面获得了很大支持。随着房地产市场逐步进入存量时代，房地产企业利用房源和资金优势加快拓展长租公寓领域，不断出现新的长租公寓品牌。

90家样本上市企业中有23.3%（21家）实质性进入长租公寓领域。如万科、碧桂园、龙湖、旭辉、朗诗等都在主要城市进行布局，并建立了公寓运营机构的独立品牌，如泊寓、碧家、冠寓、领寓、朗诗寓等（表7-6）。

代表房企长租公寓品牌情况　　　　　　表7-6

公寓名称	创立时间	总部	大股东（实际控制人）	概况（2017年）	发展计划
万科泊寓	2016	深圳	万科集团	30个城市，约10万间，累计出租率约92%。	100万间
旭辉领寓	2016	上海	旭辉集团	2万间，布局一、二线核心城市。	20万间
龙湖冠寓	2016	重庆	龙湖集团	14个城市，1.5万间，建筑面积58.04万 m^2，出租率46%。	100万间
朗诗寓	2016	南京	朗诗集团	55个项目，面积52.6万 m^2，房间数约1.5万间。	2019年计划实现10万间房

房地产企业发展长租公寓业务相对集中于2016年，尽管晚于酒店企业、中介企业的布局，但其规模快速扩张，主要表现在运营间数和进入城市数量方面。以万科泊寓和旭辉领寓为例，万科集团于2014年就开始在厦门试水长租公寓业务，然后扩展到全国，2016年形成统一的长租公寓品牌"泊寓"。2016年年底，泊寓在北京、深圳等18个城市上线运营，发展44个项目。截至2018年6月，泊寓已在30个城市开展长租公寓业务，总房间数量超过16万间。2016—2018年泊寓的城市拓展数和运营间数均呈现上涨态势（图7-3）。旭辉领寓成立于2016年7月，2017年4月首批产品在上海亮相，此后管理数量稳

定增长,2017年年底长租公寓管理规模达到2万间,2018年3月柚米、博乐诗、菁社三条产品线落地,2018年8月达到4.5万间。

图7-3　2016—2018年6月万科泊寓开放城市数及开业间数

2. 商办租赁

绝大多数上市房地产企业均涉及商办租赁运营业务。90家上市房地产企业中有85家持有商业地产、65家进行商业管理和运营,分别占到样本上市企业的94.4%、72.2%。

上市房地产企业除将开发的物业项目出售外,通常会持有少量物业对外出租以获取租金收入,有的设立专业运营团队获取运营管理收入。出租物业一般包括住宅公寓、商业物业、产业园区和综合体等,狭义上更多针对商业物业,例如商场、写字楼、厂房等,许多出租物业作为城市综合体的重要部分进行运营。出租物业的持有和运营通常依托较强的招商能力、运营能力,从而能够提高物业出租率和租金回报水平。

选取新城控股、华润置地、中粮、信达、龙湖等企业分析商业地产租赁的变化,五家企业物业持有租赁业务均快速发展。新城控股"吾悦"系列广场从2015年的6个发展到2018年的24个,租赁物业的面积超过237万m^2,近三年出租面积年均增长达到45%。2017年底,新城控股租金及管理费收入达到10.65亿元。华润置地出租物业数量和面积迅速扩张,持有物业探索出都市综合体、区域商业中心五彩城模式。2014—2017年在营投资物业建筑面积由220万m^2增加到688万m^2,其中2017年商业运营面积385万m^2,已开业万象城 16 个、五彩城 / 万象汇 11 个，商业租金收入 61.7 亿元。

对中粮地产、信达地产和龙湖地产在 2013—2018 年情况进行比较分析（图 7-5 ~ 图 7-7）。

信达地产和中粮地产两家企业合同销售额相近，但信达地产商业出租面积远低于中粮地产。2013—2016 年信达地产租赁型物业的建筑面积逐年减小。其出租率在 2015 年达到 95.52% 最高点后急速下滑，2018 年中期出租率逼近 70.79%。

中粮地产出租型物业面积和出租率均比较稳定，出租率长期维持在 97% 以上，租赁收入稳步增加，主要得益于中粮地产具有中粮集团的招商、运营支持及中粮地产在商业运营业务上的重点布局。

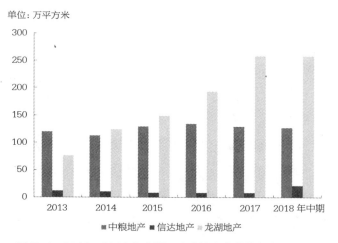

图 7-4　2013—2018 年中期三大房地产企业物业出租面积

龙湖地产 2013—2017 年出租面积和收入规模均呈现不断增加趋势，物业的出租率常年维持在 95% 之上。2017 年龙湖旗下开业商场已达 26 个，物业出租面积超过 250 万 m^2，已合作商户 3800 家，战略合作品牌近 200 家，形成"天街"和"星悦荟"两个主要品牌。龙湖地产商业物业空置率低，离不开自身的强招商引资能力和品牌效应。2011 年以来，龙湖集团就开始了以"优土储、强运营、控成本、持商业、精团队"的战略转型，出租型物业增长符合企业的战略要求。

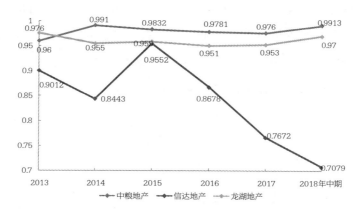

图 7-5　2013—2018 年中期三大房地产企业物业出租率[①]

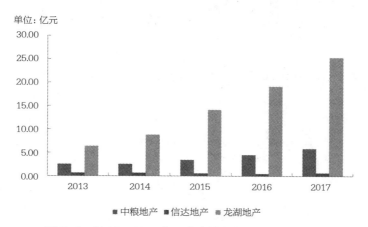

图 7-6　2013—2017 年三大房地产企业物业出租收入

3. 酒店经营

90 家样本企业中有 51 家持有或运营酒店，占到样本上市企业的 56.7%，超过样本企业的一半。酒店经营业务对上市房地产企业来讲通常只是辅助性业

---

① 信达地产按出租率＝已出租物业面积/可出租物业面积计算；中粮地产 2013 年、2014 年出租物业只包括工业地产；龙湖地产为已开业商场数据，不包括长租公寓出租。

务，业务收入占比小，一般采取与国际酒店品牌合作的模式，也有少量房产企业选择自主开发酒店品牌并自营管理。

以中国金茂、大悦城地产、世茂房地产、富力地产、绿城中国五家企业为例，2013—2017 年五家企业酒店经营业务平均收入均超过 5 亿元，大多呈现增长趋势。但受地产开发业务的影响，酒店经营业务占企业经营收入的比重波动较大，且大悦城地产、中国金茂业务比重呈现一定的下降趋势（图 7-7）。

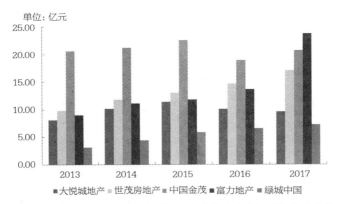

图 7-7　2013—2017 年中国金茂等五大房地产企业酒店经营业务收入

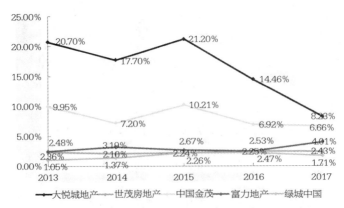

图 7-8　2013—2017 年中国金茂等五大房地产企业酒店经营业务收入占比

五家企业中，中国金茂酒店业务规模最大、收入最高，绿城中国规模最小。富力地产在 2017 年 7 月 19 日收购万达地产 73 家酒店，运营面积和业务收入大幅提升。业务比重上,大悦城地产酒店业务比重最高,最高的年份超过了 20%;其次为中国金茂,比重超过 6.6%;世茂房地产、富力地产及绿城中国酒店收入占比均低于 5%。大悦城地产酒店业务收入占比在 2015—2017 年急速下降,分析收入结构发现主要源于其物业及土地开发方面收入增长(图 7-8)。

中国金茂旗下酒店业务情况　　　　　　　　　　　表 7-7

酒店名称	所在城市	开业时间	房间数量(间)
北京金茂万丽酒店	北京	2014 年	321
北京金茂威斯汀大饭店	北京	2018 年	550
上海崇明金茂凯悦酒店	上海	2014 年	235
上海金茂君悦大酒店	上海	1999 年	555
金茂三亚希尔顿大酒店	海南三亚	2006 年	501
金茂三亚丽思卡尔顿酒店	海南三亚	2008 年	455
金茂深圳 JW 万豪酒店	广东深圳	2009 年	411
长沙梅溪湖金茂豪华精选酒店	湖南长沙	2016 年	304
南京威斯汀大酒店	江苏南京	2011 年	234
丽江金茂酒店	云南丽江	2018 年 *	312
丽江金茂璞修雪山酒店	云南丽江	2018 年 *	89
丽江金茂古镇精品客栈	云南丽江	2016 年	80
莫干山金茂天籁之梦度假酒店	浙江湖州	2017 年	87

注:日期后面加 * 表示重新换牌开业时间

中国金茂是上市公司中经验和营运能力强的代表企业,拥有成熟完善的高端酒店设计、开发和投资经营能力,与万豪、希尔顿、喜达屋等国际顶尖酒店管理集团建立合作关系。中国金茂目前正在经营的超豪华型酒店包括北京威斯汀大饭店、上海君悦大酒店、三亚丽思卡尔顿酒店、三亚希尔顿大酒店、深圳 JW 万豪酒店以及丽江酒店等,并于 2017 年取得 20.7 亿元的酒店经营收入,同比增长 9.52%。

4. 物业管理

物业管理是大多数开发企业的主营业务,通常与开发业务相配套,服务于开发销售和后期管理。物业管理作为开发企业业务重点，样本企业中有81家涉及住宅或商业管理服务，占到90%。绝大多数样本上市房企在物业管理业务上或多或少均有涉及，且大多数房地产集团或企业都将物业管理业务作为公司战略重点部署。如碧桂园成立了碧桂园物业，保利房地产集团成立了保利物业，花样年集团成立了彩生活。

目前国内物业管理行业处于高速发展、多元拓展的阶段，在管理运营和科学技术层面取得巨大突破，"物业+互联网"的模式逐渐成熟，通过物业管理应用（APP）的开发、社区平台的建设以及大数据分析等提升物业管理的信息化和增值化，构建智慧型社区，提高在维修、购物、餐饮、健康上的智能化服务水平，既满足居民的消费需求，也实现物业管理的增值收益，部分企业通过技术和管理模式输出等方式拓展服务规模。具有代表性的是，花样年集团下彩生活服务集团运用互联网重组传统物业，将实体社区变成一个基于大数据的互联网平台，并在业内率先启动推行基于信息化的物业服务V2.0模式，整合周边商业资源，提供便民服务，并通过彩生活技术的输出和APP推广实现业务推广和服务增值。

以万科A、碧桂园、中国恒大、华夏幸福、龙湖地产和金地集团为例[①]，近5年上述六家房地产开发企业在物业管理收入呈现快速增长趋势，但物业管理收入占企业总营业收入比重并未全部呈现增长，物业管理的贡献程度因企业而异（图7-9）。

万科2017年物业管理收入71.27亿元，较2016年增长67.28%，在六家企业中物业规模最大。金地集团物业管理收入占比已经超过5%，在六家企业中收入占比最大，2017年合约服务面积突破4亿 m^2。金地物业的智慧享联科技公司积极参与智能家居系统平台的建设，不断吸引地产和物业企业加入其构建的"智享生态圈"。中国恒大和碧桂园的物业管理收入增长稳定，且其营收占比也比较平稳，收入规模与地产业务收入增长呈稳定的正相关。碧桂园旗下港股上市公司碧桂园服务业务范围包括住宅物业、非住宅物业、增值服务，营

---

① 六大房地产企业2017年平均合同销售额达到3384.44亿元，排在中国指数研究院所公布2017年中国房地产百强企业名单的前15位。

业总收入近五年年均增长32.31%。华夏幸福在六家企业中物业收入规模、物业收入占比均最低，这与其企业战略重点密切相关，华夏幸福将业务转型重点放在产业新城投资、开发、建设与运营，以及高端装备、信息技术、航天航空、汽车产业等产业（图7-10）。

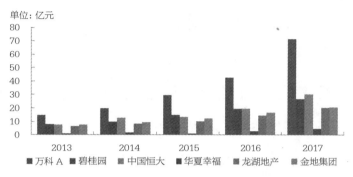

图7-9　2013—2017年六大房地产企业物业管理收入

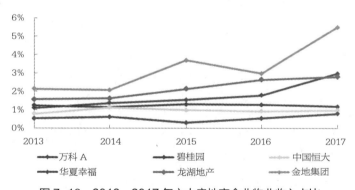

图7-10　2013—2017年六大房地产企业物业收入占比

部分房地产企业的物业公司在香港上市，如碧桂园服务、雅生活服务、绿城服务、中海物业、彩生活和中奥到家等。六家港股上市物业企业2013—2017年营业总收入平均年均增长率达到34.55%，平均净利润年均增长49.78%。

另外，许多房地产开发企业旗下物业公司通过市场收购等方式拓展服务面积、提升服务品质和信息化水平（表7-8）。

2017年部分房地产企业的物业公司收购情况　　　　　　　　　　　表7-8

收购企业	被收购企业	被收购比例
万科物业	浙江耀江物业管理有限公司、中新苏州和乔物业管理有限公司、云南德润物业管理有限公司	25%～100%
绿城服务	温州雅园物业管理有限公司、吉林天顺物业服务有限公司、浙江蓝颂供应链管理有限公司、浙江绿花国际旅行社有限公司	20%～100%
彩生活	万象美物业管理有限公司、武汉天宇弘物业管理有限公司、深圳市前海微生活网络服务有限公司、上海同滦物业管理有限公司	50%～100%
中海物业	中信物业服务有限公司	100%
雅生活服务	上海绿地物业服务有限公司、南京紫竹物业管理有限公司	50%～100%

（二）消费服务领域加快探索新模式

部分企业以生活、服务、消费为导向，提升住房品质，延伸服务体系，加大居住、教育、度假、文化、旅游、健康、养老等领域的拓展，探索城市生活服务商道路。此外，90家企业中29家企业提供房地产、规划、养老、旅游、投资等方面的各种咨询和信息服务，通过服务输出树立品牌和拓展市场。

1. 健康养老

随着消费结构升级及老年人口比重的持续上升，健康和养老领域形成巨大的社会需求，房地产企业在养老地产方面将适老性物业开发与医疗护理服务结合，对起居、餐饮、厨卫等设施进行改造，满足老年人、疗养人员等客群的需求，并针对不同人群及其需求探索出多种养老产品和服务模式。90家上市房地企业中有26家企业拓展健康养老项目，占到28.9%。

开发模式上，具有代表性的万科、保利、绿城、远洋等企业分别探索了具有自身特色的不同模式。如绿城作为国内涉水养老地产较早的房地产企业，成立了专门的教育公司和"老年大学"，为老年人提供学习和娱乐服务，形成"学院式"养老地产。鲁商置地开拓大健康养老产业，搭建了"医养康护游乐教"结合的多层次立体化的健康养老服务体系。2018年10月，中粮集团首个健康产业园区－中粮健康科技园在北京开园，以中粮生态谷为起点，未来将与智慧农场、美丽小镇深度融合协同发展，共同打造大健康产业发展平台。

运营管理上，借鉴美国、澳洲、日本等发达国家的养老经验，引入国外成熟管理团队或直接与国外养老管理企业合资开发养老项目。如绿地与澳洲养老服务集团 Provectus Care 达成合作协议，远洋集团与美国 Emeritus 集团签署协议等。2018 年 10 月华润置地与伟涵养老加强健康养老领域的投资合作，探索"保险＋医疗＋养老"新模式，打造医养结合的生态链（表 7-9）。

部分房地产企业养老产品　　　　　　　　　　　表 7-9

企业名称	养老产品	服务特征
万科	"随园系列"	一站式养老生活，细分提供长者公寓、医疗机构、居家养老、养护机构四大类产品服务
保利	保利·和悦会"三位一体"中国式养老	居家养老、社区养老、特色医养及养老延伸等服务
绿城	"乌镇雅园"学院式养老、老年大学	养生养老园区兼顾养生养老、健康医疗和休闲度假服务
远洋	医养结合"椿萱茂"品牌	"失智照护"向老年公寓、长者社区、日常照料拓展
上海申养	"居、护、医、社"模式	长者公寓、照护机构、康复护理院、社区服务中心

2. 文化旅游

近年来，我国旅游市场发展迅猛，2015—2017 年由 40 亿人次增长至 50.01 亿人次。90 家上市房地企业中有 35 家企业开发大型文化旅游项目，占到 38.5%，部分房地产企业进入文化旅游领域时间较早，已形成了较为成熟的开发模式。

恒大、碧桂园、万科、华润、鲁能、蓝光、华侨城等著名企业打造出了不同系列主体的旅游地产项目（表 7-10）。如万科响应国家对冰雪运动的号召，开发出吉林松花湖和北京石京龙雪场旅游项目，2017—2018 年雪季累计客流量超过 55 万人次。鲁能集团 2016 年底明确"泛产业地产发展商"的定位，加大商业、文旅、美丽乡村领域的布局。苏宁环球向旅游产业全产业链布局，从酒店运营到国际度假综合体开发，拥有石林度假综合体、朱家角科学公园和阳羡湖国际度假区三个国际度假综合体，2017 年取得 2.22 亿元旅游收入。华侨城集团是发展文化旅游产业的代表性企业，集团体系包括华侨城 A、康佳集团、华侨城亚洲、云南旅游、天使文化等多家上市公司。文化产业和旅游产业是华侨城集团业务布局的前两大重点，华侨城A2017年旅游收入达到185.30亿元，远超各房企旅游业务收入，且旅游收入占比超过35%（图7-11）。其中，文化主题景区就创造了锦绣中华·木苏文华村、世界之窗、"欢乐谷"等知名品牌。旅游产业是华侨城最为核心的优势产业，年接待游客接近5000万人次。目前，华侨城集团实施"旅游+互联网+金融"产业战略，依托自身的管理输出优势，让旅游真正融入居民生活和城市发展。

部分企业文旅地产业务开展情况　　　　　　　　　　　表7-10

时间	企业	业务
2016年12月	鲁能	长白山鲁能胜地首期项目进入试运营阶段
2017年10月	万科	与华人文化签订战略合作框架协议，在产城融合、文娱场馆、休闲度假、教育体育、智慧社区等多个领域展开合作
2018年3月	碧桂园	与铁汉生态签订战略合作协议，双方推动文旅地产合作
2018年3月	融创	成立独立运营的文旅集团，和地产业务分开管理
2018年4月	中冶置业	中冶·长城十里春风镇开工奠基
2018年4月	恒大	贵阳恒大文化旅游城良乡

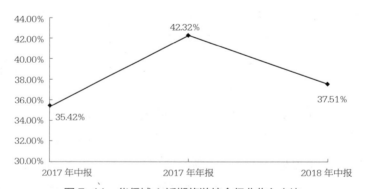

图7-11　华侨城A近期旅游综合行业收入占比

分析企业年报，国内文旅地产盈利模式多依托地产销售，存在同质化的问题，对当地文化挖掘和运营不够。2017年12月，四部委《关于规范推进特色小镇和特色小城镇建设的若干意见》，强调防止千镇一面和房地产化；2018年

4月，发改委等五部门联合印发《关于规范主题公园建设发展的指导意见》，要求严禁以主题公园建设名义占用各类保护区或破坏生态，严格控制主题公园周边的房地产开发，不得与主题公园捆绑供地和审批。显然以地产出售套利的传统文旅地产模式已难以为继，文旅地产亟须转型升级。

3. 教育服务

教育产业是房地产企业进入的新领域。90家上市房地产企业中有17家企业形成了较大规模的教育产业。

房地产企业拓展教育产业的模式主要包括合作办学、第三方合作、合作托管办学、股份合作办学等模式（表7-11）。

部分房地产教育服务领域拓展情况　　表7-11

房企名称	成立时间	教育地产/品牌	特点
万科	2014年	万科教育、德英乐	主要包含两大产品线：全日制教育、主题培训和营地教育，教育业务有城市营地、户外营地、社区教育、国际学校、艺术预科学院。
保利	2015年	保利和乐教育	艺术教育、幼儿教育，2018年已经开业28个幼儿园及8个青少年宫
碧桂园	2014年10月	碧桂园教育集团（博实乐）	慈善教育、K12教育，连锁学校51所，共有国际学校6所，双语学校11所，幼儿园34所
华润置地	2017年底	未来学校	以"面向未来、对标国际、适应智能化"为办学方向
佳兆业	—	佳兆业教育	国际化教育为主体，积极拓展社区教育、在线教育等
建业地产	1996年	建业教育	中小幼优质教育，幼儿园70余所，中小学4所
雅居乐	2016年4月	雅居乐教育集团	学前教育、中小学教育、国际教育、高等教育到培训教育，开办运营各类办学园（校）近200所
阳光城	2016年	新阳光幼教	幼教，实施"线下（幼儿园实体、幼儿园课程体系、周边服务）+线上（幼教信息化云平台、幼教APP等）"并行的全体系模式，拥有近200家高品质幼儿园

不同房地产企业构建的教育服务体系差别较大。以阳光城、雅居乐、万科三家企业为例。阳光城布局教育行业将近20年，阳光城旗下的福建新阳光幼教

投资管理有限公司负责幼儿教育相关领域的投资和运营管理，拥有北京师范大学新标准体系幼儿园、阳光国际幼儿园等品牌，在全国拥有近200家高品质幼儿园，覆盖全国25个省市，与英国顶尖的教育集团Alpha Plus Group等多家国内外知名品牌达成深度合作意向。雅居乐集团从2005年起就开始涉足教育产业，逐渐形成覆盖各年龄阶段的全学龄教育平台，包括学前教育、中小学教育、国际教育、高等教育和培训教育。2016年4月雅居乐教育集团正式成立，已开办运营各类学园（校）近200所。近年来雅居乐教育不断加大资源引入，如2017年4月与剑桥国际考试委员会签约合作(CIE)，全面引进剑桥国际课程体系，2018年5月与澳大利亚黑利伯瑞国际学校(haileybury)签约，引入VCE教育体系，2018年6月与英国培生集团(Pearson)签约，以人工智能和大数据技术开发规模化、个性化的学习平台。万科集团从2014年起开始进军教育产业，通过创新型办公、PPP模式、民办国际化学校等多种模式探索覆盖K12的全日制教学体系，同时积极拓展包括城市营地、社区营地、户外营地在内的素质教育基地。2017年，万科参与运营的学校数量超过10个，成立了100多个社区营地和十多个户外营地，营地教育服务的青少年数量超过10万人。

（三）产业链整合不断开拓新空间

部分房地产企业利用综合开发、资金等方面的优势，开发业务环节以产业构建为导向，向特色小镇、产业园区、产业新城布局，探索"开发+产业"的综合开发模式，表现为景区、园区、综合体等的综合开发，形成了以科技开发类地产、工业园区建设类地产、旅游园区开发类等为主体的业务拓展，也为产业落地提供生产生活配套服务。随着我国房地产市场逐步进入存量利用阶段，深圳等特大超大城市的城市更新、旧村改造等业务成为上市企业进入的重要领域。这些领域均需要房地产企业整合产业链多环节的资源，通过注入新内容来实现空间的重塑。

1. 城市更新

随着城市存量房规模的扩大及关于棚户区改造、旧区改造等政策的出台，城市更新领域也吸引了一大批国内上市房地产企业参与进来，既包括万科、保利等知名房地产企业，也包括云南城投、北京城建等国资企业。

样本中 90 家上市地产公司有 23 家企业涉及城市更新业务，占到 25.6%，包括旧城改造、旧居改造、旧工业区、旧商业区及城中村等（图 7-12）。其中，78% 的企业集中在珠三角、长三角、京津冀地区，这些地区也最早提出了城市更新的系列政策。发达地区城镇开发空间不足，而部分房屋老旧、设施不完善社区及城中村等问题较为突出，城市更新成为改善居住环境和实现存量资源利用的重要方式。据实地调研，众多深圳本地企业在城市更新方面业务起步早，已积累了丰富的经验，积极对接各地政府承接相关业务。

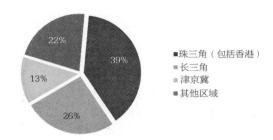

图 7-12　样本上市企业中城市更新业务房企区域集中度

以万科集团为例，万科集团从 2012 年正式进入开展城市更新项目，到 2016 年运营实施 11 个项目，大多集中在珠三角、长三角地区。其项目权益面积从 2012 年的 6 万 m^2 增长到 2016 年的 73.06 万 m^2，但 2017 年城市更新项目面积较 2016 年下降 14.47 万 m^2。2013 年万科新增城市更新项目最多，其中权益占地面积较 2012 年增加 47 万 m^2，规划建筑面积较 2012 年增加 247 万 m^2（图 7-13）。包括上海哥伦比亚公园、广州的永庆坊、东莞的 769 文化创意园、北京万科大都会艺术中心等城市更新项目。2017 年，万科启动"万村计划"，专门从事城中村综合整治及租赁运营业务，升级城中村公共设施配套，提供规范化的租赁服务。万科与深圳市人才安居集团有限公司签订了战略合作协议，双方将在人才安居住房和社会租赁住房的开发建设、房屋租赁、装饰装修、物业管理等方面展开全方面合作。

图7-13 2012—2017年各年万科集团城市更新面积及项目数(个)

2. 产业园区

部分房地产企业选择在产业园区、科技园布局以寻找转型道路。90家样本企业中约有25家上市房地产企业涉及产业园区,占到27.8%。代表性企业包括华夏幸福、中粮地产、招商蛇口等,实现了产业园区业务的快速拓展。房企进入并通过"地产+产业+公共服务+专业服务"的支持来拓展产业园区业务,一些企业开始结合信息化技术搭建智慧化服务平台。

以华夏幸福为例,运营的产业新城数量从2012年的6个增长到2017年的34个,新城业务园区结算收入增加268.96亿元。2015—2017年间,新入园企业数量增长幅度最快,两年增长2.67倍;对应新增签约投资额两年间增长1113.9亿元,增幅达到207.55%(图7-14)。

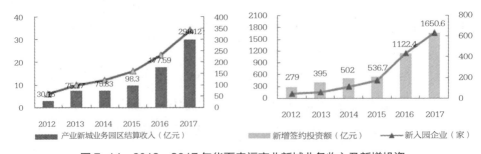

图7-14 2012—2017年华夏幸福产业新城业务收入及新增投资

3. 特色小镇

2016年住房城乡建设部等三部委发布《关于开展特色小镇培育工作的通

知》，并推出了两批特色小镇试点方案。在国家推动特色小镇发展的背景下，特色小城成为房地产企业布局的重点和新领域。

90个样本企业中有21.1%的企业拓展了特色小镇业务（表7-12）。华夏幸福、华侨城、碧桂园、绿城、万科、绿地、融创等均结合自身优势资源，加大特色小镇投资和培育。其中，华夏幸福将产业小镇作为集团两大业务发展线之一；碧桂园计划5年投资1000亿元建设30个科技小镇；华侨城计划通过PPP模式打造100座传统民俗特色小镇等；万科开发了良渚文化村、斯勒小镇和弗农小镇等项目，探索+综合生态旅游、+旅游（滑雪）、+营地教育等模式。

部分房地产企业特色小镇业务开展情况　　　　　　　　　表7-12

房地产企业	小镇计划	现状
碧桂园	在5年内投资1000亿元，建设数个智慧生态科技小镇，重点选取一、二线城市的周边土地和项目	2017年新增15个科技小镇项目，完成全年20个科技小镇的布局。在珠三角、环北京等地启动多个特色小镇项目
华夏幸福	将在未来三年在环北京区域、沿长江经济带以及珠三角区域等大城市、核心城市的内部以及周边布局百座特色小镇	目前落地的特色小镇有14个，如大厂影视小镇、香河机器人小镇、永清县幸福创新小镇、霸州市足球小镇等
华侨城	通过PPP模式推出"100个美丽乡村"计划，构建100座具有中国传统民俗文化特色小镇，创造20万个创业和就业岗位	以"文化+旅游+城镇化"的战略与多个古镇签约，目前已落地项目有10余个
绿城	把小镇建设提升为"一体四翼"战略，同时提出"百亿小镇"计划，将在未来十年，将在全国范围内落地100个小镇项目，实现万亿销售额	主要营造四大类小镇样本：近郊居住小镇、农业小镇、康养小镇和文旅小镇，目前已有桃李春风、乌镇雅园等多个项目落地
万科	无明确的开发计划，但是已经从单一房地产性质开发模式转变到旅游度假、产业培育等领域的渗透	开发出良渚文化村这一全国特色小镇标杆项目，深入布局门头沟区军庄镇、弗农小镇等特色项目
时代	未来5年从珠三角起步，投资30个"未来小镇"，预计总投资上千亿	已签约佛山南海全球创客小镇、广州白云空港小镇两大项目，正在全力推进项目的落地实施

2017年底国家发改委等四部委《关于规范推进特色小镇和特色小城镇建设若干意见》出台，强调特色小镇以特色为根本，特色产业作为发展支持，要

抑制特色小镇房地产化倾向。2018年,房地产企业参与特色小镇建设速度放缓,但部分房地产企业仍将特色小镇作为以产业引导的综合开发方向。

4. 物流地产

伴随国内电商行业高速发展,万科、招商、海航、碧桂园、绿地、华夏幸福、远洋等房地产企业借助发展机遇和自身丰富的重资产开发运营管理经验,纷纷开展对物流地产布局。另一方面,分析90家样本上市房地产企业年报,真正拓展物流地产的企业不超过20家,部分进军物流地产的房地产企业或多或少有相关行业经验,仍以输出相关地产及物流配套设施等资产为主(表7-13)。

部分房地产企业物流地产业务　　　　　　　　　　　　表7-13

企业名称	物流项目
万科	2015年成立万科物流发展有限公司,开始布局物流产业,开展项目获取、开发建设、资产管理全流程业务;2017年参与全球领先的现代物流设施提供商普洛斯的私有化过程。2018年7月,万科物流并购太古实业旗下太古冷链物流资产
招商局集团	2000年组建招商物流作为全资下属子公司,自2014年确定发展现代物流业的"1544战略";目前,完成7大经营区域的全国性物流网络实体,共1148个营业网点,经营现代化分发中心面积223万m^2
碧桂园	2017年碧桂园与中集集团签署关于产城业务模块的增资协议
绿地集团	2014年将工业物流地产作为房地产升级方向;2017年绿地控股与中远海运签署战略合作,在全国主要港口城市获取土地开发建设物流产业项目
荣盛发展	2017年8月与菜鸟网络签订战略合作

万科集团是布局物流行业比较深入的房地产企业之一,2015年以自主开发运营的方式成立了"万纬"物流独立品牌,定位为现代仓储设施和物流一体化运营的物流园区和产业园区专业开发商及运营商,主要为电商、零售、第三方物流公司、快递快运、冷链等客户提供仓储设施基础服务,其业务范围包括高标准现代化仓储的投资选址、开发建设、招商运营等。2015—2017年,万纬物流共开发了84个物流地产项目,总建筑面积达到626万m^2,其中投入运营的项目数为41个,出租率达到95%。其中,2017年比2016年新增44个物流地产项目,新增建筑面积达到335万m^2,面积增长227.9%。2017年万科通过股权投资的方式间接持有普洛斯21.4%的权益,形成了万纬物流地产

+普洛斯的格局。2018年7月，万科并购太古实业旗下太古冷链物流。此外，2018年10月，万科与四家公司60亿元成立物流地产基金，将借助外部合作方力量，加快物流地产领域的投资运作。

（四）金融投资创新支持拓展新领域

为支持业务规模扩张、领域拓展及扩大融资途径，近年来房地产企业加快拓展金融业务，通过设立、并购、参股等方式介入银行、证券、保险、私募基金等业务，"开发+金融"成为众多房地产企业的战略方向。

样本企业中有44家企业拥有较大规模的金融业务，占到48.9%，业务形式包括银行、证券、基金、互联网金融、股权投资、小微金融等形式，也有涉及类REITs、CMBS等新模式，但大部分以发行相关房地产基金为主，如房地产私募投资基金、城市更新基金、并购基金等（表7-14）。

部分房地产企业金融业务　　　　表7-14

企业	旗下金融公司	金融业务种类
中国恒大	恒大人寿（2015年）、恒大金服（2016年）、盛京银行、恒大小贷、集付通（2016年）	保险、金融理财、银行、小额贷款、第三方支付
中华企业	中企汇锦投资有限公司（2013年）	资产管理、基金管理、股权投资、市值管理等业务
中天金融	中融人寿（2010年）、中天国富证券（2004年）、贵安银行、友山基金、中黔金交	保险、证券、银行、投资
泛海控股	北部湾银行、民生银行、民生证券、亚太财险、民生信托、民生期货	银行、证券、财险、信托、期货
金科集团	金科资本（2018年）	地产基金、资产管理、产业投资、财富管理等
保利地产	信保基金（2010年）、保利资本（2015年）、太平保利	投资、基金管理、产业投资、金融创新、并购整合和资产管理等
绿地集团	上海农商行、锦州银行、绿地亚洲证券（2016年）、杭州工商信托、绿地租赁（2014年）	银行、证券、信托、融资租赁
新湖中宝	盛京银行、成都农商行、温州银行、湘财证券、新湖期货（2008年）	银行、证券、期货

续表

企业	旗下金融公司	金融业务种类
合生创展	合生投资管理公司	一、二级资本市场投资、私募股权投资、财富管理、IPO 咨询顾问等
景瑞控股	优铖资管（2017 年）、合福资本（2015 年）	资产管理、银行、保险、券商、股权投资、投行业务

以保利地产和中天金融为例。保利地产成立基金管理公司，用以管理旗下房地产相关的基金。2013—2017 年，保利集团基金规模持续增长，年平均增长率达到 46.06%。2017 年公司累计基金管理规模达到 785 亿元，其中，信保基金累计管理规模为 637 亿元，保利资本累计管理规模 148 亿元（图 7-15）。中天金融以金融和地产作为企业两大布局，金融业务主要分为证券业务、保险业务和基金业务。证券业务主要通过中天国富证券开展，其分类评级连升三级，达到 BBB 的级别，并有保荐代表人近 50 人。保险业务主要通过中融人寿开展，2017 年实现总保费约 51 亿元，同比增长 120%。基金业务主要通过友山基金进行开展，管理总规模约 305 亿元，其中主动管理规模同比增长 102%，咨询服务业务管理规模同比增长 28%。

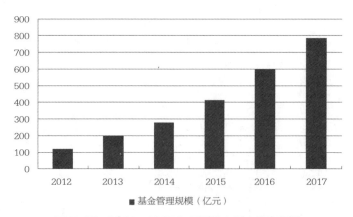

图 7-15　2012—2017 年保利地产基金管理规模

在业务领域拓展上，以住房租赁为例，为了对租赁业务提供资金支持，上市房地产企业通过多种途径进行融资，包括直接投资长租公寓、积极申请住房租赁专项公司债券、引进投资银行和保险资金、发行资产支出计划等，并探索发行长租公寓资产类REITs（房地产投资信托）产品,住房租赁融资迅速扩大。部分银行对企业发展长租公寓进行授信，如建设银行、工商银行、中国银行、交通银行等分别为住房租赁市场参与的房地产企业提供授信资金，与房地产企业签署房屋租赁战略合作协议（表7-15）。

部分上市企业长租公寓市场融资案例　　　　表7-15

发行主体	时间	融资方式	发行产品名称	发行规模
保利地产	2017年10月	类REITs	中联前海开源－保利地产租赁住房一号资产支持专项计划	总规模50亿元，首期发行35亿元
旭辉领域	2017年12月	类REITs	旭辉领域长租公寓资产支出专项计划	总额度30亿元
碧桂园	2018年2月	类REITs	中联前海开源－碧桂园租赁住房一号资产支持专项计划	100亿元
招商蛇口	2017年12月	CMBS	招商融创－招商蛇口长租公寓第一期资产支持专项计划	60亿元
招商蛇口/中国建设银行	2017年12月	ABN	飞驰－建融招商长租公寓系列资产支持票据	200亿元
龙湖	2017年12月	专项公司债	住房租赁转向公司债券	发行50亿元

四、房地产企业转型应对策略

通过对创新房地产价值链、开拓新领域、升级新产品新服务、优化经营模式及上市房地产企业样本的研究，我们认为房地产业转型是经济社会发展、宏观政策及企业发展的必然选择，众多上市房地产企业均不同程度进行转型和升级。

同时也应看到，目前我国房地产企业整体上处于发展转型的窗口期，房地产企业转型仍然面临一些亟待解决的问题，表现在运营能力仍需提升、人才储备的不足，物业持有成本过高，国家金融环境、相关政策仍在不断完善之中，转型方向和过程存在一定的不确定性和潜在风险。还有一些房地产企业拓展新业务主要意图仍是低价获得土地和项目，其转型的真实性和可持续性仍未可知。

为适应房地产企业转型的趋势，建议房地产企业从以下七个方面进行统筹考虑。

（一）重视前期研究储备

前期研究储备是房地产企业进入新领域的重要支撑，新领域分析涉及战略分析、市场需求、政策环境、行业特征、投入产出、经营模式、发展前景、潜在风险等的方面，需要进行定量和定性结合的调查研究。而在区域选择上，要充分考虑市场需求、当地产业基础和营商环境等因素。房地产企业只有基于充分的前期研究储备，并对自身开发经验和业务专长的精准把握，才能更好地进入新的业务领域。通常可以与专业化咨询机构合作或设立战略研究部门对拓展领域进行研究，或者与行业的龙头、孵化器和科研机构建立比较好的战略合作关系，准确把握拓展领域行业动态和前景。

基于对各章节的综合分析，对房地产企业拓展新领域在政策支持、资金需求、专业技能、运营能力、资源整合及市场成熟度等维度进行梳理，形成各领域的基本情况比较。不同领域在各维度的特征有较大差异，但均对企业专业技能、运营能力和资源要素整合有较高的要求，除商办租赁、物业管理有较为成熟的市场外，其他领域多处在探索阶段，也有企业在文化旅游、产业园区、城市更新领域上取得了一定成功的经验（表7-16）。

各拓展领域的基本情况 表7-16

拓展领域	政策支持	资金需求	专业技能	运营能力	资源整合	市场成熟度
长租公寓	☆☆☆☆	☆☆☆☆	☆☆☆	☆☆☆☆	☆☆☆	☆☆
商办租赁	☆	☆☆	☆☆☆	☆☆☆	☆☆☆	☆☆☆☆
物业管理	☆☆	☆	☆☆	☆☆☆	☆☆	☆☆☆
健康养老	☆☆☆☆	☆☆☆☆	☆☆☆☆	☆☆☆☆	☆☆☆	☆☆
文化旅游	☆☆☆	☆☆☆☆	☆☆☆☆	☆☆☆☆	☆☆☆☆	☆☆☆
教育服务	☆☆	☆☆	☆☆☆	☆☆☆	☆☆☆	☆☆
城市更新	☆☆☆	☆☆☆☆	☆☆☆	☆☆☆	☆☆☆	☆☆☆

续表

拓展领域	政策支持	资金需求	专业技能	运营能力	资源整合	市场成熟度
产业园区	☆☆☆☆	☆☆☆☆	☆☆☆☆	☆☆☆☆	☆☆☆☆	☆☆☆
特色小镇	☆☆☆☆	☆☆☆☆	☆☆☆☆	☆☆☆☆	☆☆☆☆	☆
物流地产	☆☆☆	☆☆☆	☆☆☆	☆☆☆☆	☆☆☆☆	☆☆☆

注：课题组基于各领域的综合分析得出。☆表示较低、☆☆表示一般、☆☆☆表示较高、☆☆☆☆表示高。政策支持表示为现有相关政策的支持力度，专业技能为该业务领域拓展需要的专业知识及对专业人才的需求，运营能力、资源整合均为企业需要具备的条件状况，市场成熟度表示该领域的市场运营模式和收益模式等是否成熟。

（二）因企选取转型领域

"房住不炒"政策环境下，房地产企业融资渠道收紧，传统以开发销售为主的模式在拿地、资金、销售上面临巨大压力，加上销售利润率下滑，原有单纯的住宅开发限制越来越多。房地产企业借旧城改造、城市更新、产业新城、特色小镇、文旅项目等名义，大量获取土地储备和资金。显然这并非真正的拓展新业务，也未根据企业自身的优势和业务特点来选取合适的拓展方向。

1. 因企制宜拓展业务领域

各拓展业务领域对资金、运营、要素整合等要求不同，需要房地产企业充分根据自身在开发和运营上的优势和经验，确定轻重资产模式，制定多元化的业务策略。

从拓展领域看，长租公寓、特色小镇、健康养老方向受政策影响较大，近年来为推动新型城镇化、租购并举、养老化社会，出台了系列的针对性政策和配套支持政策，但目前大多数房地产企业仍处于探索阶段，大多项目尚未实现盈利。如长租公寓租金回报率低、养老地产行业会员制等模式难以覆盖成本。物业出租、物业运营、文旅地产及物业管理等业务，政策支持相对较少，但盈利模式相对较为成熟，华润、卓越集团、华夏幸福、华侨城、彩生活等在相关领域已取得成功。教育、医疗通常需要专业队伍，多以合作或收购为主。装修业务需求随着精装交房占比的上升而增大，但企业集中度较低。

从样本企业拓展领域的差异上看，样本企业中营业收入前30名企业的业务拓展范围明显高于后30名企业的业务拓展。具体到业务领域上，大多数样本企业涉及物业管理、商办租赁业务，不同营业收入规模的企业差异较小。但在长租公寓、康养、文旅及拓展新空间领域上，不同规模的企业存在较大差异，既表现在占比上的差异，也表现在各业务占比排序上的不同。以长租公寓为例，营业收入前30名企业中有36%的企业拓展了该业务，而在中间30名和后30名企业中占比为23%和10%，均低于前30名企业占比。因此，房地产企业需要根据资源整合能力和自身优势，选取合适的领域方向进行拓展。

2. 因企因业合理选取运营模式

首先，要确定是采取重资产模式还是轻资产模式。实际上，重资产和轻资产两种模式并无优劣之分，选取哪一种模式则更多取决于房地产企业的资金实力、运营能力和长期战略。

其次，要确定运营模式。以是否引进外部机构为界定，分为独立运作和联合运作两种模式。独立运作有助于实现在设计、建设和运营环节的一致性，建立自己的品牌、形成产品标准。联合运营需要整合外部资源，可以通过专业化分工发挥各家优势，实现规模扩张及收益提升。这两种运作模式需要根据自身业务特点、资金实力及运营能力，也需要结合拓展领域特点进行选择。在教育、养老、物流等专业化领域，通常需要与其他企业合作或是并购外部资源实现业务拓展。如万科收购持有普洛斯权益拓展物流业务，扩展物流规模并提升物流专业化水平。在长租公寓领域，不同企业就采取了不同的运营模式。万科、龙湖、金地、招商蛇口、旭辉等单独成立长租公寓品牌，进行项目拓展、管理运营、财务结算等；而保利、绿城、阳光城等与专业运营公司进行合作，房地产企业提供房源，由运营公司提供标准化运营和项目管理，包括咨询、预约看房、签约及维修、保洁、换房等服务（图7-16）。

（三）提升运营专业能力

投资性物业前期投入大、回收周期长、回报收益低，因此尤其需要专业的运营团队及较强的资源整合能力。无论自持物业还是服务领域，运营管理能力是房地产开发企业转型成功的核心要素，也是提升物业资产价值和形成新收益

第七章 上市房地产企业转型研究

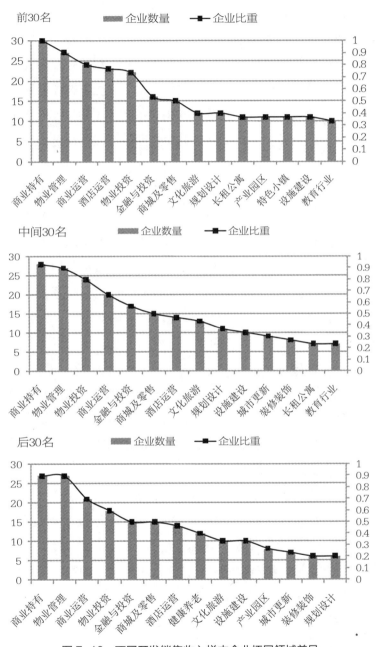

图 7-16 不同开发销售收入样本企业拓展领域差异

增长点的重要途径。为此，需要从人才引进、专业化、IP创新、信息整合等方面提升运营能力。

1. 加强专业人才培养和引进

房地产企业长期从事开发销售业务，拥有十分丰富的开发经验，形成了成熟的业务流程、管理模式和企业文化，也构建了与之相符的业务团队。而在新形势下，房地产企业从开发商转向运营商和服务商，需要具备战略规划、人才储备、资金投入、项目设计上的条件。对企业而言，显然这是一个循序渐进的发展过程。

当前，房地产企业发展文旅、养老等业务，普遍存在人员结构不合理的问题，需要通过引进专业人才、复合型人才或企业合作，打造一支可以提升企业产品服务和专业化运营能力的核心团队。具体而言，既可以加大企业人才的培育，如万科为满足向城市配套服务商转型的战略需求，校招中加大对教育、物流、医疗等的招聘力度。也可以直接与知名机构建立长期合作关系，如金地集团旗下弘金地与世界著名网球学校西班牙费雷罗国际网球学院牵手，在品牌、理念、技术、团队、资源共享等方面全面合作。

2. 提升专业化管理水平

在业务细分时代，存在许多在某个领域的专业化机构和专业化服务，通过合作有助于实现价值链的提升和轻资产的运营。房地产企业可以依托开发、建设经验，提升某个环节的专业化水平，可输出开发和运营管理模式，通过标准化、品牌化提升资产价值并获得管理收益。

专业化管理既存在于物业持有运营领域，也存在于消费及产业发展领域。商业领域根据消费需求变化升级产品线，构建实体商业场景化体验下的新业态和新内容，打造别具特色的体验场景和综合体。养老、教育、社区服务领域，根据需求提升服务品质，结合物业开发，获取服务增长和物业资产增长，实现多业态的融合和相互推动。部分企业仅采取"+服务"的模式为业主提供理想的服务，提升房地产产品的品质，实现后者的增值，但其服务本身的收益能力不强。应进一步加强与专业化教育、医疗等机构的战略合作，通过改善运营状态，提升盈利能力。

3. 创新社群理念的场景应用

随着移动互联网的发展以及新社交工具和媒体的大量出现，人们所需要的产品和服务触手可及，也更容易与有着相同需求的人进行交流，这催生了用户社群的出现。同时人们更加看重产品承载的价值主张、生活态度、人格标签等。

显然，社群化是社会需求的发展趋势。房地产企业转型要将社群理念应用到产品服务中，如阿那亚提出"人生可以更美"的价值观，"始于度假、终于社区"的目标。具体实践中，房企需要选取精准的客户群体，满足目标客群不同层次的价值需求，做有温度的产品，营造贴合用户的工作、生活、休闲场景。同时，在不同拓展业务领域提供差异化的社群化的服务，比如社交、生活体验、信息互换、服务对接等，从而形成口碑效应、社群推广、老业主带新客户。

4. 加强现代信息技术应用

互联网、大数据、物联网等技术的兴起，加快了实体经济运行格局的重塑，改变着人们联系、工作、消费的方式，也使得个人的特性和影响更加彰显。房地产企业在拓展领域加强新技术的应用，通过对目标客户、消费人群、消费区域和市场特征的大数据整合，感知消费习惯、预测消费趋势，进而对平台运营进行精细化管理，实现运营决策和管理能力的提升。

商业和物业出租领域，输出管理方案，实现招商决策与管理科学化，提高物业出租率和回报率。康养、旅游等领域，通过消费行为的分析评估，提高服务的针对性，提高运营的回报率。物流贸易领域，依托互联网搭建产业运营平台、B2B电商交易平台、供应链服务平台，结合金融服务提供贸易流通一站式服务。

（四）强化资源有效整合

房地产企业由开发商转向城市运营商、生活服务商，既需要对城市建设和社会发展的战略、方向有准确的把握，也需要具备较强的资源整合能力。资源整合能力表现在对于资金、土地、人力等多重要素的整合，很好的解决项目融资、需要土地及管理人才的问题；也表现在与专业化企业、机构的对接；还表现在技术进步和创新要素的整合，特别是强化互联网、新媒体、大数据等在业务拓展中的应用；甚至还表现在同有关部门政策制定和政策支持上。

以产业地产为例，房地产企业需要集聚一定规模的优质产业资源，吸纳产业链上下游企业，构建特色区域或专业化区域。通常，房地产企业依托一定的产业资源平台，与专业化企业签署战略合作框架协议，双方集成各自资源优势，立足多元服务、科技创新及孵化，在产业联盟、园区开发和资本联动等多方面展开合作，为未来的产业园区提供意向入驻企业，切入产业孵化与投资等，进而通过股权投资创造新的业务增长点。

（五）探索新型金融支持

自持物业运营前期投入大、资金回报率周期长、收益较低，由于缺乏合适金融产品的支持，以往大多数房地产企业通常将大部分住宅和商业地产出售，仅持有少量物业进行自持，以降低自持部分的持有成本。目前投资性物业收益主要来自于商铺、写字楼、酒店等传统商业地产领域，城市综合体、长租公寓等新领域收益较低，产业园区、特色小镇的培育需要较长的时间，也要依托开发环节实现资金平衡。随着物业租赁模式兴起和存量资产时代到来，传统以贷款、发债为主的融资方式难以适应持有运营模式的需要。房地产开发企业需要探索创新金融业务，通过良好的运营坪效、资产增值和市场发展形成物业开发、运营、退出的全价值链，借助金融产品创新形成"投—融—管—退"的管理闭环。

其中，REITs具备收入稳定、分红高、流动性高、成长性高的优势，不仅能够带来稳定的外部资金来源，更有利于加速商业项目变现，实现轻资产转型。部分房地产企业已经在类REITs等金融产品进行许多探索，而资产证券化（REITs）更为适合持有运营模式。国内已存在办公、商场、酒店等租金收益比较稳定的资产类型，长租公寓在租购并举住房制度下也成为政策重点支持对象，租金收益权及物业增值收益无疑将成为发展REITs的重要基础。房地产企业应根据在细分领域的开发建设和管理经验，着重提升专业化运营能力，提升商业或住宅的资产价值，利用REITs突破长期资金占用的限制，成为商业零售、住宅、办公、酒店、康养、文体等细分领域的专业运营商，实现由开发商向物业运营商的转型。

（六）重视转型风险评估

房地产企业加快向其他领域拓展，寻找新的业务增长点，有助于降低主营业务的风险。但也应看到，这些持有运营、服务和管理领域，也存在不确定性，特别是对经营能力、专业化水平、持有成本等提出了较高要求，一些企业成功的案例也难以直接复制。房地产企业拓展某个领域除了重视前期研究外，也要全面评估行业风险，需要严谨的分析来判断。

1. 政策调整的不确定性

长租公寓、特色小镇、城市更新等受政策影响较大，在租购并举、新型城镇化等相关政策推动下，房地产企业纷纷布局。但相比于其他国家，这些新兴领域往往还受到税收、土地、金融政策的约束，也存在规划调整的约束。

此外，一些房地产企业仅仅借新业务之名进行融资和获取土地，尚未真正进行业务转型，这样容易诱发政策的调整，将对业务拓展带来很大的不确定性。如房地产企业大量进入特色小镇，始终存在加大住房库存、过度房地产化、假产业真房产的社会质疑。2017年底相关政策的出台使得房地产化的特色小镇受到严格管控。又如为防范房地产行业债务风险，2018年投融资政策持续收紧，多家房地产企业租赁住宅专项公司债被中止或终止审查，包括碧桂园200亿元、富力地产60亿元、花样年50亿元、合生创展100亿元等的租赁住宅专项公司债券。

2. 市场需求变化的风险

例如，商办物业持有运营受区域经济水平、社会需求结构、新零售等影响较为明显，一些地区也存在商业办公物业存在过剩现象。消费服务领域中，大多康养、旅游产品仅面向高消费人群，消费规模的拓展仍需要一定时间的生活观念更新，也需要形成差异化的产品供应。产业地产有较长的回报周期，对企业资金、资源整合能力均有较高的要求。这些都需要企业在拓展中制定科学合理的规划，控制投入成本，降低成本风险。

3. 技术性因素的可行性

在新领域的拓展中，涉及项目选址、规划设计、配套服务、经营管理多个方面，都需要专业化的操作。特别是商业办公运营、消费服务领域有较长的回报周期，既需要充足的资金渠道和多元的金融工具，也需要懂产业、成熟的运营管理团队进行专业化管理、提供差异化的产品。

在金融拓展和支持方面，需要资产管理人具有较强的市场声誉及募集资金能力，也需要对宏观趋势有较强的判断能力。此外，企业通过并购的方式拓展新业务，由于并购本身时间长、涉及资金量大、过程复杂等原因，估值风险、资金链风险都对房企的资金实力、并购整合能力及运营管理能力提出了更高的要求。

（七）积极利用政策红利

房地产企业从事物业租赁、经营及消费服务业务，提供多元化、高品质服务，有助于改善城市服务及满足居民差异化生活需求。我国相关政府部门也已出台支持健康养老、长租公寓、特色小镇的系列文件，在土地出让、金融政策、税收政策上有相应的支持，为房地产企业进入新领域提供了政策支持。

同时也应看到，我国在很多领域的政策仍不完善，或由于涉及中央－地方政府、部门间关系，一些支持政策仍难以很好落地。如在商业改建出租公寓、村居改民宿等，面临消防规定的约束，而土地用途调整、规划变更、水电配套改"居"等政策缺乏统一规定。又如物业持有成本高、金融产品政策体系不健全，特别是用地地价高，是我国租赁资产运营难以盈利的重要原因。依托物业出售来支持业务拓展的传统模式也难以长期持续，这需要给予更多税收和融资支持。

因此，房地产企业既要紧跟拓展业务领域政策动态，抓住政策机遇积极拓展新业务，也要积极争取相关政策的落地。特别是要在完善 REITs 发行的制度环境和产品设计中发挥更大作用，积极建言完善 REITs 法律法规，破解多重征税，推动类 REITs 转向公募 REITs，发展"自持 +REITs"模式。

综上分析，未来房地产企业应以消费需求、市场变化和政策方向为引导，全面提升产品品质、优化产品结构、创新经营模式、提前研究储备、重视风险评估，通过增加服务配套、拓展产业领域、提高专业化能力等渠道，助推房地产业转型，实现房地产运营管理水平提高，打造多元化盈利模式。